ÉDITION 2018-2019

BTS 1re année TERTIAIRES

MANAGEMENT DES ENTREPRISES

Le programme en 12 cas

Sous la direction de
Christophe CORNOLTI
IA-IPR d'économie-gestion, Académie de Nancy-Metz

Sandrine BASSAN
Professeur d'économie-gestion
Lycée général et technologique Jean-Baptiste Colbert, Thionville

Anne COLOT
Professeur d'économie-gestion
Lycée Blaise Pascal, Forbach

Djamel FELLAG
Professeur d'économie-gestion
Lycée général et technologique Frédéric Chopin, Nancy

Smaïn FETTAH
Professeur d'économie-gestion
Lycée général et technologique Louis Bertrand, Briey

Madiha KHELIFI
Professeur d'économie-gestion
Lycée général et technologique Frédéric Chopin, Nancy

Dominique WEYANT
Professeur d'économie-gestion
Lycée général et technologique Robert Schuman, Metz

DELAGRAVE

Présentation de l'ouvrage

L'OUVERTURE DE CHAPITRE

- L'étudiant identifie les principales questions soulevées par l'étude du chapitre, les compétences attendues, les notions et les auteurs-clés abordés.
- Une présentation de l'entreprise, étudiée tout au long du chapitre, et de l'intérêt qu'elle suscite au regard du thème étudié.

NUMÉRIQUE INTÉGRÉ

- Une proposition de vidéo complète la présentation du cas.

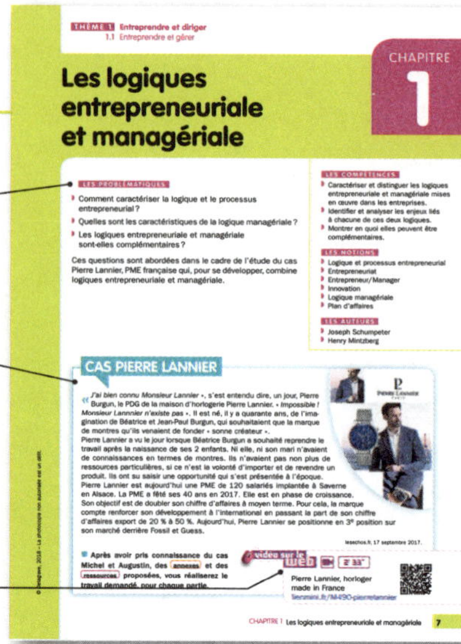

LE CAS

- Le cas est découpé en parties afin d'en faciliter l'étude et enrichi de nouvelles informations au fil du chapitre.
- Des questions progressives guident l'étudiant et permettent d'observer, d'analyser et de conceptualiser.
- Une question de synthèse.
- Des renvois au lexique situé en fin d'ouvrage.
- En appui du cas, des documents courts et variés sont proposés.

NUMÉRIQUE INTÉGRÉ

- Des compléments ou vidéos sur Internet offrent des prolongements à l'étudiant

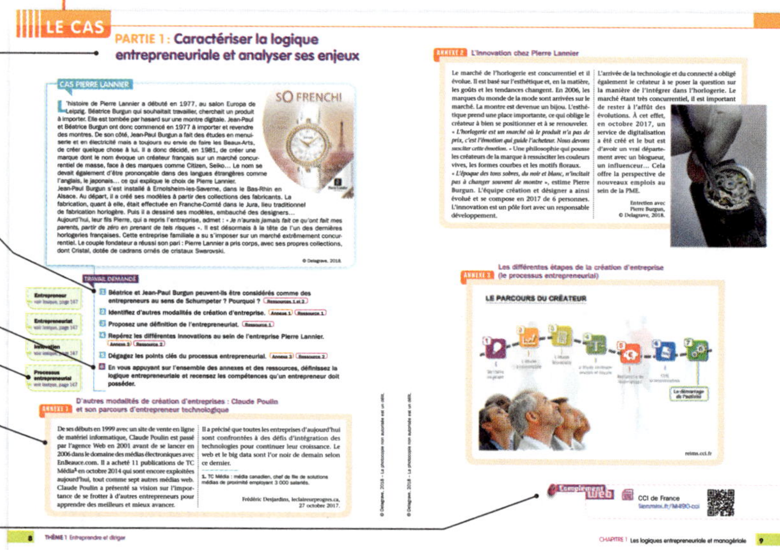

LES NOTIONS

- Des ressources (textes, graphiques, tableaux) apportent les connaissances nécessaires à la réalisation du cas et à l'acquisition des savoirs.
- Des biographies des principaux auteurs permettent de découvrir leurs apports théoriques.

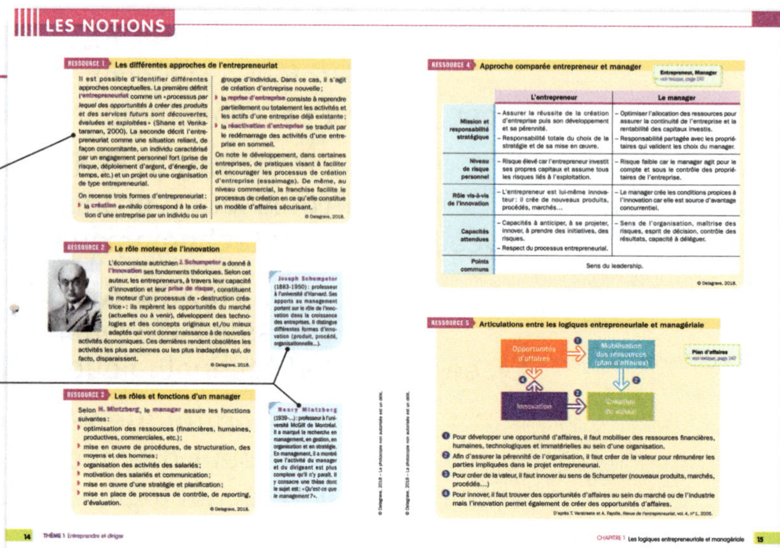

L'ENTRAÎNEMENT

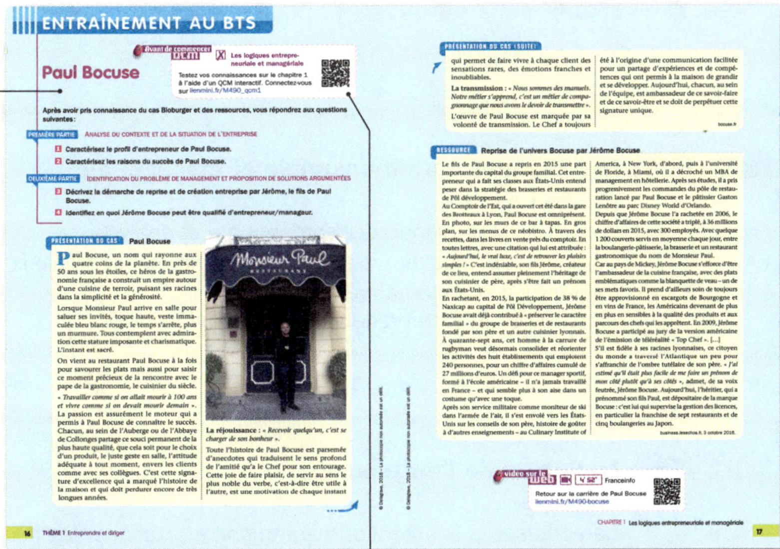

▸ Un mini-cas pour réinvestir les notions et mobiliser les compétences méthodologiques.

NUMÉRIQUE INTÉGRÉ

▸ Un test accessible sur tout terminal mobile, pour faire le point sur les connaissances.

L'ESSENTIEL

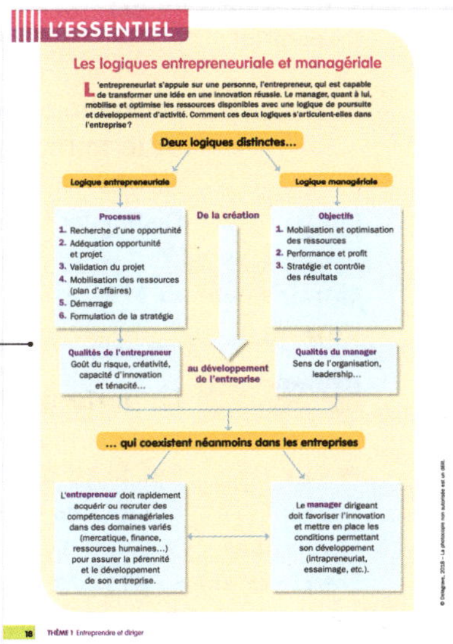

▸ Un schéma récapitulatif permet de synthétiser les notions à connaître.

EN FIN D'OUVRAGE

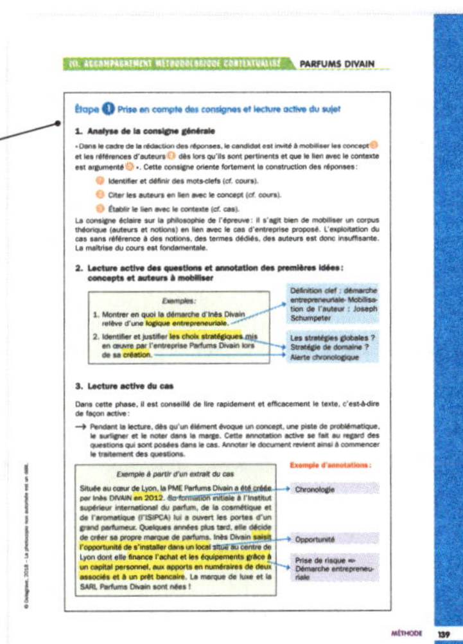

▸ Un sujet commenté et corrigé pour se préparer à l'examen.

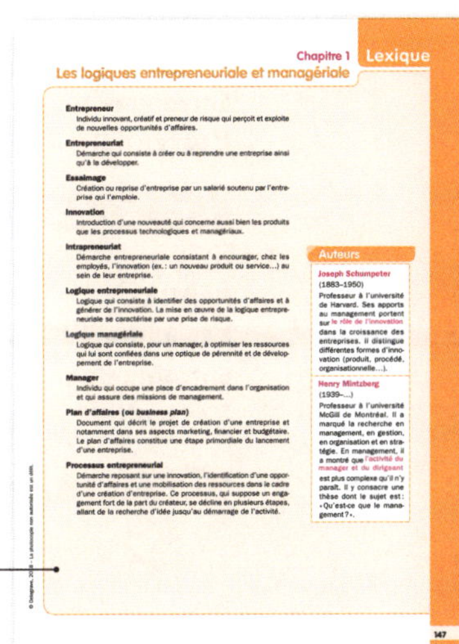

▸ Un lexique, construit par chapitre, définit les notions-clés.

Éditions Delagrave – 5, allée de la 2e D.B. – 75015 Paris
www.editions-delagrave.fr
ISBN : 978-2-206-20490-1

SOMMAIRE

THÈME 1
Entreprendre et diriger

THÈME 2
Élaborer une stratégie

PRÉPARATION À L'EXAMEN

Méthode

Sujet commenté et corrigé

SOMMAIRE DES RESSOURCES NUMÉRIQUES

CHAPITRE 1

Les logiques entrepreneuriale et managériale

LES PROBLÉMATIQUES

- Comment caractériser la logique et le processus entrepreneurial ?
- Quelles sont les caractéristiques de la logique managériale ?
- Les logiques entrepreneuriale et managériale sont-elles complémentaires ?

Ces questions sont abordées dans le cadre de l'étude du cas Pierre Lannier, PME française qui, pour se développer, combine logiques entrepreneuriale et managériale.

LES COMPÉTENCES

- Caractériser et distinguer les logiques entrepreneuriale et managériale mises en œuvre dans les entreprises.
- Identifier et analyser les enjeux liés à chacune de ces deux logiques.
- Montrer en quoi elles peuvent être complémentaires.

LES NOTIONS

- Logique et processus entrepreneurial
- Entrepreneuriat
- Entrepreneur/Manager
- Innovation
- Logique managériale
- Plan d'affaires

LES AUTEURS

- Joseph Schumpeter
- Henry Mintzberg

CAS PIERRE LANNIER

PIERRE LANNIER PARIS

« *J'ai bien connu Monsieur Lannier* », s'est entendu dire, un jour, Pierre Burgun, le PDG de la maison d'horlogerie Pierre Lannier. « *Impossible ! Monsieur Lannnier n'existe pas* ». Il est né, il y a quarante ans, de l'imagination de Béatrice et Jean-Paul Burgun, qui souhaitaient que la marque de montres qu'ils venaient de fonder « sonne créateur ».

Pierre Lannier a vu le jour lorsque Béatrice Burgun a souhaité reprendre le travail après la naissance de ses 2 enfants. Ni elle, ni son mari n'avaient de connaissances en termes de montres. Ils n'avaient pas non plus de ressources particulières, si ce n'est la volonté d'importer et de revendre un produit. Ils ont su saisir une opportunité qui s'est présentée à l'époque.

Pierre Lannier est aujourd'hui une PME de 120 salariés implantée à Saverne en Alsace. La PME a fêté ses 40 ans en 2017. Elle est en phase de croissance. Son objectif est de doubler son chiffre d'affaires à moyen terme. Pour cela, la marque compte renforcer son développement à l'échelle internationale en passant la part de son chiffre d'affaires export de 20 % à 50 %. Aujourd'hui, Pierre Lannier se situe en 3e position sur son marché derrière Fossil et Guess.

lesechos.fr, 17 septembre 2017.

Après avoir pris connaissance du cas Pierre Lannier, des annexes et des ressources proposées, vous réaliserez le travail demandé, pour chaque partie.

vidéo sur le web 2' 33"

Pierre Lannier, horloger *made in France*
lienmini.fr/M490-pierrelannier

PARTIE 1 : Caractériser la logique entrepreneuriale et analyser ses enjeux

CAS PIERRE LANNIER

L'histoire de Pierre Lannier a débuté en 1977, au salon Europa de Leipzig. Béatrice Burgun qui souhaitait travailler, cherchait un produit à importer. Elle tombe par hasard sur une montre digitale. Jean-Paul et Béatrice Burgun ont donc commencé en 1977 à importer et revendre des montres. De son côté, Jean-Paul Burgun a fait des études en menuiserie et en électricité mais a toujours eu envie de faire les Beaux-Arts, de créer quelque chose à lui. Il a donc décidé, en 1981, de créer une marque dont le nom évoque un créateur français sur un marché concurrentiel de masse, face à des marques comme Citizen, Seiko… Le nom se devait également d'être prononçable dans des langues étrangères comme l'anglais, le japonais… ce qui explique le choix de Pierre Lannier.

Jean-Paul Burgun s'est installé à Ernolsheim-les-Saverne, dans le Bas-Rhin, en Alsace. Au départ, il crée ses modèles à partir des collections des fabricants. La fabrication, quant à elle, est effectuée en Franche-Comté dans le Jura, lieu traditionnel de fabrication horlogère. Puis il dessine ses modèles, embauche des designers…

Aujourd'hui, leur fils Pierre, qui a repris l'entreprise, admet : « *Je n'aurais jamais fait ce qu'ont fait mes parents, partir de zéro en prenant de tels risques* ». Il est désormais à la tête de l'une des dernières horlogeries françaises. Cette entreprise familiale a su s'imposer sur un marché extrêmement concurrentiel. Le couple fondateur a réussi son pari : Pierre Lannier a pris corps, avec ses propres collections, dont Cristal, dotée de cadrans ornés de cristaux Swarovski.

© Delagrave, 2018.

TRAVAIL DEMANDÉ

Entrepreneur
→ voir lexique, page 147

Entrepreneuriat
→ voir lexique, page 147

Innovation
→ voir lexique, page 147

Processus entrepreneurial
→ voir lexique, page 147

1. **Béatrice et Jean-Paul Burgun peuvent-ils être considérés comme des entrepreneurs au sens de Schumpeter ? Pourquoi ?** Ressources 1 et 2
2. **Identifiez d'autres modalités de création d'entreprise.** Annexe 1 Ressource 1
3. **Proposez une définition de l'entrepreneuriat.** Ressource 1
4. **Repérez les différentes innovations au sein de l'entreprise Pierre Lannier.** Annexe 2 Ressource 2
5. **Dégagez les points clés du processus entrepreneurial.** Annexe 3 Ressource 2
6. **En vous appuyant sur l'ensemble des annexes et des ressources, définissez la logique entrepreneuriale et recensez les compétences qu'un entrepreneur doit posséder.**

ANNEXE 1 D'autres modalités de création d'entreprises : Claude Poulin et son parcours d'entrepreneur technologique

De ses débuts en 1999 avec un site de vente en ligne de matériel informatique, Claude Poulin est passé par l'agence Web en 2001 avant de se lancer en 2006 dans le domaine des médias électroniques avec EnBeauce.com. Il a acheté 11 publications de TC Média[1] en octobre 2014 qui sont encore exploitées aujourd'hui, tout comme sept autres médias web. Claude Poulin a présenté sa vision sur l'importance de se frotter à d'autres entrepreneurs pour apprendre des meilleurs et mieux avancer.

Il a précisé que toutes les entreprises d'aujourd'hui sont confrontées à des défis d'intégration des technologies pour continuer leur croissance. Le web et le big data sont l'or noir de demain selon ce dernier.

1. TC Média : média canadien, chef de file de solutions médias de proximité employant 3 000 salariés.

Frédéric Desjardins, leclaireurprogres.ca, 27 octobre 2017.

ANNEXE 2 L'innovation chez Pierre Lannier

Le marché de l'horlogerie est concurrentiel et il évolue. Il est basé sur l'esthétique et, en la matière, les goûts et les tendances changent. En 2006, les marques du monde de la mode sont arrivées sur le marché. La montre est devenue un bijou. L'esthétique prend une place importante, ce qui oblige le créateur à bien se positionner et à se renouveler. « *L'horlogerie est un marché où le produit n'a pas de prix, c'est l'émotion qui guide l'acheteur. Nous devons susciter cette émotion.* » Une philosophie qui pousse les créateurs de la marque à ressusciter les couleurs vives, les formes courbes et les motifs floraux.
« *L'époque des tons sobres, du noir et blanc, n'incitait pas à changer souvent de montre* », estime Pierre Burgun. L'équipe création et désigner a ainsi évolué et se compose en 2017 de 6 personnes. L'innovation est un pôle fort avec un responsable développement.

L'arrivée de la technologie et du connecté a obligé également le créateur à se poser la question sur la manière de l'intégrer dans l'horlogerie. Le marché étant très concurrentiel, il est important de rester à l'affût des évolutions. À cet effet, en octobre 2017, un service de digitalisation a été créé et le but est d'avoir un vrai département avec un blogueur, un influenceur… Cela offre la perspective de nouveaux emplois au sein de la PME.

Entretien avec
Pierre Burgun,
© Delagrave, 2018.

ANNEXE 3 Les différentes étapes de la création d'entreprise (le processus entrepreneurial)

reims.cci.fr

Complément web CCI de France
lienmini.fr/M490-cci

LE CAS

PARTIE 2 : Caractériser la logique managériale et analyser ses enjeux

CAS PIERRE LANNIER

S'il a eu « *la chance énorme d'avoir récupéré cette entreprise* » où il est entré en 1992 en tant que directeur commercial, Pierre Burgun n'entend pas se reposer sur les lauriers parentaux. Au contraire. Il y a quelques semaines, sa société a levé 1,5 million d'euros auprès du fonds Audacia pour financer ses ambitions : doubler son chiffre d'affaires d'ici à 2020-2021, pour atteindre 30 millions d'euros.

Depuis 2014, date à laquelle il se retrouve seul à la direction, ce PDG passé par l'École de commerce de Reims puis, en Allemagne, par les maroquineries de luxe Davidoff et Goldpfeil, développe sa propre vision. Une stratégie qui repose sur le développement de la marque à l'international. « *Aujourd'hui, nous vendons 20 % de notre production à l'étranger. D'ici quatre ou cinq ans, l'objectif est de passer à 50 %* », indique le patron, qui emploie 120 personnes dont 30 à Madagascar, le second site de l'entreprise où est assemblée une partie de la production.

lesechos.fr, 17 septembre 2017.

TRAVAIL DEMANDÉ

Manager
voir lexique, page 147

Management
voir lexique, page 149

1. **Comment la structure Pierre Lannier a-t-elle évolué ?** Annexe 4
2. **Indiquez le profil, le parcours puis le rôle de Pierre Burgun.** Annexes 4, 5 et 6 | Ressource 3
3. **Indiquez les missions d'un manager.** Annexes 4, 5 et 6 | Ressources 3 et 4
4. **Ces missions sont-elles différentes de celles d'un entrepreneur ?** Ressource 4
5. **En vous appuyant sur l'ensemble des annexes et ressources, définissez la logique managériale puis concluez sur les compétences que doit posséder un manager.**

ANNEXE 4 Une structuration organisationnelle progressive

L'entreprise familiale s'est agrandie progressivement au fur et à mesure des ventes. Les départements se sont créés petit à petit en fonction des besoins dans les années 1990 et 2000. Ainsi, un directeur financier a remplacé l'ancien comptable (avec la création d'un département financier) en 1993. Le département marketing s'est mis en place en 1997. De nouveaux collaborateurs ou des salariés ayant évolué au sein de l'entreprise ont ainsi pris des fonctions assurées précédemment par la direction.

Entretien avec Pierre Burgun, © Delagrave, 2018.

ANNEXE 5 Pierre Burgun impose son empreinte

En 2003, le secteur de la montre n'est pas au beau fixe. Et les ventes du groupe Pierre Lannier s'en ressentent. Pourtant, Pierre Burgun ne veut pas céder au fatalisme et se remet en cause. Son constat est sans appel : la marque Pierre Lannier souffre d'une image vieillissante. En 2006, la griffe affiche son nouveau look. Un look plus tendance et des matières plus nobles. Pierre Burgun décide parallèlement de scinder sa collection en trois : PL classique pour les femmes d'âge mûr, PL tendance pour les jeunes et PL collection pour les hommes. Il n'est pas peu fier de la métamorphose. Et les chiffres lui donnent raison. Les ventes repartent à la hausse, et l'export explose : + 40 % en 2007.

letelegramme.fr, 4 janvier 2008.

ANNEXE 6 Objectif 2020 : augmenter les ventes à l'international

LA PME a levé 1,5 million d'euros il y a quelques semaines auprès du fonds Audacia pour financer ses ambitions : doubler son chiffre d'affaires d'ici à 2020-2021, pour atteindre 30 millions d'euros.

Pierre Lannier a ainsi enregistré cette année une hausse de 12 % de son CA qui s'établit à 16,5 millions d'euros et l'export a déjà fait un bond de 40 %.

Pierre Burgun, le PDG de la maison d'horlogerie, ambitionne de vendre 50 % de la production à l'étranger d'ici 4 ou 5 ans contre 20 % aujourd'hui.

En 2017, la PME a réalisé un business plan concernant la capacité de développement à l'international. Jusqu'à présent, elle a travaillé avec un distributeur par pays. Le but est à l'heure actuelle de développer l'export avec un partenaire dans la durée qui présentera 250 modèles de montres à la française. Il s'agit de jouer sur l'image du *made in France*.

Entretien avec Pierre Burgun, © Delagrave, 2018.

Complément web

École de management de Grenoble

Introduction au management
lienmini.fr/M490-intro

LE CAS

PARTIE 3 : Montrer les complémentarités entre logiques entrepreneuriale et managériale

CAS PIERRE LANNIER

Les résultats actuels de notre marque s'expliquent par notre sens du marché, un marché très sensible aux modes et innovations. Pour continuer à progresser, nous misons sur une présence accrue sur le digital et les réseaux sociaux, pour « booster » les ventes. Pour cela, nous avons créé un tout nouvel e-shop. Je souhaite garder une culture d'entreprise PME où les échanges, les liens priment. Mon père, bien qu'ayant pris sa retraite, continue de venir régulièrement dans l'entreprise et participe à son évolution.

Notre management change cependant avec l'augmentation du nombre de salariés. Mais il doit rester humain, ouvert, avec l'exigence de qualité et de réussite. Travailler main dans la main avec un objectif commun est important. Le but est également de rester avant-gardiste et de trouver les opportunités pour rester sur le marché et le développer.

Innover est d'autant plus important que le métier principal de Pierre Lannier s'articule autour de la création. Je suis ouvert à toute idée nouvelle et à l'affût des bonnes, celles qui nous permettent de nous différencier.

Entretien avec Pierre Burgun, © Delagrave, 2018.

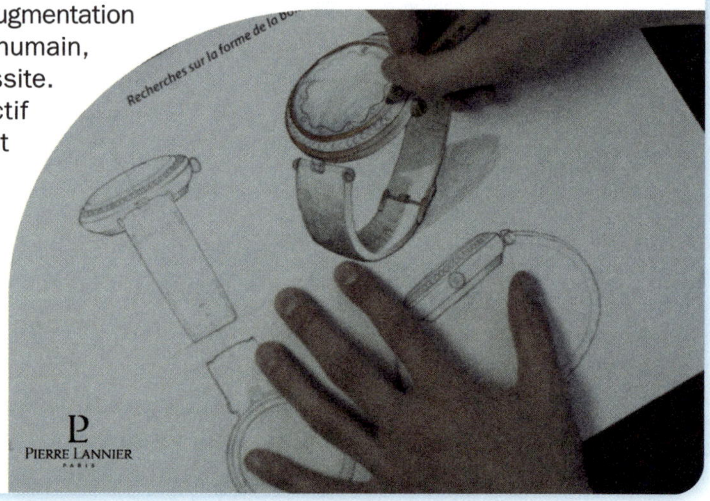

TRAVAIL DEMANDÉ

Intrapreneuriat
voir lexique, page 147

Essaimage
voir lexique, page 147

1. **Comment la logique entrepreneuriale est-elle pérennisée au sein de l'entreprise Pierre Lannier et quels en sont les enjeux ?** (Annexe 7)
2. **De quel type de logique la politique d'essaimage relève-t-elle ?** (Annexe 8)
3. **Quelles seraient, selon vous, les modalités que pourraient prendre l'intrapreneuriat et l'essaimage chez Pierre Lanier et expliquez pour chacune d'elles les avantages possibles.** (Annexe 8)
4. **À partir du cas Pierre Lannier, expliquez l'articulation entre les logiques entrepreneuriale et managériale ?** (Annexe 7) (Ressource 5)

ANNEXE 7 Pierre Lannier réfléchit à l'intrapreneuriat et à l'essaimage

Pendant de nombreuses années, les décisions étaient prises de manière centrale par la direction. Depuis l'accroissement de la structure, les décisions restent prises par le dirigeant mais avec une ouverture sur les différents départements, marketing et innovation notamment.

Les salariés tiennent une place centrale pour la PME alsacienne. Pierre Burgun favorise l'évolution interne et tous les avis sont pris en compte. Chacun peut proposer des idées. Pour l'instant cela se passe de manière informelle et libre, en fonction de la situation.

ANNEXE 7 Pierre Lannier réfléchit à l'intrapreneuriat et à l'essaimage *(suite)*

Toutefois, Pierre Burgun cherche une manière différente, plus formelle, de faire participer les salariés. Il recherche d'autres ouvertures qui permettraient d'augmenter et développer les innovations et s'interroge plus particulièrement sur l'intrapreuneuriat et l'essaimage. Il garde en mémoire que la réussite de son père s'explique par une prise de risque à un moment donné et il sait qu'innover peut être incertain. Son objectif est d'équilibrer, de trouver un compromis entre ce qu'il maîtrise d'une part, et l'idée, la décision qui peut permettre de se différencier sur le marché d'autre part.

Entretien avec Pierre Burgun, © Delagrave, 2018.

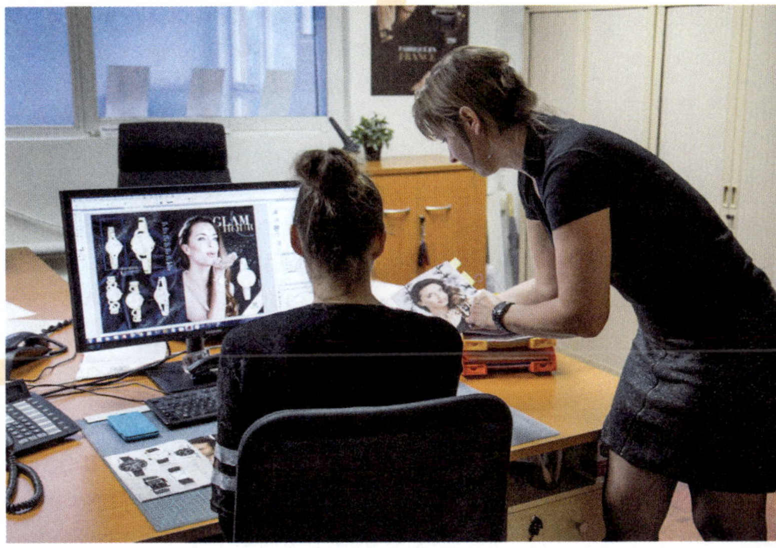

ANNEXE 8 L'intrapreneuriat et l'essaimage, définitions

L'**intrapreneuriat** permet aux salariés d'une entreprise de mener un projet innovant de bout en bout en son sein tout en gardant leur statut. Du secteur bancaire, à l'industrie, aux entreprises de services ou de biens de consommation de masse, de nombreuses organisations se sont lancées dans l'aventure intrapreneuriale.

Pour Aude Bohu, spécialiste en coaching de dirigeants, l'intrapreneuriat offre de nouvelles opportunités de croissance à une organisation en libérant la créativité et le potentiel d'innovation, en allant chercher de nouveaux gisements d'idées auprès de collaborateurs pas toujours identifiés pour leurs talents d'innovateur, mais prêts à contribuer au projet stratégique de l'entreprise. Les entreprises qui se tournent vers cette démarche utilisent en interne les ressorts des start-up pour sortir de l'essoufflement d'innovation déjà installé et renforcer leur compétitivité. Cela permet également de faire émerger de nouveaux talents insoupçonnés, voire d'en attirer.

Chloé Dussapt, challenges.fr, 19 avril 2016.

La **notion d'essaimage** désigne le soutien apporté par une entreprise à ses salariés pour la création ou la reprise d'une entreprise. Ce soutien peut notamment prendre la forme : d'informations, d'un accompagnement méthodologique et technique, de formations, d'appuis logistiques, d'un soutien financier au porteur de projet ou à l'entreprise nouvellement créée…

Les pratiques d'essaimage constituent un puissant levier de la création d'entreprises, d'emplois et de richesses en France.

afecreation.fr

audio sur le web | 21' 52" à 30' 04" | France Inter, *On n'arrête pas l'Éco.*

Essaimage et intrapreneuriat chez Schneider

lienmini.fr/M490-essaimage

RESSOURCE 1 Les différentes approches de l'entrepreneuriat

Il est possible d'identifier différentes approches conceptuelles. La première définit l'**entrepreneuriat** comme un « *processus par lequel des opportunités à créer des produits et des services futurs sont découvertes, évaluées et exploitées* » (Shane et Venkataraman, 2000). La seconde décrit l'entrepreneuriat comme une situation reliant, de façon concomitante, un individu caractérisé par un engagement personnel fort (prise de risque, déploiement d'argent, d'énergie, de temps, *etc.*) et un projet ou une organisation de type entrepreneurial.

On recense trois formes d'entrepreneuriat :
- la **création** *ex-nihilo* correspond à la création d'une entreprise par un individu ou un groupe d'individus. Dans ce cas, il s'agit de création d'entreprise nouvelle ;
- la **reprise d'entreprise** consiste à reprendre partiellement ou totalement les activités et les actifs d'une entreprise déjà existante ;
- la **réactivation d'entreprise** se traduit par le redémarrage des activités d'une entreprise en sommeil.

On note le développement, dans certaines entreprises, de pratiques visant à faciliter et encourager les processus de création d'entreprise (essaimage). De même, au niveau commercial, la franchise facilite le processus de création en ce qu'elle constitue un modèle d'affaires sécurisant.

© Delagrave, 2018.

RESSOURCE 2 Le rôle moteur de l'innovation

L'économiste autrichien **J. Schumpeter** a donné à **l'innovation** ses fondements théoriques. Selon cet auteur, les entrepreneurs, à travers leur capacité d'innovation et leur **prise de risque**, constituent le moteur d'un processus de « destruction créatrice » : ils repèrent les opportunités du marché (actuelles ou à venir), développent des technologies et des concepts originaux et/ou mieux adaptés qui vont donner naissance à de nouvelles activités économiques. Ces dernières rendent obsolètes les activités les plus anciennes ou les plus inadaptées qui, *de facto*, disparaissent.

© Delagrave, 2018.

Joseph Schumpeter (1883-1950) : professeur à l'université d'Harvard. Ses apports au management portent sur le rôle de l'innovation dans la croissance des entreprises. Il distingue différentes formes d'innovation (produit, procédé, organisationnelle...).

RESSOURCE 3 Les rôles et fonctions d'un manager

Selon **H. Mintzberg**, le **manager** assure les fonctions suivantes :
- optimisation des ressources (financières, humaines, productives, commerciales, *etc.*) ;
- mise en œuvre de procédures, de structuration, des moyens et des hommes ;
- organisation des activités des salariés ;
- motivation des salariés et communication ;
- mise en œuvre d'une stratégie et planification ;
- mise en place de processus de contrôle, de *reporting*, d'évaluation.

© Delagrave, 2018.

Henry Mintzberg (1939-...) : professeur à l'université McGill de Montréal. Il a marqué la recherche en management, en gestion, en organisation et en stratégie. En management, il a montré que l'activité du manager et du dirigeant est plus complexe qu'il n'y paraît. Il y consacre une thèse dont le sujet est : « *Qu'est-ce que le management ?* ».

RESSOURCE 4 Approche comparée entrepreneur et manager

Entrepreneur, Manager
→ voir lexique, page 147

	L'entrepreneur	Le manager
Mission et responsabilité stratégique	– Assurer la réussite de la création d'entreprise puis son développement et sa pérennité. – Responsabilité totale du choix de la stratégie et de sa mise en œuvre.	– Optimiser l'allocation des ressources pour assurer la continuité de l'entreprise et la rentabilité des capitaux investis. – Responsabilité partagée avec les propriétaires qui valident les choix du manager.
Niveau de risque personnel	– Risque élevé car l'entrepreneur investit ses propres capitaux et assume tous les risques liés à l'exploitation.	– Risque faible car le manager agit pour le compte et sous le contrôle des propriétaires de l'entreprise.
Rôle vis-à-vis de l'innovation	– L'entrepreneur est lui-même innovateur : il crée de nouveaux produits, procédés, marchés…	– Le manager crée les conditions propices à l'innovation car elle est source d'avantage concurrentiel.
Capacités attendues	– Capacités à anticiper, à se projeter, innover, à prendre des initiatives, des risques. – Respect du processus entrepreneurial.	– Sens de l'organisation, maîtrise des risques, esprit de décision, contrôle des résultats, capacité à déléguer.
Points communs	Sens du leadership.	

© Delagrave, 2018.

RESSOURCE 5 Articulations entre les logiques entrepreneuriale et managériale

Plan d'affaires
→ voir lexique, page 147

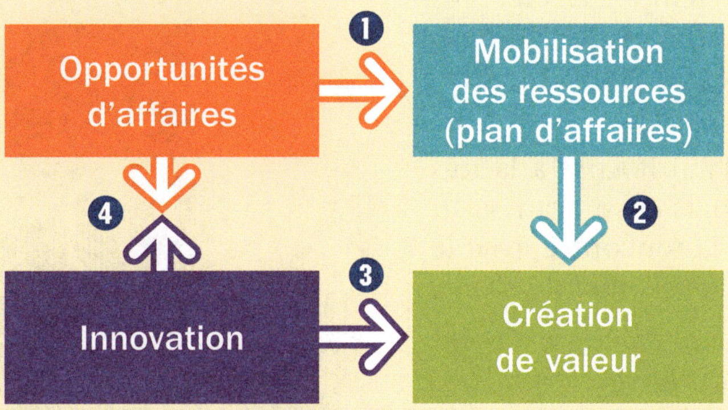

1. Pour développer une opportunité d'affaires, il faut mobiliser des ressources financières, humaines, technologiques et immatérielles au sein d'une organisation.
2. Afin d'assurer la pérennité de l'organisation, il faut créer de la valeur pour rémunérer les parties impliquées dans le projet entrepreneurial.
3. Pour créer de la valeur, il faut innover au sens de Schumpeter (nouveaux produits, marchés, procédés…)
4. Pour innover, il faut trouver des opportunités d'affaires au sein du marché ou de l'industrie mais l'innovation permet également de créer des opportunités d'affaires.

D'après T. Verstraete et A. Fayolle, *Revue de l'entrepreneuriat*, vol. 4, n° 1, 2005.

ENTRAÎNEMENT AU BTS

Avant de commencer
QCM

Paul Bocuse

Les logiques entrepreneuriale et managériale

Testez vos connaissances sur le chapitre 1 à l'aide d'un QCM interactif. Connectez-vous sur lienmini.fr/M490-qcm1

Après avoir pris connaissance du cas Paul Bocuse et des ressources, vous répondrez aux questions suivantes :

PREMIÈRE PARTIE ANALYSE DU CONTEXTE ET DE LA SITUATION DE L'ENTREPRISE

1. **Caractérisez le profil d'entrepreneur de Paul Bocuse.**
2. **Caractérisez les raisons du succès de Paul Bocuse.**

DEUXIÈME PARTIE IDENTIFICATION DU PROBLÈME DE MANAGEMENT ET PROPOSITION DE SOLUTIONS ARGUMENTÉES

3. **Décrivez la démarche de reprise et de création entreprise par Jérôme, le fils de Paul Bocuse.**
4. **Identifiez en quoi Jérôme Bocuse peut être qualifié d'entrepreneur/manageur.**
5. **Indiquez les difficultés éventuelles auxquelles il pourrait être confronté et proposez des solutions.**

PRÉSENTATION DU CAS Paul Bocuse

Paul Bocuse, un nom qui rayonne aux quatre coins de la planète. En près de 50 ans sous les étoiles, ce héros de la gastronomie française a construit un empire autour d'une cuisine de terroir, puisant ses racines dans la simplicité et la générosité.

Lorsque Monsieur Paul arrive en salle pour saluer ses invités, toque haute, veste immaculée bleu blanc rouge, le temps s'arrête, plus un murmure. Tous contemplent avec admiration cette stature imposante et charismatique. L'instant est sacré.

On vient au restaurant Paul Bocuse à la fois pour savourer les plats mais aussi pour saisir ce moment précieux de la rencontre avec le pape de la gastronomie, le cuisinier du siècle.

« *Travailler comme si on allait mourir à 100 ans et vivre comme si on devait mourir demain* ». La passion est assurément le moteur qui a permis à Paul Bocuse de connaître le succès. Chacun, au sein de l'Auberge ou de l'Abbaye de Collonges partage ce souci permanent de la plus haute qualité, que cela soit pour le choix d'un produit, le juste geste en salle, l'attitude adéquate à tout moment, envers les clients comme avec ses collègues. C'est cette signature d'excellence qui a marqué l'histoire de la maison et qui doit perdurer encore de très longues années.

La réjouissance : « *Recevoir quelqu'un, c'est se charger de son bonheur* ».

Toute l'histoire de Paul Bocuse est parsemée d'anecdotes qui traduisent le sens profond de l'amitié qu'a le Chef pour son entourage. Cette joie de faire plaisir, de servir au sens le plus noble du verbe, c'est-à-dire être utile à l'autre, est une motivation de chaque instant

PRÉSENTATION DU CAS (SUITE)

qui permet de faire vivre à chaque client des sensations rares, des émotions franches et inoubliables.

La transmission : « *Nous sommes des manuels. Notre métier s'apprend, c'est un métier de compagnonnage que nous avons le devoir de transmettre* ».

L'œuvre de Paul Bocuse est marquée par sa volonté de transmission. Le Chef a toujours été à l'origine d'une communication facilitée pour un partage d'expériences et de compétences qui ont permis à la maison de grandir et se développer. Aujourd'hui, chacun, au sein de l'équipe, est ambassadeur de ce savoir-faire et de ce savoir-être et se doit de perpétuer cette signature unique.

bocuse.fr

RESSOURCE Reprise de l'univers Bocuse par Jérôme Bocuse

Le fils de Paul Bocuse a repris en 2015 une part importante du capital du groupe familial. Cet entrepreneur qui a fait ses classes aux États-Unis entend peser dans la stratégie des brasseries et restaurants de Pôl développement.

Au Comptoir de l'Est, qui a ouvert cet été dans la gare des Brotteaux à Lyon, Paul Bocuse est omniprésent. En photo, sur les murs de ce bar à tapas. En gros plan, sur les menus de ce néobistro. À travers des recettes, dans les livres en vente près du comptoir. En toutes lettres, avec une citation qui lui est attribuée : « *Aujourd'hui, le vrai luxe, c'est de retrouver les plaisirs simples !* » C'est indéniable, son fils Jérôme, créateur de ce lieu, entend assumer pleinement l'héritage de son cuisinier de père, après s'être fait un prénom aux États-Unis.

En rachetant, en 2015, la participation de 38 % de Naxicap au capital de Pôl Développement, Jérôme Bocuse avait déjà contribué à « préserver le caractère familial » du groupe de brasseries et de restaurants fondé par son père et un autre cuisinier lyonnais. À quarante-sept ans, cet homme à la carrure de rugbyman veut désormais consolider et réorienter les activités des huit établissements qui emploient 240 personnes, pour un chiffre d'affaires cumulé de 27 millions d'euros. Un défi pour ce manager sportif, formé à l'école américaine – il n'a jamais travaillé en France – et qui semble plus à son aise dans un costume qu'avec une toque.

Après son service militaire comme moniteur de ski dans l'armée de l'air, il s'est envolé vers les États-Unis sur les conseils de son père, histoire de goûter à d'autres enseignements – au Culinary Institute of America, à New York, d'abord, puis à l'université de Floride, à Miami, où il a décroché un MBA de management en hôtellerie. Après ses études, il a pris progressivement les commandes du pôle de restauration lancé par Paul Bocuse et le pâtissier Gaston Lenôtre au parc Disney World d'Orlando.

Depuis que Jérôme Bocuse l'a rachetée en 2006, le chiffre d'affaires de cette société a triplé, à 36 millions de dollars en 2015, avec 300 employés. Avec quelque 1 200 couverts servis en moyenne chaque jour, entre la boulangerie-pâtisserie, la brasserie et un restaurant gastronomique du nom de Monsieur Paul.

Car au pays de Mickey, Jérôme Bocuse s'efforce d'être l'ambassadeur de la cuisine française, avec des plats emblématiques comme la blanquette de veau – un de ses mets favoris. Il prend d'ailleurs soin de toujours être approvisionné en escargots de Bourgogne et en vins de France, les Américains devenant de plus en plus en sensibles à la qualité des produits et aux parcours des chefs qui les apprêtent. En 2009, Jérôme Bocuse a participé au jury de la version américaine de l'émission de téléréalité « Top Chef ». [...]

S'il est fidèle à ses racines lyonnaises, ce citoyen du monde a traversé l'Atlantique un peu pour s'affranchir de l'ombre tutélaire de son père. « *J'ai estimé qu'il était plus facile de me faire un prénom de mon côté plutôt qu'à ses côtés* », admet, de sa voix feutrée, Jérôme Bocuse. Aujourd'hui, l'héritier, qui a prénommé son fils Paul, est dépositaire de la marque Bocuse : c'est lui qui supervise la gestion des licences, en particulier la franchise de sept restaurants et de cinq boulangeries au Japon.

business.lesechos.fr, 3 octobre 2016.

vidéo sur le web 4' 52" Franceinfo

Retour sur la carrière de Paul Bocuse

lienmini.fr/M490-bocuse

Les logiques entrepreneuriale et managériale

L'entrepreneuriat s'appuie sur une personne, l'entrepreneur, qui est capable de transformer une idée en une innovation réussie. Le manager, quant à lui, mobilise et optimise les ressources disponibles avec une logique de poursuite et développement d'activité. Comment ces deux logiques s'articulent-elles dans l'entreprise ?

Deux logiques distinctes…

De la création au développement de l'entreprise

Logique entrepreneuriale

Processus

1. Recherche d'une opportunité
2. Adéquation opportunité et projet
3. Validation du projet
4. Mobilisation des ressources (plan d'affaires)
5. Démarrage
6. Formulation de la stratégie

Qualités de l'entrepreneur
Goût du risque, créativité, capacité d'innovation et ténacité…

Logique managériale

Objectifs

1. Mobilisation et optimisation des ressources
2. Performance et profit
3. Stratégie et contrôle des résultats

Qualités du manager
Sens de l'organisation, leadership…

… qui coexistent néanmoins dans les entreprises

L'**entrepreneur** doit rapidement acquérir ou recruter des compétences managériales dans des domaines variés (mercatique, finance, ressources humaines…) pour assurer la pérennité et le développement de son entreprise.

↔

Le **manager** dirigeant doit favoriser l'innovation et mettre en place les conditions permettant son développement (intrapreneuriat, essaimage, *etc.*).

CHAPITRE 2

La finalité de l'entreprise

LES PROBLÉMATIQUES

- La finalité de l'entreprise se réduit-elle à la stricte maximisation du profit ?
- Quels facteurs influencent la finalité de l'entreprise ?
- Comment cette finalité se traduit-elle dans les objectifs de l'entreprise ?

Ces questions sont abordées dans le cadre de l'étude du cas Carrefour, leader de la distribution en Europe, dont la préoccupation sociétale influence sa finalité, ses objectifs et ses actions.

LES COMPÉTENCES

- Caractériser la finalité d'une entreprise donnée.
- Montrer la cohérence entre finalité et objectifs.
- Repérer les dispositifs liés à la RSE et leur cohérence avec la finalité de l'entreprise.

LES NOTIONS

- Finalité (économique, financière, sociale et sociétale)
- Objectifs
- Responsabilité sociétale des entreprises (RSE)
- Développement durable
- Investissement socialement responsable

LES AUTEURS

- Peter Drucker

CAS CARREFOUR

N°1 de la grande distribution en Europe et à la 6e place au niveau mondial, Carrefour est un groupe multiformat, multicanal et multilocal qui compte un parc de 12 000 magasins sous enseigne en 2017. Carrefour exploite des hypermarchés, des supermarchés, des magasins de proximité, de cash et carry et d'hypercash, ainsi que des sites d'e-commerce alimentaires et non alimentaires. Tout en étant soucieux de ses résultats financiers et commerciaux, Carrefour met en œuvre des investissements socialement responsables, au service de ses clients, de ses salariés et des citoyens.

Après avoir pris connaissance du cas Carrefour, des annexes et des ressources proposées, vous réaliserez le travail demandé.

vidéo sur le web 2' 52"

Présentation du groupe Carrefour
lienmini.fr/M490-carrefour

Caractériser la finalité d'une entreprise et expliquer les liens avec ses objectifs

CAS CARREFOUR

Le nouveau patron de Carrefour, Alexandre Bompard, vient d'annoncer un plan choc pour le distributeur : la suppression de 2 400 emplois, la cession de magasins et de lourds investissements dans le e-commerce. [...] L'introduction de la filiale brésilienne va accélérer le développement de magasins dans le pays. Enfin, les hypermarchés français, qui constituaient le point faible de carrefour, sont repassés dans le vert au deuxième trimestre 2017 [...] mais les analyses soulèvent la question de la rentabilité financière [...] En France, les ventes semblent soutenues par un effort sur les prix, et donc sur les marges. Les chiffres du premier semestre 2017 présentés fin août montrent qu'en dépit d'une belle tenue du chiffre d'affaires, le taux de marge opérationnel est descendu à 1,1 %. Carrefour a encore de nombreux défis à relever : concurrence du e-commerce, développement du commerce de proximité au détriment des grands hypers, évolution des tendances de consommation [...] Alexandre Bombard devra d'abord poursuivre le désendettement de Carrefour et la rénovation de son parc de magasins... Il devra encore arbitrer sur plusieurs sujets : quid de l'avenir des hypermarchés français qui assurent encore des gros volumes de vente mais sont pour beaucoup déficitaires ? Comment faire de Carrefour, qui ne réalise encore que 1 milliard d'euros de vente sur Internet sur les 40 milliards de CA en France, un vrai commerçant numérique ?

D'après lesechos.fr, 31 janvier 2018.

TRAVAIL DEMANDÉ

Actionnaire
→ voir lexique, page 148

Finalité
→ voir lexique, page 148

Investissement socialement responsable
→ voir lexique, page 148

Objectifs
→ voir lexique, page 148

1. **Identifiez les objectifs de Carrefour et qualifiez sa finalité.** Ressource 1
2. **Expliquez dans quelle mesure les actions mises en œuvre par Carrefour sont liées à ses objectifs et à sa finalité.** Ressource 1
3. **Recensez les efforts (investissement socialement responsable) déployés par Carrefour en matière de protection environnementale et de gestion des ressources humaines, et qualifiez les finalités poursuivies.** Annexes 1 et 2 | Ressources 2 et 3
4. **Identifiez les raisons qui poussent Carrefour à engager certaines de ces actions. À quel auteur ces raisons vous font-elles penser ?** Annexes 1 et 3 | Ressource 4
5. **À partir de vos travaux, appréciez les enjeux ainsi que la portée réelle de la finalité sociétale.** Annexe 3 | Ressource 5

ANNEXE 1 Carrefour, au service de la protection de l'environnement

Dans tous les pays, Carrefour entreprend des actions concrètes pour favoriser des filières responsables qui protègent mieux les écosystèmes et contribuent à préserver les ressources naturelles. En protégeant la biodiversité, Carrefour et ses fournisseurs créent de la valeur dans les filières et proposent des produits variés de qualité, qui répondent aux attentes des clients et de la société.
Ainsi, les abeilles constituent un emblème de la biodiversité quotidienne et de son rôle essentiel pour la société car la pollinisation assure la sécurité et la diversité alimentaires.

ANNEXE 1 Carrefour, au service de la protection de l'environnement *(suite)*

Carrefour soutient donc l'apiculture et s'est fixé l'objectif que tous les pays du groupe aient mis en place un plan abeille d'ici 2020. Les quatre actions de ce plan sont les suivantes :

1. continuer de développer les ruches sur les toits des magasins, pour sensibiliser les clients au rôle de l'abeille dans l'environnement et développer une apiculture périurbaine ;
2. privilégier le référencement de miels locaux et nationaux, pour soutenir les apiculteurs ;
3. développer un miel Filière Qualité Carrefour par pays, pour créer un partenariat direct avec les apiculteurs et garantir la traçabilité ;
4. et enfin, intégrer un chapitre sur la protection des pollinisateurs dans les cahiers des charges des Filières Qualité Carrefour fruits et légumes.

Depuis 2011, le groupe installe des ruches sur les toits et autour de ses 42 sites en France. Le miel est récolté par un apiculteur local avant d'être vendu en magasin ou donné à des associations ou à des écoles.

Complément web

Des solutions pour préserver la biodiversité
lienmini.fr/M490-biodiversite

Vidéo sur le web 3' 01"

Nos engagements RSE
lienmini.fr/M490-RSE

ANNEXE 2 Carrefour : un employeur éthique, responsable et solidaire

Sans discrimination : [...] promouvoir l'accès des femmes aux postes d'encadrement, c'est l'objet du programme « Women Leaders » par lequel Carrefour s'engage à améliorer le nombre de femmes managers et top managers [...].
Nos engagements : garantir l'égalité des chances, soutenir la mission handicap, développer la solidarité envers les collaborateurs [...]. Soucieux d'offrir à ses collaborateurs plus que ce à quoi est tenu un employeur, Carrefour s'engage [...] sur un traitement équitable : quel que soit son âge, ses origines, son handicap, son sexe, sa situation familiale, tout collaborateur a des gages concrets d'être recruté, évalué, rémunéré et promu sur les mêmes bases.

carrefour.com

Vidéo sur le web 3' 10"

La mission handicap, Carrefour Market
lienmini.fr/M490-handicap

ANNEXE 3 La responsabilité sociétale, un acte désintéressé ?

Les groupes du monde entier assurent se démener pour sauver la planète. Pourtant [...] « *tout le monde a une approche défensive,* lâche un spécialiste de la distribution. *S'il n'y a pas d'intérêt économique ou une pression gouvernementale, les entreprises ne font rien* ». Et, de fait, tous les acteurs de la filière verte vous le diront : sans intérêt financier, pas de développement durable ! « *Pour que cette démarche soit efficace, il faut une adéquation entre enjeux environnementaux, sociaux et économiques* [...] » admet, sans fard, Sandrine Mercier, directrice développement durable chez Carrefour. « *Mais il ne faut pas trop forcer le trait de la caricature* », avertit Jean-François Brunet, consultant pour le cabinet de conseil Actility et ancien de la direction des équipements de Carrefour. [...] « *La direction développement durable d'une entreprise peut faire avancer les sujets. L'intérêt économique et le projet écologique sont les deux jambes d'un même projet* ». De fait, au-delà d'une stricte gestion des coûts, les distributeurs ont récemment multiplié les efforts pour lutter contre le gaspillage, à commencer par l'alimentaire.

J.-B. Duval, « Le deuxième souffle du développement durable », *LSA* n° 2282, juillet 2013.

RSE
→ voir lexique, page 148

RESSOURCE 1 La suprématie de la finalité financière

Dans la conception classique, l'entreprise n'a qu'une seule finalité : le **profit**. [...] C'est en recherchant le **profit maximal** que l'entreprise rend les meilleurs services à la société. Cette recherche incite en effet les entreprises à mieux adapter leurs produits à la demande, à produire dans les conditions les plus efficaces, à réaliser des gains de productivité qui se traduisent en baisse de prix ou en hausse de salaire... Enfin, le profit est la condition de l'investissement, qui assure la **survie** et le **développement de l'entreprise**. Cette idée est toujours d'actualité.

P. Vinard, *Alternatives Économiques*, hors-série n° 79, 1er trimestre 2009.

RESSOURCE 2 Sortir d'une finalité strictement financière ?

Le concept de création de valeur touche à sa fin. Dans un monde confronté à une multicrise (crise financière, économique, sociale, philosophique, écologique), la demande de sens commence à s'affirmer [...]. Plusieurs éléments vont contribuer à faire émerger la demande de sens et d'engagement dans la société : l'appauvrissement des classes moyennes occidentales en est un, la prise de conscience progressive du défi écologique en est un autre. L'aggravation de la crise sociale en joue un rôle d'accélérateur. Pour répondre à ces attentes croissantes de sens, les dirigeants d'entreprise vont devoir mettre en avant leur engagement, leurs valeurs. Il ne s'agira pas de graver sur le fronton de l'entreprise « Performance, Qualité, Écoute » [...]. Il s'agira plutôt de définir et d'apporter les preuves que l'entreprise s'engage à répondre au **triptyque économie – environnement – social** (ou sociétal).

Y. Roudaut, « De la création de valeur à la création de valeurs », *L'Expansion Management Review*, n° 150, septembre 2013.

vidéo sur le web | 2' 58" | Ateliers corporate

La responsabilité sociale des entreprises
lienmini.fr/M490-responsabilite

RESSOURCE 3 La finalité sociétale ou la responsabilité sociétale des entreprises[1]

Développement durable
→ voir lexique, page 148

Le **développement durable** constitue un enjeu peu contesté. La conscience des risques encourus par la planète, par l'espèce humaine, s'accroît et avec elle le sentiment de notre responsabilité individuelle et collective. Dans le contexte européen, la **responsabilité sociale** des entreprises est envisagée comme la contribution (volontaire pour le courant dominant) des entreprises au développement durable. Celles-ci joueraient un rôle primordial pour assurer un développement durable dans ses dimensions environnementales, sociales, sociétales et bien entendu économiques.

1. RSE : on parle indifféremment de responsabilité sociétale et de responsabilité sociale des entreprises.

J. Brabet, « Gouvernance et responsabilité sociale de l'entreprise », *Encyclopédie des ressources humaines*, Vuibert, 2012.

RESSOURCE 4 Les apports de Peter Drucker : une finalité contingente

Considéré comme le père du management, Peter Drucker, qui a écrit une trentaine de livres dont le sujet principal est la direction générale des organisations, avance l'idée que la finalité d'une entreprise est **contingente** : elle dépend de nombreux facteurs et acteurs (valeurs personnelles et aspirations des dirigeants et associés, statut et histoire de l'entreprise, attente du personnel, contraintes imposées par l'environnement, *etc.*).

© Delagrave, 2018.

Peter Drucker (1909-2005) : universitaire et consultant en management. Il s'est élevé contre l'objectif de maximisation du profit, dénué de sens, et pensait que le but premier de toute entreprise était de créer une clientèle.

RESSOURCE 5 Bilan de la responsabilité sociétale dans les entreprises françaises

Nos observations dans les entreprises multinationales d'origine française [...] mettent en évidence le caractère hybride du déploiement de la RSE :

- Peu de **management participatif** et de dialogue avec les parties prenantes dans la conception de la démarche (souvent très générale) et dans sa mise en œuvre.
- La création d'une direction du développement durable, diversement nommée selon les cas, peu étoffée, rarement dotée d'un budget suffisant pour financer quelque action ; une direction surtout en charge de construire un système d'information RSE, de coordonner la rédaction d'un rapport de développement durable qui tente de fournir une représentation cohérente de l'ensemble des politiques et pratiques RSE, de sensibiliser en interne et de communiquer vers l'extérieur, en particulier pour répondre aux agences de notation extra-financières. [...]
- Des actions surtout centrées sur les économies de ressources naturelles et l'éco-conception donc sur le **volet environnemental** [...] lorsque celui-ci n'exige pas d'investissements massifs.
- Dans le **domaine social**, deux thématiques majeures, celle de la diversité d'une part, celle du respect des droits fondamentaux au travail dans les filiales des pays à bas coûts de main-d'œuvre et dans la chaîne d'approvisionnement, d'autre part.
- Les politiques de diversité se déclinent dans les entreprises sans que soit remis en cause le cœur de la relation d'emploi où s'affirment plus de pression, de précarité et d'individualisation, ce qui mène parfois à des vagues de suicides fort médiatisées.
- Quant aux pratiques d'achats responsables, elles se réduisent souvent à des contrôles exercés sur les fournisseurs [...] destinés à prévenir les risques de scandale liés à des violations manifestes des Droits de l'homme. Cette approche, qui ne supprime pas la pression sur les prix exercée sur les fournisseurs, les place fréquemment dans la situation d'avoir à répondre à des injonctions paradoxales. [...] Cependant, dans le domaine des achats comme dans celui de la recherche et développement et du marketing stratégique, émergent des stratégies plus « cœur de métier » visant à modifier l'offre de produit et les modes de production pour se saisir du développement durable comme d'une opportunité [...].

J. Brabet, « Gouvernance et responsabilité sociale de l'entreprise », *Encyclopédie des ressources humaines*, Vuibert, 2012.

Partie prenante
→ voir lexique, page 153

Léa Nature

Avant de commencer QCM

La finalité de l'entreprise

Testez vos connaissances sur le chapitre 2 à l'aide d'un QCM interactif. Connectez-vous sur lienmini.fr/M490-qcm2

Après avoir pris connaissance du cas Léa Nature et des ressources, vous répondrez aux questions suivantes :

PREMIÈRE PARTIE — ANALYSE DU CONTEXTE ET DE LA SITUATION DE L'ENTREPRISE

1. **Identifiez l'activité de Léa Nature.**
2. **Qualifiez et justifiez la finalité de l'entreprise Léa Nature à partir des actions menées par Charles Kloboukoff.**
3. **Les actions citoyennes ou responsables menées par l'entreprise sont-elles compatibles avec la recherche de profit ? Pourquoi ?**
4. **Proposez des objectifs permettant à l'entreprise d'atteindre sa finalité.**

DEUXIÈME PARTIE — IDENTIFICATION DU PROBLÈME DE MANAGEMENT ET PROPOSITION DE SOLUTIONS ARGUMENTÉES

5. **Selon vous, à quelle(s) difficulté(s) Léa Nature pourrait-elle être confrontée sur son marché ?**
6. **Identifiez les solutions adoptées pour y remédier.**

PRÉSENTATION DU CAS — Léa Nature

Fondée et dirigée par Charles Kloboukoff, Léa Nature conçoit des produits naturels et bénéfiques pour la santé, des produits alimentaires, d'hygiène et de beauté. En 20 ans, le groupe s'est hissé parmi les premiers acteurs français de ce secteur en France. Ses produits sont vendus en grandes et moyennes surfaces sous les marques Jardin Bio, So'Bio, Floressance, Karéléa, ou en magasins spécialisés et pharmacies : Lift'Argan, Natessance, Eau Thermale Jonzac, Carte Nature, Vitamont… En 2016, Léa Nature comptait plus de 800 collaborateurs pour un chiffre d'affaires de 231 millions d'euros. Un sacré chemin parcouru depuis ses débuts en 1993, où la petite entreprise de 7 personnes se faisait fort de démocratiser l'automédication naturelle, dont Charles Kloboukoff, son patron, est un adepte depuis l'enfance.

Les engagements de Léa Nature

- **Nos engagements économiques**
  Grandir en cohérence.
  Fabriquer nos produits en France.
  Concevoir des produits bio et naturels.
  Réaliser une croissance durable.
  Favoriser les filières locales.
- **Nos engagements environnementaux**
  Construire un environnement de travail écologique.
  Mesurer et réduire notre empreinte écologique.
  Reverser 1 % du CA de nos marques bio pour la planète.

D'après leanature.com

Vidéo sur le web — 5' — Léa Nature

Présentation de Léa Nature
lienmini.fr/M490-lea

RESSOURCE 1 Léa nature consolide sa politique RSE

À l'origine, Léa Nature s'est d'abord préoccupé de son empreinte écologique. Logique puisque l'entreprise est née sur le créneau de l'alimentation bio. « […] *J'ai la conviction que l'entreprise a sa place dans la nature mais doit limiter son impact* », résume Charles Kloboukoff. Le groupe […] a privilégié l'approvisionnement de proximité. […] Les emballages sont évidemment produits à partir de matériaux recyclés et eux-mêmes recyclables. Les détails comptent également. Ainsi, les infusions de la marque Jardin Bio sont désormais entièrement compostables, les agrafes ayant été remplacées par un nœud en fil de coton. À l'arrivée, une économie de 315 millions d'agrafes, soit plus de 3 tonnes d'aluminium. Le siège social lui aussi se veut vert, en ayant été éco-conçu […] et en mettant en œuvre quatre énergies renouvelables : solaire photovoltaïque et thermique, pompes à chaleur et géothermie.

Progressivement, l'entreprise, en croissance continue, […] a élargi ses efforts aux dimensions sociétale et sociale. Elle se plie désormais à 8 certifications, dont la norme ISO 26 000, dûment contrôlées par Ecocert. Le groupe qui commercialise 16 marques a même créé un poste de responsable des engagements du groupe. […] Il serait impensable pour le groupe, qui se veut un modèle, d'être pris en flagrant délit de « *green washing* » ou simplement de négligence. « *J'ai toujours considéré que la mission de l'entreprise allait au-delà de l'économie et nous sommes en effet tenus d'être irréprochables* », confirme Charles Kloboukoff. L'entreprise a également multiplié les avantages sociaux (mutuelle prise en charge à 80 %, accords de temps partiel choisi, actionnariat salariés), ce qui semble porter ses fruits avec taux d'absentéisme inférieur à 3 %, contre 6 % en moyenne en France et un faible *turnover*.

Frank Niedercorn, lesechos.fr, 27 mai 2016.

vidéo sur le web | 8' 24"

Léa Nature, soucieux du bien-être de ses salariés
lienmini.fr/M490-salaries

RESSOURCE 2 « Chers produits bio… »

Le groupe compte neuf sites de production avec une dernière acquisition dans les tartes sans gluten (2014) et le rachat d'un site industriel (2017). Léa Nature a ainsi pu changer de taille sans jamais renier son ADN. Pourtant, les produits issus de l'agriculture biologique restent plus chers que les autres, en raison de la nécessité d'investissements plus importants pour leur production. La différence de prix pour le consommateur est de l'ordre de 15 % à 30 %. Le jeu en vaut la chandelle : le marché des produits biologiques en France s'élève à 5 milliards et représente 3 % de la consommation des ménages. « *L'épicerie et la santé, marchés auxquels nous nous attaquons, représentent environ la moitié de ce secteur* », souligne le PDG de Léa Nature, dont 65 % des références sont certifiées AB (agriculture biologique), label décerné par le ministère de l'Agriculture et basé sur l'interdiction de l'utilisation de la chimie de synthèse. Et pour aller au bout de sa « logique verte », Léa Nature reversera cette année 1 million d'euros à des associations de protection de l'environnement.

D'après Charles Gautier, lefigaro.fr, 14 octobre 2015.

RESSOURCE 3 Léa Nature s'agrandit !

Léa Nature vient de prendre le contrôle d'Ekibio qui propose des produits bios. […] Ses marques, Priméal, Bisson ou Pain des Fleurs sont essentiellement diffusées dans les réseaux spécialisés. […] C'est la 4e acquisition de Léa Nature en cinq ans. « *Notre volonté avec ces rachats est d'avoir une structure industrielle. Il est difficile de développer une filière bio sans outil de transformation* », précise C. Kloboukoff.

Dominique Chapuis et Jean Roquecave, *Les Échos*, 25 avril 2014.

La finalité de l'entreprise

Finalité d'une entreprise = sa raison d'être

- **Maximisation du profit** → **Finalité financière**
- **Développement et pérennité sur le marché** → **Finalité économique**
- **Bien-être des salariés** → **Finalité sociale**

Finalité financière + Finalité économique → **Finalité lucrative**

Les finalités **financière** et **économique** (dites finalités lucratives) sont les finalités premières de l'entreprise, essentiellement au service des actionnaires, propriétaires de l'entreprise.
Pour atteindre ses finalités, l'entreprise se fixe des objectifs :

Objectifs financiers :
- augmenter les résultats de l'entreprise, le taux de marge, *etc.*
- diminuer les dettes

Objectifs de développement :
- augmenter les parts de marché, le CA, *etc.*
- améliorer l'image, la satisfaction clientèle

Objectifs sociaux et de GRH* :
- améliorer la satisfaction des salariés pour améliorer la productivité, lutter contre l'absentéisme, *etc.*

Certaines entreprises s'assignent des objectifs supplémentaires, relevant d'une forme de **responsabilité sociétale** :
- développement durable (ex : éco-conception, *etc.*),
- éthique dans les relations d'affaires, de travail,
- protection de l'environnement, lutte contre la pauvreté, *etc.*

Volontaires ou contraints, ces objectifs reflètent la prise de conscience des entreprises de considérer davantage d'acteurs : citoyens, consommateurs, médias, fournisseurs, *etc.*

→ **Finalité sociétale**

* GRH : Gestion des ressources humaines.

CHAPITRE **3**

Le management stratégique et le management opérationnel

LES PROBLÉMATIQUES

- Pourquoi les entreprises (*via* leurs dirigeants et managers) prennent-elles des décisions ?
- Quelle est la nature de ces décisions ?
- Quelles sont les caractéristiques d'une décision stratégique, d'une décision opérationnelle ?

Ces questions sont abordées dans le cadre de l'étude du cas Monoprix. Confronté à un marché hyperconcurrentiel et en forte mutation, Monoprix a récemment pris des décisions stratégiques et opérationnelles.

LES COMPÉTENCES

- Distinguer les actions stratégiques et les actions opérationnelles.
- Montrer leur interdépendance.

LES NOTIONS

- Management
- Management stratégique
- Management opérationnel

CAS MONOPRIX

Commerçant de centre-ville depuis 85 ans, Monoprix est présent dans plus de 250 villes en France à travers ses 6 enseignes Monoprix, Monop', Monop'daily, Monop'beauty, Monop'station et Naturalia. Toutes partagent le même objectif : rendre le beau et le bon accessibles à tous. En 2017, l'enseigne, désormais leader du commerce de centre-ville, enregistre un chiffre d'affaires de 5 milliards d'euros. Fort de ce succès mais aussi contraint de faire face à une concurrence exacerbée, Monoprix opère des choix fondamentaux : développement aux niveaux national et international, positionnement « premium, tendance et relationnel », nouveaux concepts de magasins, développement digital et omnicanalité.

Après avoir pris connaissance du cas Monoprix, des annexes et des ressources proposées, vous réaliserez le travail demandé.

vidéo sur le web | 1' 54" | Monoprix
Quand Monoprix parodie Amazon
lienmini.fr/M490-parodie-amazon

LE CAS

Distinguer le management stratégique du management opérationnel

CAS MONOPRIX

Monoprix capitalise sur sa marque et souhaite la rendre toujours plus forte, plus cohérente et plus visible. Pour ce faire, le groupe a décidé d'explorer de nouveaux lieux de rencontres avec ses clients. Monoprix a fait de l'international l'un de ses axes de développement dans les années à venir, via l'ouverture de nouveaux magasins avec des partenaires de choix et l'export de ses marques propres. Monoprix compte aujourd'hui 100 points de vente à l'étranger, avec plusieurs partenaires en Tunisie, en Libye, au Liban, au Qatar, au Luxembourg… Le rayonnement international de Monoprix se traduit également par l'export de ses marques propres au Brésil, en Colombie, en Thaïlande…

entreprise.monoprix.fr

TRAVAIL DEMANDÉ

Décision stratégique
voir lexique, page 149

Management stratégique
voir lexique, page 149

Management opérationnel
voir lexique, page 149

1. **Présentez les principaux objectifs stratégiques de Monoprix et indiquez à quel niveau hiérarchique ils ont été fixés. Justifiez votre réponse.** (Annexes 1 et 2) (Ressources 1, 2 et 3)
2. **Citez les dimensions que les managers ont dû étudier, au préalable, pour prendre ces décisions.** (Ressources 1 et 2)
3. **Définissez le management stratégique.** (Ressources 1 et 2)
4. **Pourquoi Monoprix forme-t-il ses salariés ?** (Annexes 2 et 3)
5. **Identifiez les raisons qui amènent Monoprix à apprécier la satisfaction clientèle au niveau des points de vente.** (Annexes 1, 2 et 4)
6. **À quel niveau hiérarchique les actions correctrices sont-elles décidées?** (Annexe 4)
7. **Définissez le management opérationnel.** (Ressources 3 et 4)
8. **Proposez une démarche globale permettant à une entreprise de prendre une décision stratégique et de la mettre en œuvre.** (Ressources 1 à 4)

ANNEXE 1 Monoprix, le sens du service client !

Le magasin, installé sous la canopée du Forum des Halles en plein cœur de Paris, présente une multitude de services […]. Régis Schultz, patron de l'enseigne, nous les présente : « *C'est le dernier né des Monoprix, il bénéficie donc de tous nos services en matière d'omnicanalité. La clientèle est prête à s'approprier ces services* », assure-t-il. Sa démonstration démarre avec l'application Monop'Easy, installée depuis la veille dans le magasin pour l'offre de sandwiches et de boulangerie […]. Le principe ? Le client scanne le code-barres du produit, qui s'affiche dans l'application Monop'Easy préalablement téléchargée sur son mobile. Il finalise le paiement sur son smartphone avec les coordonnées d'une carte bancaire enregistrée. « *Cette application est légitime dans les petites surfaces et met fin à l'attente en caisse* », souligne Régis Schultz. Cette possibilité sera étendue à tous les Monop' sur le premier semestre 2018.
Monoprix a opté, dans ses magasins de plus grande taille, pour le lâcher de chariot, autrement nommé le « *Shop and go* » […]. Les clients laissent leurs emplettes en magasin, les courses sont emballées et livrées à domicile où s'effectue le paiement. Toujours dans cette logique de gain de temps, la géolocalisation des produits dans le point de vente se développe peu à peu. […] Un plan – et même un itinéraire – s'affiche alors pour se rendre jusqu'au produit convoité.

Julie Delavallée, lsa-conso.fr, 10 octobre 2017.

ANNEXE 2 La relation client, une préoccupation fondamentale chez Monoprix

Directeur/trice de magasin	Le/la directeur(trice) de magasin a les qualités d'un leader et recherche en permanence la satisfaction de ses clients. À la tête d'un magasin, il/elle incarne les valeurs et les engagements du groupe Monoprix.
Manager d'équipe	Coordination, gestion et animation sont ses principales missions ! Il/elle organise son équipe au quotidien afin de fournir un service de qualité aux clients. Il/elle veille à la bonne tenue des rayons et à l'application des règles d'hygiène et de sécurité.
Employé commercial	Il/elle met en place et assure la présentation des produits dans les rayons, veille à ce qu'aucune référence ne manque et gère les stocks. En contact avec les clients, il/elle les conseille et les oriente durant leur expérience d'achat.
Métiers de bouche	Boulangerie, fromagerie, boucherie, poissonnerie, fruits et légumes, charcuterie ou traiteur… Véritables spécialistes des produits frais au sein du magasin, ils/elles préparent les produits et conseillent les clients grâce à leur savoir-faire.
Hôte(sse) de caisse	L'hôte(sse) de caisse, chez Monoprix, a le sens du contact et le goût du service. Véritable ambassadeur(rice) de l'enseigne, il/elle sait rendre agréable la visite du client grâce à la qualité de son accueil et de ses conseils.

entreprise.monoprix.fr

vidéo sur le web — Monoprix

Être directeur de magasin et hôte de caisse chez Monoprix
lienmini.fr/M490-metiers

ANNEXE 3 « Notre premier investissement, c'est votre talent »

[…] L'Académie Monoprix constitue un environnement favorable et motivant pour permettre à nos salariés de se professionnaliser. En 2016, l'offre de l'Académie s'est étoffée. Ainsi, huit collaborateurs des rayons boulangerie et charcuterie ont pu obtenir le titre vendeur conseil en magasin après six mois de formation et l'acquisition de six compétences clés.

Dans la continuité de son engagement à travers la démarche de VAE[1] pour favoriser la qualification de ses salariés, Monoprix a lancé sa sixième promotion en décembre dernier. Ainsi 27 collaborateurs se sont engagés dans la promotion 2016/2017 pour préparer des diplômes aussi variés que des CAP, des baccalauréats professionnels, des BTS. L'Académie permet à chaque collaborateur de bénéficier d'un accompagnement individuel personnalisé de plus de 20 heures, d'avoir accès à des cours de bureautique pour leur faciliter la maîtrise des outils digitaux, de participer à des ateliers collectifs pour les aider à identifier et formaliser leurs compétences et enfin de bénéficier d'une préparation au passage devant un jury pour bien préparer leur soutenance. Monoprix présente un taux de réussite de 90 %.

1. Validation des acquis de l'expérience.

entreprise.monoprix.fr

ANNEXE 4 L'étude locale de la satisfaction clientèle

Convaincu que la qualité de la relation client est un axe essentiel de différenciation, Monoprix lance la « démarche client », avec pour ambition de « *garantir à chaque client une expérience conviviale et relationnelle incomparable* ». […] Concrètement, les collaborateurs sont invités à mesurer la qualité de l'expérience client dans leur propre magasin […]. Ils vont jusqu'à interroger les clients pour connaître leurs attentes en termes de service et de relation. Cette attitude d'écoute est très appréciée, tant par les clients que par les collaborateurs. Sur cette base, les collaborateurs et l'équipe de direction du magasin établissent ensemble un plan d'actions concret, et des solutions sont mises en place étape par étape.

Monoprix – « Vivement aujourd'hui. »
Dossier de presse, mars 2013.

RESSOURCE 1 La stratégie : « l'art de conduire vers la victoire »

Stratégie
→ voir lexique, page 149

Management
→ voir lexique, page 149

Le marché du conseil en stratégie est un marché florissant, et il a produit en quelques décennies une pléthore d'outils et de démarches mis à la disposition des décideurs pour analyser l'environnement externe, diagnostiquer les forces et les faiblesses de leur organisation, choisir une orientation stratégique parmi plusieurs options possibles, réfléchir à leurs mises en œuvre [...].

Étymologiquement, la notion de la stratégie renvoie à l'art de conduire une armée en vue de la victoire [...]. Elle signifie plus généralement le fait de définir des fins et des moyens pour les atteindre. Appliquée à l'entreprise, il s'agit de choisir une perspective dans laquelle inscrire le « projet » de l'entreprise (une mission, une vocation, une grande ambition), de choisir un positionnement (quel(s) produit(s) sur quel(s) marché(s) et avec quelle(s) technologie(s) ?), le périmètre des activités (monoproduction, différenciation, diversification), de choisir un mode de développement (intégration verticale ou croissance horizontale) et un mode de mise en œuvre et d'allocation des ressources (croissance interne *versus* croissance externe). En d'autres termes, la stratégie débute par **un diagnostic**, se poursuit par la **formulation d'un choix** et se termine par une phase de **mise en œuvre**.

J. Allouche, G. Schmidt, « La stratégie, art ou science ? »
Le management, fondements et renouvellements, Éditions Sciences Humaines, 2008.

RESSOURCE 2 Le management stratégique, définition

Le management stratégique consiste à prendre des décisions dont l'impact s'avérera fondamental pour l'avenir de l'organisation et à s'assurer que la stratégie est effectivement bien mise en œuvre. Il a pour objet **la gestion de la complexité** par des situations ambiguës et non routinières, ce qui le différencie du management opérationnel. Il inclut le diagnostic de la position de l'organisation, la prise de décisions déterminantes pour son avenir et la mise en œuvre de ces dernières. [...] Il s'agit d'une activité plurielle qui se réfère :

- **aux méthodes d'analyse :** elles permettent aux dirigeants de diagnostiquer le potentiel de l'organisation ainsi que les caractéristiques de leur environnement. Il devient ainsi possible d'aligner les ressources et les compétences internes dans une logique adaptative ou d'ajuster l'environnement ;
- **aux choix stratégiques** grâce auxquels l'organisation se dote d'avantages compétitifs qu'elle sera à même de faire valoir sur les marchés à conquérir ;
- **à l'opérationnalisation** de ces choix : ils donneront vie à la stratégie de façon à devenir une réalité quotidienne pour les acteurs et de façon à passer du stade des idées à celui des actes.

J.-D. Avenel,
L'essentiel de la stratégie des organisations, Gualino Lextenso éditions, 2012.

vidéo sur le web | 5' 53" | Parole d'expert

La stratégie d'entreprise
lienmini.fr/M490-strategie

RESSOURCE 3 Le management stratégique *versus* le management opérationnel

Une autre manière de définir la stratégie serait de l'envisager par rapport à ce qu'elle n'est pas. Les décisions stratégiques sont celles qui ne sont ni opérationnelles ni même tactiques. Cette distinction repose avant tout sur une notion de temporalité : les **décisions stratégiques** engagent **durablement** l'entreprise qui les prend, entraînant souvent des changements majeurs alors que les **décisions tactiques** s'entendent à **moyen terme** et les **décisions opérationnelles** à **court terme**. Elle renvoie aussi à une décision de contenu et de contexte : les décisions stratégiques sont plus **complexes** que les autres, elles requièrent un mode d'approche **plus global**, et elles se situent dans des situations de plus forte incertitude. Investir un marché international, se désengager d'un domaine d'activité, se lancer dans une alliance avec une autre entreprise... sont autant de décisions stratégiques à long terme, complexes, globales et incertaines. Elles peuvent être à la fois des stratégies d'entreprise (ou stratégie primaire) – comme l'alliance – ou des stratégies d'activité (ou stratégie secondaire) – comme le désengagement d'un domaine. Les deux ont potentiellement des effets sur les décisions tactiques et opérationnelles. Plus encore, c'est **l'alignement** ou **la cohérence** entre la mission, **les grandes orientations stratégiques**, les stratégies d'activité, les tactiques et les **processus opérationnels** qui sont à rechercher.

J. Allouche, G. Schmidt, « La stratégie, art ou science ? »
Le management, fondements et renouvellements, Éditions Sciences Humaines, 2008.

RESSOURCE 4 Les trois dimensions du management opérationnel

La dimension organisationnelle :	La dimension technique :	La dimension humaine :
• optimiser l'utilisation des ressources en les combinant au mieux (efficience) pour atteindre les objectifs fixés (efficacité) ; • favoriser la réactivité et la flexibilité de l'entreprise ; • coordonner l'action des différents services de l'entreprise.	• répondre aux impératifs de qualité et maîtriser les coûts ; • organiser et gérer les différents processus (production, commercialisation, financiers...).	• animer les équipes ; • favoriser la communication ; • prévenir et/ou gérer les conflits ; • motiver les salariés.

© Delagrave, 2018.

Efficacité
Efficience
→ voir lexique, page 150

Mondelez

Avant de commencer QCM

Le management stratégique et le management opérationnel

Testez vos connaissances sur le chapitre 3 à l'aide d'un QCM interactif. Connectez-vous sur lienmini.fr/M490-qcm3

Après avoir pris connaissance du cas Mondelez et des ressources, vous répondrez aux questions suivantes :

PREMIÈRE PARTIE — ANALYSE DU CONTEXTE ET DE LA SITUATION DE L'ENTREPRISE

1 **Présentez l'entreprise Mondelez et identifiez sa finalité ainsi que ses objectifs.**

2 **Repérez les actions mises en œuvre par l'entreprise pour atteindre ses objectifs.**

3 **Ces actions relèvent-elles du management stratégique ou opérationnel ? Justifiez votre réponse.**

DEUXIÈME PARTIE — IDENTIFICATION DU PROBLÈME DE MANAGEMENT ET PROPOSITION DE SOLUTIONS ARGUMENTÉES

4 **Identifiez le(s) problème(s) de management au(x)quel(s) Mondelez pourrait être confronté.**

5 **Proposez des solutions relevant du management stratégique et opérationnel permettant de pallier ces difficultés éventuelles.**

PRÉSENTATION DU CAS — Mondelez

[...] Mondelez entend faire le grand ménage, en se délestant, en France, des marques qui « collent aux dents » (Carambar, les bonbons Krema, Michoko, la Pie qui Chante, les chewing-gums Hollywood et Malabar) pour se concentrer sur son activité biscuits autour de la marque ombrelle LU, rachetée en 2007 à Danone.

[...] En France, le groupe a donc mis en vente, en novembre, sa division confiserie avec ses usines de Marcq-en-Barœul (Nord), où sont fabriqués les célèbres Carambar, et de Saint-Genest-d'Ambière, rachetée en 2010 à Cadbury et qui emploie 200 salariés. L'ensemble pèse 150 millions de dollars, une « paille » pour un groupe qui a réalisé, en 2014, 34,2 milliards de dollars de chiffre d'affaires. L'usine de Vichy, qui fabrique les célèbres pastilles, ferait également partie du lot.

L'activité chocolat serait aussi concernée, avec l'usine de Blois, qui produit le célèbre Poulain, et celle de Strasbourg, où sont fabriqués les Rochers Suchard et les chocolats de fêtes. « *Poulain a perdu des parts de marché* [...]. » Quant au marché du cacao en poudre, où sont Super Poulain et Grand Arôme, il est en déclin depuis trois ans. « *La position concurrentielle de Mondelez n'est pas très favorable en France sur le chocolat, ce qui peut expliquer ce choix*, analyse Yves Marin, consultant senior

PRÉSENTATION DU CAS (SUITE)

chez Kurt Salmon. *Quant à la confiserie, elle pourrait poser un problème de cohérence avec la politique de snacking sain menée dans les biscuits, qui va dans le sens d'une amélioration du profil nutritionnel, avec des produits moins gras et moins sucrés.* »

[...] Au-delà d'un recentrage hexagonal sur ses activités les plus rentables, on assiste à une évolution globale du groupe. « *Le recentrage de Mondelez sur ses marques fortes constitue un choix drastique. Il se rapproche du modèle Ferrero, avec un portefeuille plus court de marques mondialisées* », reprend Yves Marin. Cette vente constitue donc une nouvelle étape dans le plan de restructuration mondial de 3,5 milliards de dollars mis en place par Mondelez de 2014 à 2018. L'américain n'en finit plus de serrer les coûts, alors que le chiffre d'affaires est en recul pour le huitième trimestre consécutif [...].

Pendant qu'il se sépare des petites marques sur le Vieux Continent, Mondelez se recentre sur les pays émergents et notamment sur le marché africain, où il a lancé une vaste offensive. C'est au Maroc qu'il produit désormais ses Oreo dans une usine où il a investi 11 millions de dollars. Récemment, il a annoncé un apport de 50 millions de dollars dans une unité de production de boissons chocolatées au Nigeria afin d'augmenter de 30 % la capacité de production de Cadbury Bourn Vita. Il se renforce également en Égypte et en Afrique du Sud. En Pologne, où il est leader du marché des biscuits et du chocolat, il a également mis 30 millions de dollars dans une nouvelle ligne de production de chocolat dans l'usine de Skarbimierz, ouverte en 2010, pour soutenir une augmentation du volume de production à destination du marché européen.

Sylvie Lavabre, lsa-conso.fr, 27 janvier 2016.

RESSOURCE 1 Mondelez investit dans une nouvelle ligne de production

L'investissement fait partie de la politique de l'entreprise pour créer une chaîne d'approvisionnement mondiale qui soit des plus performantes et intégrées. En transformant ses actifs et processus de fabrication pour réduire les coûts et améliorer la productivité, Mondelez mise sur l'avenir [...]. Cette nouvelle ligne de production de Skarbimierz (Pologne) a revu ses capacités futures à la hausse, elle fonctionne plus efficacement et offre une plus grande flexibilité grâce à sa conception modulaire. Cette nouvelle ligne est une première au sein du réseau de fabrication de l'entreprise en Pologne et seulement la deuxième en Europe centrale.

agro-media.fr, 23 septembre 2015.

RESSOURCE 2 Les tensions global-local : l'organisation et la coordination des activités internationales

La diversification des flux d'investissements directs augmente l'hétérogénéité des environnements auxquels sont confrontées les entreprises à l'international. Se trouve ainsi renouvelée la question de la nécessaire prise en compte des particularités locales, y compris lorsque l'entreprise s'efforce de promouvoir une approche globale de ses marchés. Les structures, l'organisation, les mécanismes de coordination et de contrôle [...] en sont considérablement affectés.

Jacques Jaussaud *et al.* (dir), « Le management international entre local et global », *Management international*, vol. 18, n° 1, 2013.

Le management stratégique et le management opérationnel

Les entreprises évoluent dans un environnement changeant et souvent fortement concurrentiel. Elles sont obligées de s'y adapter pour rester pérennes et se développer. La prise de décision est nécessaire dans leur management. Le management est « *l'art de conduire une organisation, de diriger, et de planifier son développement, de la contrôler* […] » (Thiétart, 1980). On distingue le management stratégique du management opérationnel en fonction de la nature de la décision prise/à prendre (complexité, portée temporelle et effets) et du niveau hiérarchique auquel elle est prise.

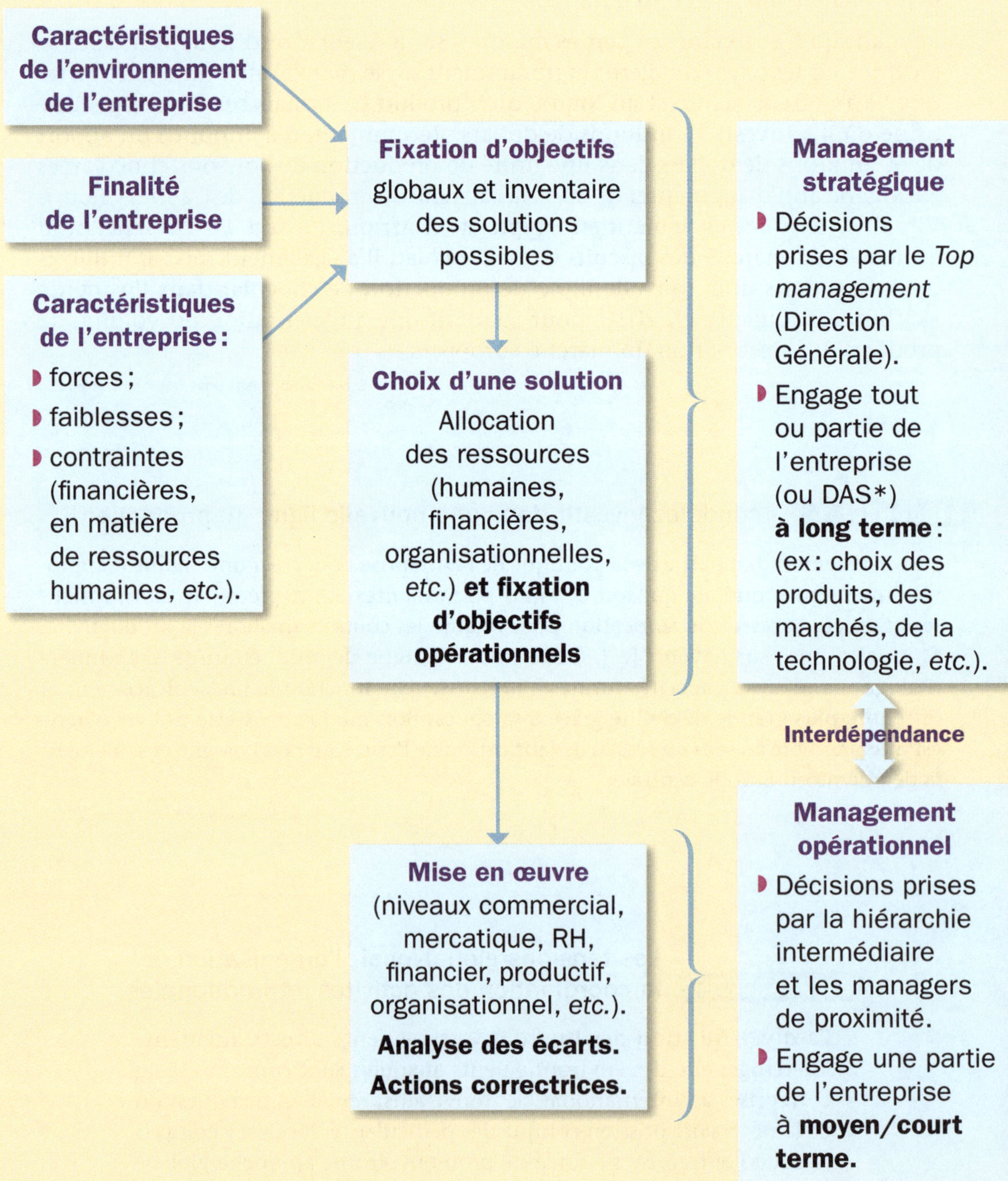

* DAS : Domaine d'activité stratégique.

CHAPITRE 4

La performance

LES PROBLÉMATIQUES

- Que recouvre la notion de performance et pourquoi les managers doivent-ils s'en soucier ?
- Comment, et à partir de quels critères et indicateurs, l'évaluer ?
- Le tableau de bord constitue-t-il un outil de mesure efficace ?

Ces questions sont abordées dans le cadre de l'étude du cas Ferrero, entreprise italienne qui fait de la recherche de la performance un élément clé de sa politique.

LES COMPÉTENCES

- Définir les critères de performance.
- Construire des indicateurs de performance appropriés.

LES NOTIONS

- Performance
- Efficacité
- Efficience
- Performance globale
- Bilan social
- Tableau de bord prospectif

LES AUTEURS

- Robert Kaplan
- David Norton
- Alfred Sloan

CAS FERRERO FRANCE

Filiale française du groupe Italien Ferrero (3e acteur mondial de chocolaterie et de confiserie), Ferrero France est présente depuis près de 60 ans sur le territoire national avec un chiffre d'affaires de 1,24 milliard d'euros en 2016. Avec 1 346 collaborateurs, dont près des deux tiers travaillent en Seine-Maritime, Ferrero France est très attachée à ses racines normandes et fière de compter parmi les principaux employeurs de la région. Ferrero France est présente sur 5 marchés principaux (pâte à tartiner, goûters secs, tablettes de chocolat, confiserie de poche et confiserie de chocolat), avec des produits au positionnement très ciblé et de renommée internationale : Nutella, Mon Chéri, Kinder, Ferrero Rocher.

Très impliquée dans les problématiques sociétales et sociales, Ferrero France veut donner une image d'entreprise responsable tout en ne perdant pas de vue la question de la performance.

ferrero.fr

Après avoir pris connaissance du cas Ferrero France, des annexes et des ressources proposées, vous réaliserez le travail demandé, pour chaque partie.

vidéo sur le web 1' 58"

L'huile de palme de Nutella est-elle vraiment durable ?
lienmini.fr/M490-nutella

PARTIE 1 : Définir et mesurer la performance

CAS FERRERO FRANCE

Devenue incontournable dans l'esprit des consommateurs, Ferrero France a su anticiper les attentes d'un marché en constante évolution en respectant la stratégie du groupe : innovation, satisfaction du consommateur et qualité totale. En 45 ans, Ferrero France est devenue leader sur le marché de la confiserie de chocolat grâce à la puissance et à la notoriété de ses marques. Dans un contexte fortement concurrentiel, Ferrero France a su s'imposer tant sur ses marchés qu'au sein de la distribution, grâce à une forte capacité d'adaptation et de réactivité [...]. La valeur ajoutée nette générée par le groupe Ferrero permet de rétribuer équitablement l'ensemble des parties prenantes internes et externes : ressources humaines 53,8 % ; rémunération du capital 24,9 % ; secteur public (montant dû aux États) 14,6 % ; le poste communauté (dons et investissements dans les programmes sociaux) 1,1 %. Enfin, le poste système de l'entreprise représente la valeur économique restante dans l'entreprise, 5,6 %.

ferrero.fr

TRAVAIL DEMANDÉ

Performance
→ voir lexique, page 150

Indicateur de performance
→ voir lexique, page 150

Efficacité
→ voir lexique, page 150

Efficience
→ voir lexique, page 150

1 **Observez l'évolution des résultats économiques et financiers de Ferrero. Les indicateurs utilisés vous semblent-ils pertinents ?** Annexes 1 et 2 | Ressources 1 et 2

2 **Différenciez les concepts d'« efficacité » et d'« efficience » au sein de Ferrero France et montrez leur lien avec les notions de « performance » et de « finalité ».** Annexes 1 et 2 | Ressources 1 et 2

3 **Montrez l'intérêt du suivi et de l'évaluation de la performance chez Ferrero France. Quelles peuvent en être les limites ?** Ressource 3

4 **Ferrero utilise-t-il d'autres critères d'évaluation de la performance ? De façon plus générale, proposez d'autres critères de performance que Ferrero pourrait utiliser et, pour chacun d'entre eux, un indicateur en le caractérisant.** Annexe 3 | Ressources 2 et 3

5 **En vous appuyant sur le cas Ferrero et sur les ressources, caractérisez la notion de performance.**

vidéo sur le web | 5' 55" | Conseil économique, social et environnemental

Performance et gouvernance de l'entreprise
lienmini.fr/M490-gouvernance

ANNEXE 1 La croissance chez Ferrero France

L'arrivée de Ferrero en France s'est faite à la fin des années 1950. L'entreprise rachète, transforme et modernise une ancienne usine textile à Villers-Écalles, près de Rouen. L'objectif : lancer la production de Mon Chéri en France. Rapidement une seconde étape accélère la croissance française : en 1961 commence la production du Nutella. Aujourd'hui, un tiers de la production mondiale est réalisé en Normandie. Quelques années plus tard, de nouvelles lignes de production sont ajoutées pour produire Kinder Bueno. L'usine réussit actuellement à fabriquer plus d'un million de barres par jour. En 2017, Ferrero France conforte son développement en Normandie en consacrant 38,5 millions d'euros à l'extension de son site industriel de Villers-Ecalles (1re usine de production de Nutella au monde). Cette décision résulte d'une politique de modernisation continue engagée par l'entreprise, qui a déjà investi 55 millions d'euros sur les 5 dernières années au service des performances économiques et environnementales de ses différents sites français. Ce projet comprend la construction d'un nouveau bâtiment de stockage de près de 6 500 m² et la modernisation des équipements de réception et de stockage de l'usine. À terme, et seulement sous réserve des besoins des marchés et de la stratégie internationale du groupe Ferrero, l'implantation de nouveaux outils ou d'une nouvelle ligne de production pourrait être envisagée.

Réalisés par étapes, les travaux s'échelonneront de 2017 à 2021, permettant la mise en service d'un site industriel plus moderne et écologiquement responsable.

ferrero.fr

ANNEXE 2 Chiffres de Ferrero France

En milliers d'euros	2016	2015	2014	2013
Chiffre d'affaires	1 240 000	1 320 798	1 236 470	1 232 725
Charges d'exploitation	NC	1 242 107	1 163 080	1 142 099
Bénéfice ou perte	56 285	59 724	53 258	60 524
Fonds propres	152 882	109 963	113 276	109 277
Nombre d'employés	1 350	1 202	1 181	1 402

verif.com et ferrero.fr

ANNEXE 3 L'innovation au sein de Ferrero

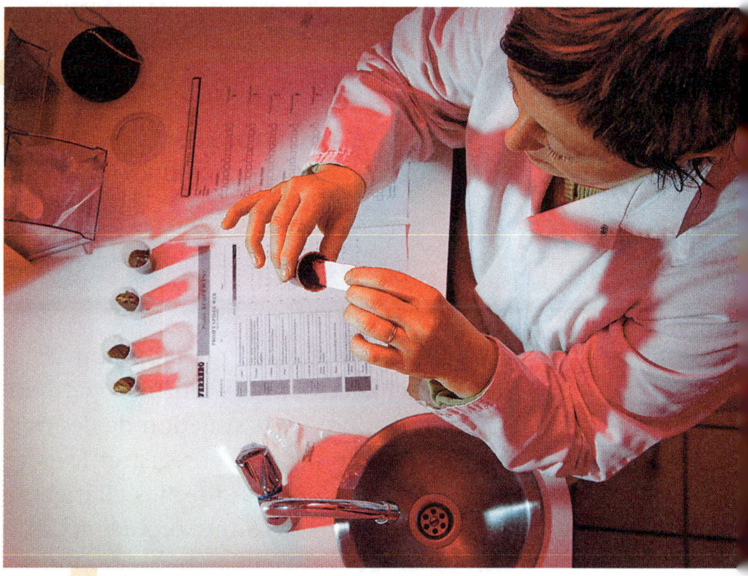

Le grand axe sur lequel repose le développement du confiseur italien demeure la recherche et le développement, auxquels il consacre 3 % des 10,3 milliards d'euros de ventes sur l'exercice 2015-2016, soit le double en moyenne de ses rivaux. « *Ferrero a toujours misé sur l'innovation avec l'objectif de mettre au point des produits bons, de qualité et complexes pour se prémunir de la concurrence*, explique Vitaliano Fiorillo, spécialiste des questions agroalimentaires à l'université Bocconi de Milan. *Aujourd'hui, ce n'est plus suffisant, il faut de nouveaux produits pour de nouveaux marchés.* » C'est notamment la tâche confiée à Aldo Uva, responsable de l'innovation ouverte, division mise en place dans le cadre de la nouvelle gouvernance.

Olivier Tosseri, lesechos.fr, 5 septembre 2017.

PARTIE 2 : Établir des critères et indicateurs de performance appropriés

CAS FERRERO FRANCE

Ferrero France est convaincu que la diversité est une source d'enrichissement humain et un facteur de compétitivité. […] Pour renforcer cette intégration de la diversité au cœur de la stratégie des directions et de leurs métiers, l'entreprise l'a inscrite comme un des enjeux de leur démarche globale de responsabilité d'entreprise. Pour atteindre ces objectifs, 4 engagements prioritaires ont été fixés : prévenir les discriminations et agir en faveur de la diversité et l'égalité des chances ; favoriser la diversité des formations et parcours ; développer une culture managériale favorisant la diversité ; piloter et évaluer la diversité.
Ferrero France a ensuite choisi d'agir par étapes et de se concentrer tout d'abord sur ces 4 thématiques : égalité H/F ; intégration des travailleurs handicapés ; séniors et intergénérationnel ; diversité des origines sociales et ethniques.
Dans le cadre de la démarche de responsabilité sociale, Ferrero met en place des indicateurs de reporting et de performance, dont notamment des indicateurs spécifiques à la diversité (exemple : taux d'agences d'intérim avec lesquelles l'entreprise travaille, ayant signé la charte diversité, promotions accordées aux femmes/hommes, proportion des femmes dans les instances de direction, taux d'atteinte de la DOETH[1]). Ces indicateurs permettent d'évaluer régulièrement les résultats et de mettre en place une démarche d'amélioration continue.

1. Déclaration obligatoire d'emploi des travailleurs handicapés.

D'après ferrero.fr

TRAVAIL DEMANDÉ

Performance globale
→ voir lexique, page 150

Pilotage de la performance
→ voir lexique, page 150

Tableau de bord prospectif
→ voir lexique, page 150

1. **Identifiez les éléments de la politique sociale mise en œuvre par Ferrero France.** Annexe 4
2. **Présentez quelques actions mises en place par Ferrero France dans le cadre de sa politique environnementale.** Annexe 5
3. **Analysez les enjeux liés à ces politiques sociale et environnementale.**
4. **À partir de ces éléments, définissez les concepts de performance sociale et environnementale.**
5. **Caractérisez le concept de performance globale pour Ferrero France.** Ressource 4
6. **Montrez l'utilité du tableau de bord prospectif (TBP) pour Ferrero France. Précisez en quoi le TBP est un outil de pilotage pertinent du management stratégique et opérationnel.** Annexe 6 Ressource 5

ANNEXE 4 Le bilan social

Bilan social
→ voir lexique, page 150

Document unique rappelant les principales données chiffrées permettant d'apprécier la situation de l'entreprise dans le domaine social, d'enregistrer les réalisations effectuées et de mesurer les changements intervenus au cours de l'année écoulée et des deux années précédentes. Le bilan social comporte des informations sur l'emploi, les rémunérations et charges accessoires, les conditions d'hygiène et de sécurité, les autres conditions de travail, la formation, les relations professionnelles ainsi que sur les conditions de vie des salariés et de leurs familles dans la mesure où ces conditions dépendent de l'entreprise. Il doit être soumis annuellement par l'employeur au Comité d'entreprise dans les entreprises dont l'effectif est d'au moins 300 salariés.

guide-du-travail.com

ANNEXE 5 Performance environnementale Ferrero France

Dans le cadre de sa démarche globale de responsabilité, et afin de maîtriser et limiter les impacts de ses activités sur l'environnement, Ferrero France définit et déploie des programmes et des actions sur l'ensemble de ses métiers et de ses sites. Concernant plus précisément les émissions de gaz à effet de serre, Ferrero France oriente ses efforts sur l'évaluation de son empreinte environnementale, la maîtrise de ses consommations d'énergies et l'optimisation de sa politique de transport (de marchandises et de personnes). L'ensemble des activités industrielles est mené au travers d'un management environnemental harmonisé et piloté par le Groupe Ferrero au niveau international. Poursuivant cette politique globale d'amélioration continue, l'usine française de Villers-Écalles est certifiée ISO 14001 et ISO 50001 […]. La rénovation du siège social a été réalisée selon les standards de la norme HQE (haute qualité environnementale) et des actions de sensibilisation auprès du personnel ont été effectuées.

ferrero.fr

ANNEXE 6 Modèle de tableau de bord prospectif

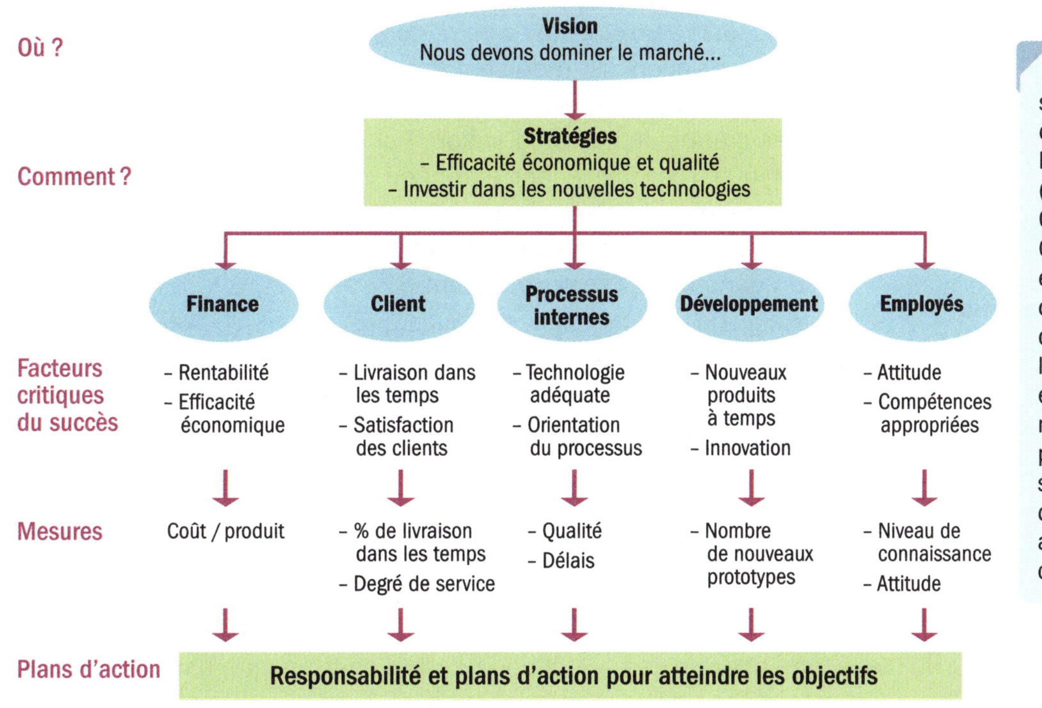

Les **tableaux de bord** sont apparus aux États-Unis dans les années 1950 sous l'influence d'**Alfred Sloan** (1875-1966), Directeur Général puis Président de General Motors. Selon son expérience, le management décentralisé est source d'efficacité car il permet à la fois l'initiative, la responsabilité et la flexibilité. Ce type de management doit s'accompagner d'une évaluation systématique des résultats de chacune des divisions alors considérée comme centre de profit.

vidéos sur le web

3' 41" TVDMA
Les tableaux de bord stratégiques
lienmini.fr/M490-tableaux

2' 15" SIRH Consulting
Management et pilotage de l'entreprise par la méthode *Balanced Scorecard*
lienmini.fr/M490-tbp

RESSOURCE 1 Performance, concepts associés

Le concept de **performance** intègre d'abord la notion d'**efficacité**, c'est-à-dire mener une activité à son terme. La performance consiste donc à obtenir un certain résultat conformément à un objectif donné. Le concept de performance intègre ensuite la notion d'**efficience**, qui implique que les moyens ou ressources utilisés pour mener une activité à son terme ont été exploités avec un souci d'économie.

La performance est un résultat optimal obtenu par l'utilisation la plus efficiente possible des ressources mises en œuvre. La performance est donc toujours une notion relative.

En résumé, la performance renvoie à la capacité de réaliser une action pour obtenir des résultats conformément à des objectifs fixés préalablement en minimisant (ou en rentabilisant) le coût des ressources et des processus mis en œuvre.

© Delagrave, 2018.

RESSOURCE 2 La mesure de la performance

Mesurer la performance implique d'abord la mesure des objectifs stratégiques puis opérationnels. Ils servent de point de départ à un diagnostic de performance et à la définition de plans d'action. Ils traduisent aussi les finalités stratégiques en termes plus précis, souvent quantifiables, et dessinent des grands domaines d'action. Par exemple, la finalité stratégique « devenir leader européen de la restauration » peut se traduire en objectifs stratégiques tels que « moderniser la moitié de la gamme des produits grand public de 10 % par an dans les 5 ans qui viennent ».

On distingue trois types d'indicateurs pour mesurer la performance : de **moyens** (ressources engagées), de **résultat** (degré de réalisation d'un objectif) et d'**environnement** (interne : climat social ; externe : parts de marché, par exemple).

© Delagrave, 2018.

Exemple d'indicateur

→ **L'EVA[1] (*economic value added*) :** outil de la performance financière

EVA = Bénéfice après impôt
– Capital investi
x taux de rémunération moyen des capitaux investis

Le montant de l'EVA dépend du taux de rémunération retenu pour les capitaux investis : plus le taux est élevé, plus les exigences d'EVA sont fortes.

1. En français : création de valeur d'un exercice.

RESSOURCE 3 Les critères et indicateurs de performance

La complexité actuelle du management exige des managers un contrôle de la performance sous plusieurs angles simultanément. C'est pourquoi l'**évaluation de la performance** d'une entreprise nécessite la définition de **critères** prenant en compte ce que les différentes parties prenantes (actionnaires, clients, salariés et société civile essentiellement) attendent de l'entreprise (ex : économique, financier, social, sociétal). L'une des fonctions majeures du management consiste à concilier l'ensemble des critères de performance de l'entreprise afin d'appréhender sa performance globale.

À chaque critère sont ensuite associés des **indicateurs** qui autorisent la mesure et les comparaisons. Pour être appropriés et utiles à la décision managériale, ces indicateurs doivent renvoyer à des perspectives temporelles (court, moyen et long terme) ; des dimensions quantitatives et/ou qualitatives ; individuelles et/ou collectives ; locales et/ou globales ; économiques et non économiques… La qualité, par exemple (critère de performance) peut se mesurer à travers différents indicateurs : la satisfaction des clients, la conformité des produits, l'efficacité des processus et la mobilisation des salariés…

© Delagrave, 2018.

RESSOURCE 4 La performance globale

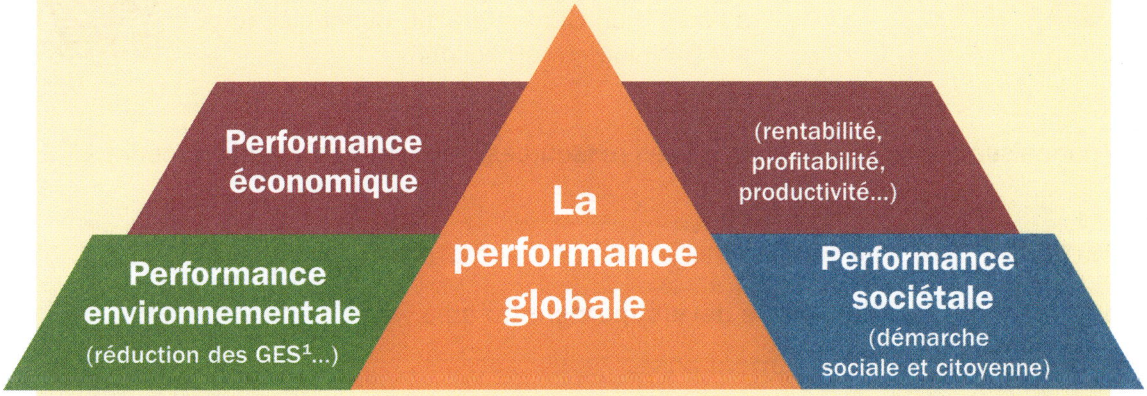

1. GES : gaz à effet de serre.

© Delagrave, 2018.

Robert S. Kaplan (1940-...), professeur à Harvard, et **David Norton** (1941-...), dirigeant d'un cabinet de conseil en stratégie, ont mis au point le modèle du TBP ou *Balanced Scorecard* afin d'aider les cadres dirigeants à élargir leurs réflexions stratégiques aux indicateurs non financiers.

RESSOURCE 5 Le tableau de bord prospectif de Norton et Kaplan

Le tableau de bord prospectif (TBP) se présente comme un instrument de suivi de la performance globale, organisé autour de quatre axes : finances, clients, processus internes, apprentissage organisationnel. Il traduit la stratégie de l'entreprise en un ensemble d'indicateurs de performance qui constituent la base du système de pilotage. Il propose une approche intégrée des dimensions opérationnelles et financières, des visions à court terme et à long terme, et met en évidence les relations de cause à effet sur les quatre axes du système.

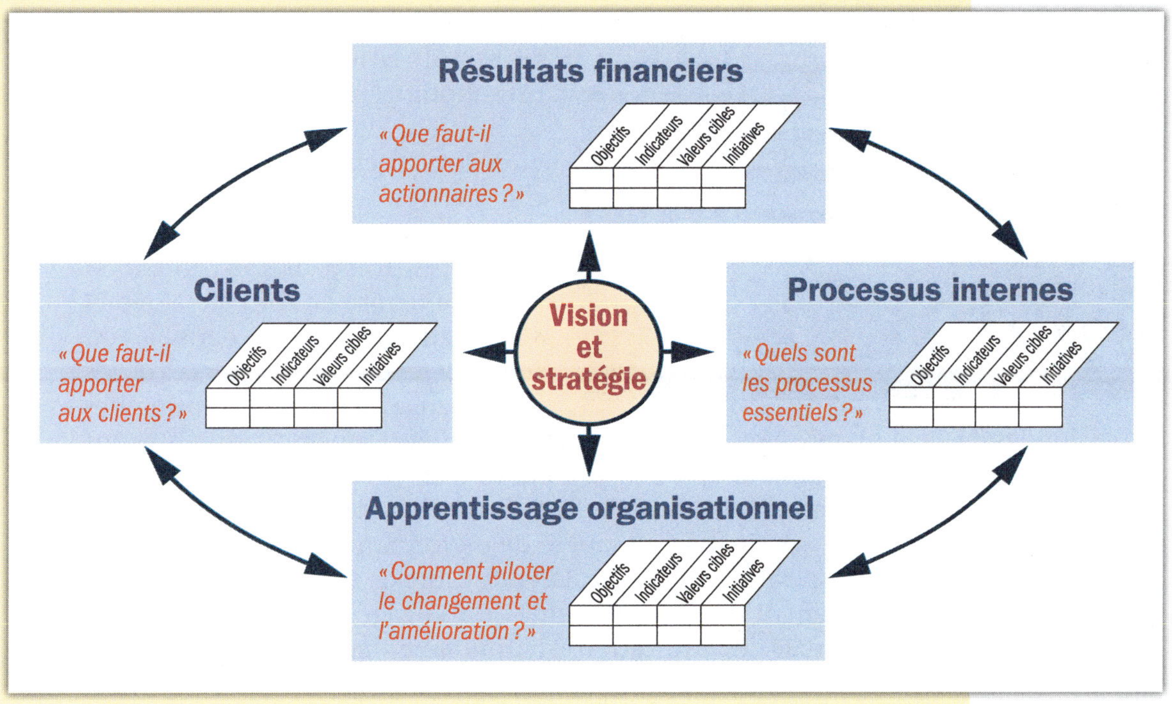

D'après D. Norton et R. S. Kaplan.

ENTRAÎNEMENT AU BTS

Novotel

Avant de commencer QCM

La performance

Testez vos connaissances sur le chapitre 4 à l'aide d'un QCM interactif. Connectez-vous sur lienmini.fr/M490-qcm4

Après avoir pris connaissance du cas Novotel et des ressources, vous répondrez aux questions suivantes :

PREMIÈRE PARTIE ANALYSE DU CONTEXTE ET DE LA SITUATION DE L'ENTREPRISE

1. **Expliquez l'intérêt de Novotel pour le développement durable.**
2. **Identifiez le problème de management posé.**
3. **Recensez les critères de performance visés et proposez, en les caractérisant, des indicateurs de mesure.**

DEUXIÈME PARTIE IDENTIFICATION DU PROBLÈME DE MANAGEMENT ET PROPOSITION DE SOLUTIONS ARGUMENTÉES

4. **Comment cette performance est-elle mise en œuvre ? Quel(s) obstacle(s) Novotel pourrait-il rencontrer dans cette démarche ?**
5. **Proposez des solutions qui permettraient à l'entreprise de concilier performances économique et environnementale.**

PRÉSENTATION DU CAS Novotel

Novotel, marque hôtelière milieu de gamme du groupe Accor, propose près de 400 hôtels et *resorts* (complexes hôteliers) dans 60 pays, situés au cœur des villes internationales majeures, dans les quartiers d'affaires et les destinations touristiques. À travers une offre homogène, Novotel contribue au bien-être des voyageurs d'affaires et de loisirs : chambres spacieuses et modulables, restauration équilibrée 24h/24, salles de réunion, personnel attentif, espaces dédiés aux enfants et salles de remise en forme… Novotel s'inscrit depuis toujours dans l'air du temps et répond aux exigences de ses clients en anticipant l'évolution des modes de vie. La consommation responsable et le développement durable sont aujourd'hui des composantes placées au cœur de leurs préoccupations. Toujours précurseur dans le monde de l'hôtellerie, Novotel a su devancer, dans sa stratégie, les attentes de ses clients en matière de performance environnementale et de responsabilité sociale d'entreprise. Dans le cadre de son programme Earth Guest de développement durable, Novotel s'est engagé, dès 2008, dans une démarche internationale de certification environnementale et sociétale baptisée EarthCheck. À ce jour, l'enseigne compte 78 hôtels certifiés dans 18 pays et 104 établissements actuellement engagés dans le processus.

RESSOURCE 1 Le partenariat dans la certification

Depuis le lancement du processus en vue de la Certification Earth-Check, le Novotel Paris les Halles a obtenu des résultats concrets et encourageants (ex. : réduction de la consommation d'électricité de 6,8 %) et a introduit des actions comme :

- l'installation de lampes basse consommation pour les espaces éclairés 24h/24 ;
- l'installation de régulateurs de débit d'eau sur les robinets et les douches ;
- le tri sélectif en vue du recyclage pour le papier, le carton, le verre, les ampoules, les piles ;
- l'utilisation plus importante de produits issus de l'agriculture biologique et/ou de production locale…

EARTHCHECK

novotelparis.com

RESSOURCE 2 Le développement durable : un enjeu pour l'hôtellerie

Pour ceux qui croient dans les domaines de l'hôtellerie et de l'hébergement, ou pensent secrètement que la vague « verte » n'est qu'un phénomène de mode, le rapport Deloitte[1] révèle que le développement durable est l'une des principales tendances à venir sur le marché dans les prochaines années.

À court terme, cela posera un défi pour l'industrie hôtelière, mais l'image positive et l'avantage concurrentiel qui en résulteront justifieront les sérieux efforts à effectuer pour garantir les meilleures pratiques environnementales, sociales et économiques. Le rapport annonce que : « *Le développement durable deviendra un enjeu déterminant pour l'industrie hôtelière en 2015 et au-delà. L'augmentation de la population et la raréfaction des ressources fourniront un environnement économique difficile dans lequel la durabilité devra être intégrée à tous les niveaux des entreprises* ». Le rapport conclut que « *le développement durable est de plus en plus considéré comme un facteur important de l'industrie hôtelière* ».

La nouvelle situation des propriétaires et gestionnaires d'hôtels sera qu'« *au cours des cinq prochaines années le développement durable prendra le pas sur toute autre question* ». Le cabinet de conseil estime « *qu'il est maintenant accepté comme la dynamique de l'environnement socio-économique et politique du 21e siècle* ».

Nous sommes au milieu d'un important changement. Au début de la dernière décennie, [le développement durable] avait peu de reconnaissance des consommateurs, mais un récent sondage réalisé par Deloitte a constaté que dans la plupart des pays, 30 % des consommateurs désirent séjourner dans un établissement soucieux de l'environnement. Par ailleurs, un autre tiers se sent aussi concerné par cette question.

L'hébergement en général est vulnérable aux pénuries d'eau, et consomme des quantités importantes d'énergie. Divers entretiens avec des cadres de l'hôtellerie notamment, confirment que la prise de conscience environnementale n'est plus considérée comme une question de marketing, mais de plus en plus comme un facteur déterminant dans la prise de décisions.

« *En 2015, nous nous attendons à ce que la notion de développement durable devienne un impératif commercial, obligeant les entreprises du secteur à éduquer leur personnel, tout en informant les consommateurs, afin d'en tirer des stratégies pour valoriser leur position sur le marché.* »

Comment aborder ce défi ? Une première étape sera de reconnaître que le développement durable doit faire partie de la stratégie d'entreprise, ce qui signifie que les PDG et directeurs généraux devront être ceux qui prennent en charge l'organisation de cette période de transition. Certains gestionnaires d'hôtel ont depuis longtemps compris que la conscience environnementale et le développement durable ne sont pas seulement une tendance, mais une obligation, qui offre la possibilité de faire plus en faisant mieux.

1. Deloitte est une société spécialisée dans l'audit et le consulting.

hotelseconews.com

L'ESSENTIEL

La performance

La recherche de performance est un élément central dans la stratégie et les pratiques managériales des entreprises. La définition de critères et d'indicateurs de performance ainsi que leur suivi constituent un enjeu majeur pour les entreprises : c'est l'objet du pilotage de la performance.

De la notion de performance à sa mesure

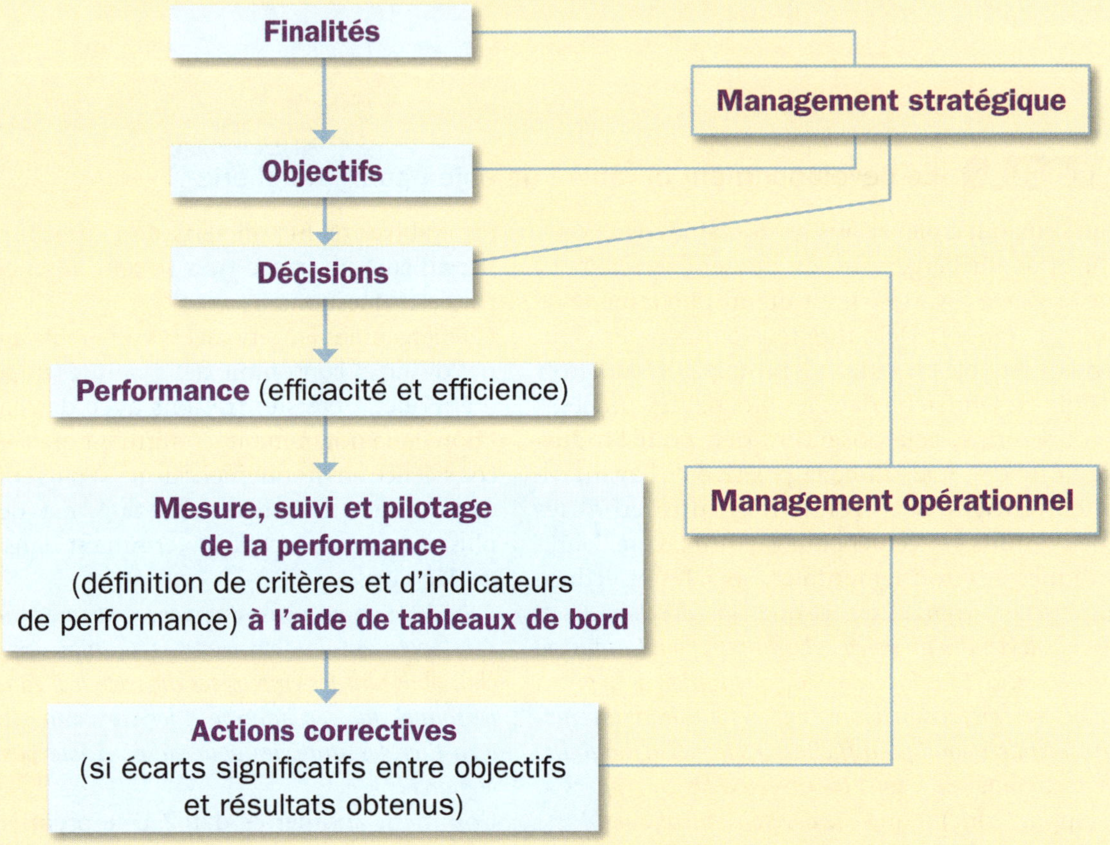

De la performance globale au TBP

Performance globale

Économique : CA, valeur ajoutée, rentabilité, EVA*...

Environnementale : Consommation d'énergie, réduction CO_2, recyclage...

Sociale : Bilan social, charte de la diversité...

Sociétale : Normes éthiques, rapport sociétal

→

Le tableau de bord prospectif (Norton et Kaplan) :
instrument de suivi de la performance globale

Axe financier : indicateurs financiers et boursiers

Axe client : indicateurs de satisfaction

Axe processus interne : indicateurs de qualité des process

Axe apprentissage organisationnel : indicateurs de compétences et ressources humaines

* Valeur économique ajoutée

CHAPITRE 5

Les décisions et le processus décisionnel

LES PROBLÉMATIQUES

- Comment se caractérisent les différents types de décisions ?
- Quelles sont les étapes du processus décisionnel ?
- Quels sont les facteurs influençant la prise de décision ?

Ces questions sont abordées dans l'étude du cas La Poste. Confrontée à une baisse dans son domaine d'activité historique (la distribution du courrier), elle doit prendre des décisions pour surmonter ses difficultés.

LES COMPÉTENCES

- Caractériser les décisions.
- Repérer les facteurs déterminants d'une décision dans un contexte donné.
- Analyser le processus de décision.

LES NOTIONS

- Types de décisions
- Processus décisionnel
- Rationalité du décideur
- Facteurs de contingence

LES AUTEURS

- Herbert Simon
- Igor Ansoff
- Rensis Likert

CAS LA POSTE

La Poste est l'une des plus grandes entreprises françaises intervenant sur des marchés concurrentiels. C'est une société anonyme à capitaux publics. 73,68 % des actions sont détenues par l'État et 26,32 % par la Caisse des Dépôts.
La Poste assure avant tout des missions de service public : le service universel du courrier et colis, l'accessibilité bancaire, la contribution à l'aménagement du territoire et la distribution de la presse.

En 2016, La Poste emploie 251 249 agents et réalise 23,3 milliards d'euros de chiffre d'affaires.
Le groupe est présent dans les métiers suivants :
– services courriers et colis (Colissimo) : 47,4 % du CA ;
– la Banque postale : 24 % du CA ;
– la livraison express (Colis-Express) via sa filiale Geopost : 26,2 % du CA ;
– le numérique et autres : 2,4 % du CA.
Ses 17 000 points de contacts (bureaux de poste, agences postales et relais poste) constituent son réseau de distribution.
Depuis 2002, La Poste connait un recul du volume de distribution de courrier. L'érosion est nette : – 20 % entre 2008 et 2013 et – 7 % chaque année depuis 2013.

Les dirigeants de La Poste doivent prendre des décisions pour maintenir l'activité du groupe et/ou la réinventer.

Après avoir pris connaissance du cas La Poste, des annexes et des ressources proposées, vous réaliserez le travail demandé.

vidéo sur le web — 0' 46" La Poste
La nouvelle campagne de communication
lienmini.fr/M490-communication

PARTIE 1 : Caractériser les différents types de décisions

CAS LA POSTE

Le nouveau président de La Poste, Philippe Wahl, a présenté sa feuille de route 2020 pour l'entreprise confrontée à la chute irréversible des volumes de courrier. En 2014, pour la première fois de l'histoire de cette entreprise symbole du service public, l'activité courrier n'a pas couvert les coûts du service universel postal – soit la levée du courrier et la distribution à domicile six jours sur sept. « *Il était fondamental d'engager dès 2014 une transformation profonde du groupe* », résume La Poste.

Baptisé « La Poste 2020 : Conquérir l'avenir », le plan stratégique présenté par Philippe Wahl vise entre autres à « *accélérer le développement des activités existantes, conquérir de nouveaux territoires, assurer et moderniser les missions de service public, et construire et négocier un pacte social* ». Selon ce plan stratégique, la première des priorités est donnée à « *l'accélération du développement des activités existantes* » et rentables, principalement la Banque postale et le colis, porté par la bonne santé du e-commerce.

Selon *Les Échos*, la Banque postale doit faire passer son résultat net à plus de 1 milliard en 2020. À cette échéance, son résultat d'exploitation doit atteindre 60 % de celui de l'entreprise, contre 36 actuellement. Pour ce faire, elle doit conquérir la clientèle des PME grâce à 1 000 conseillers supplémentaires, mais aussi réduire ses coûts de fonctionnement, précisent *Les Échos*. […]

ColiPoste, qui représente la plus grande partie de l'activité colis avec la distribution des Colissimo, a donc rejoint l'activité courrier pour la soutenir. « *C'est la bonne surprise de ce plan* », reconnaît Régis Blanchot pour Sud-PTT. « *Cela donne du sens au métier, et des postes supprimés au courrier pourront être réaffectés au colis* ». La deuxième branche de l'activité colis, Colis-Express, a pour mission de devenir « *leader européen de la livraison de colis aux particuliers* », selon le plan stratégique. Mais malgré un chiffre d'affaires en hausse, les marges de l'activité colis sont tirées vers le bas par la concurrence, prévient La Poste.

Quant aux « *nouveaux territoires* » qu'elle entend « *conquérir* », l'entreprise veut s'appuyer sur ses 17 000 points de contacts et son réseau de facteurs pour se développer dans « *le commerce en ligne, la logistique de proximité, l'assistance aux personnes âgées, fragiles et/ou isolées, les échanges numériques sécurisés en devenant tiers de confiance, les services liés à l'habitat connecté ou encore l'économie sociale et solidaire* ». En territoire rural, les facteurs pourraient même être amenés à porter les courses, selon Philippe Wahl, qui recherche de « *nouveaux services d'intérêt public* ».

D'après Laurent Martinet, lexpansion.lexpress.fr, 28 janvier 2014.

TRAVAIL DEMANDÉ

Décision stratégique
voir lexique, page 151

Décision opérationnelle
voir lexique, page 151

1. **Identifiez les raisons de la mise en place du plan stratégique 2020.**
2. **Repérez et caractérisez les décisions qui découlent de la mise en place du plan stratégique.** Annexes 1 et 2 | Ressource 1
3. **Proposez des décisions opérationnelles permettant la mise en œuvre d'une des décisions évoquées dans l'annexe 2.**
4. **Envisagez les conséquences de la décision de se diversifier.** Annexes 1 et 2
5. **À partir du cas étudié, proposez une définition de la décision.** Annexes 1 et 2

ANNEXE 1 La Poste cherche à compenser la baisse continue des volumes du courrier.

La Poste a annoncé que les tarifs du courrier augmenteraient de 3,6 % en moyenne au 1er janvier 2016, pour compenser la « *baisse continue des volumes* » de plis expédiés, ce qui portera l'affranchissement d'une lettre prioritaire à 80 centimes. […] L'Arcep (l'Autorité de régulation des communications électroniques et des postes) avait en effet autorisé en juillet 2014 La Poste à augmenter ses tarifs de 5,2 % en moyenne par an pendant quatre ans, afin que le groupe puisse faire face à la chute des volumes de courrier qui plombe ses performances. […]

La hausse prévue début 2016 « *nous permet de compenser une partie de la baisse des volumes qui a été de 7 % en 2014 tout en ayant des résultats supérieurs aux objectifs et de maintenir un très bon niveau de qualité et d'innovation* », assure Nicolas Routier, directeur général de la branche Services-Courrier-Colis du groupe.

L'information sur ce changement de prix intervient cette année plus tôt qu'en 2014 « *afin de permettre aux entreprises d'anticiper les nouveaux tarifs* », indique le groupe. Ces augmentations tarifaires sont nécessaires pour « *assurer la pérennité du service universel postal* », justifie l'entreprise.

Afp-*Les Échos*, lesechos.fr, 30 juillet 2015.

vidéo sur le web | 1' 50" | Franceinfo

La Poste expérimente l'impression 3D
lienmini.fr/M490-objets

ANNEXE 2 La Poste au péril de la dispersion

Ces dernières semaines, La Poste a enrichi encore un peu plus la palette de services qu'elle propose (ou va proposer dans les prochains mois). En quelques jours, l'entreprise publique a étendu son activité de recyclage de papier de bureau au désarchivage et à la destruction des documents sensibles, mais aussi à la collecte de téléphones portables usagés. […]

Dans le même temps, l'entreprise publique expérimente PostAccess, un verrou « *connecté* », à poser sur sa porte d'entrée, et que l'on commande depuis son smartphone. Elle teste aussi la livraison des courses alimentaires. […]

Un nouveau modèle économique qui repose sur trois piliers. Les deux premiers sont classiques. Philippe Wahl entend tout d'abord développer les services financiers, un secteur qu'il connaît bien puisqu'il était précédemment président de la Banque postale. L'activité va prendre une place croissante dans les bureaux de poste, au point que certains d'entre eux, dans les grandes agglomérations, ressembleront bientôt à des agences bancaires qui vendraient aussi des services postaux. […]

Deuxième pôle, le transport de colis et la messagerie express, en France mais aussi et surtout à l'international. […]

Sur le troisième axe en revanche, La Poste, manifestement, tâtonne. L'ambition est de générer de nouveaux revenus en assurant de nouveaux services de proximité, dont la plupart seraient assurés par les facteurs dans le cadre de leur tournée. Cela permettrait à l'entreprise d'amortir une partie des coûts, très importants, engendrés par la mission de distribuer le courrier sur tout le territoire national, six jours sur sept et en J+1.

Lionel Steinmann, *Les Échos*, 3 avril 2015.

PARTIE 2 : Analyser le processus de décision

CAS LA POSTE

Philippe Wahl, président directeur-général du groupe La Poste a présenté au conseil d'administration les grandes orientations du plan stratégique « La Poste 2020 : Conquérir l'avenir ».

Le modèle économique de La Poste diverge, c'est pourquoi il a été fondamental d'engager dès 2014 une transformation profonde du groupe qui s'appuie sur :

– une nouvelle vision en adéquation avec les valeurs, les missions fondamentales et les savoir-faire de La Poste : La Poste met le facteur humain et la confiance au cœur de la relation avec ses clients. Grâce à la convergence de ses réseaux, présente pour tous, partout et tous les jours, elle accompagne ses clients pour leur simplifier l'avenir. Elle choisit de donner la priorité au développement et d'accélérer sa transformation numérique, et va développer ses métiers et conquérir de nouveaux territoires y compris par la croissance externe ;

– une feuille de route :
- accélérer le développement des activités existantes,
- conquérir de nouveaux territoires,
- assurer et moderniser les missions de service public et développer de nouvelles activités d'intérêt public,
- construire et négocier un pacte social,
- améliorer la compétitivité de l'entreprise,
- rétablir une bonne santé économique ;

– une méthode et un calendrier de mise en œuvre :
- une organisation adaptée du groupe a été exposée dès le mois de mars 2014,
- les plans d'actions ont été présentés en conseil d'administration,
- la trajectoire financière jusqu'en 2020 a été détaillée au conseil d'administration,
- les discussions et les négociations relatives au pacte social ont été immédiatement ouvertes avec les organisations syndicales.

LA POSTE 2020
CONQUÉRIR L'AVENIR

D'après la « *Présentation des grands axes du plan stratégique La Poste 2020 : Conquérir l'avenir* », legroupe.laposte.fr

TRAVAIL DEMANDÉ

1 **Repérez les étapes qui ont mené au plan « La Poste 2020 : conquérir l'avenir ».** Annexe 3 Ressource 2

2 **Caractérisez ces étapes en vous appuyant sur le modèle IMC (Intelligence – Modélisation – Choix).** Ressource 2

3 **Distinguez les étapes de ce processus qui relèvent de la logique entrepreneuriale et celles qui relèvent de la démarche managériale. Vous justifierez vos réponses en vous appuyant sur le chapitre 1.** Ressource 2

4 **Indiquez un ou des outils de mesure de performance utilisés par La Poste et expliquez leur influence sur le processus de décision.** Annexe 4

5 **L'utilisation d'outils d'aide à la décision et la mise en application d'un processus sont-elles garantes d'une décision parfaite ?** Annexe 4

Processus décisionnel
→ voir lexique, page 151

Modèle IMC
→ voir lexique, page 151

ANNEXE 3 La Poste 2020 : « L'avenir se construit ensemble »

Une démarche participative avec 150 000 postiers, des élus et des consommateurs, des conférences citoyennes avec les Français, des échanges stratégiques avec les organisations syndicales représentatives et des travaux de préparation avec le Conseil d'administration : le plan stratégique « La Poste 2020 : Conquérir l'avenir » est le fruit d'une démarche sans précédent de consultation de toutes les parties prenantes de l'entreprise.

Cette réflexion collective [...] était d'autant plus nécessaire que le Groupe voit son modèle historique remis en cause par les évolutions de son environnement économique, réglementaire et technologique. La révolution numérique impacte les volumes du courrier et la fréquentation des bureaux de poste, la concurrence sur le marché du colis express s'intensifie et réduit les marges. La Banque postale évolue dans un nouveau paysage marqué par des règles prudentielles plus fortes, des taux d'intérêt historiquement bas et le développement rapide des banques en ligne. Le modèle économique de La Poste diverge, c'est pourquoi il est fondamental d'engager une transformation profonde et rapide du groupe.

legroupe.laposte.fr

vidéo sur le web | 4' 32" | La Poste

Les conférences citoyennes 2013/2014
lienmini.fr/M490-laposte

ANNEXE 4 De nouveaux tableaux de bord pour une prise de décision efficace

La performance de l'entreprise est souvent liée au succès que peut remporter un produit ou un service auprès des clients. Dans le cadre de la mondialisation et de la compétition, cette approche est nécessaire mais non suffisante.

En effet, les résultats fructueux d'un moment que l'on croit être le fruit d'un management pertinent peuvent être démentis par la volatilité des clients séduits par d'autres produits et services concurrents.

Par conséquent, on sait qu'à un instant déterminé on a réussi mais on n'est pas réellement en mesure d'expliquer pourquoi on a réussi car on a ainsi pu juste constater. Pour répondre à cet impératif de bonne mesure de la performance, les entreprises disposent de nombreuses données. Il y en a même trop dans les *Datawarehouse*[1] !

Des statistiques (faussement baptisées tableaux de bord) donnent lieu à de volumineuses publications, lesquelles font l'objet de multiples interprétations. Ces instruments utiles sont des outils de constat et non de prise de décision.

La tentation est alors forte d'aller chercher sur le marché des recettes technologiques ou des recueils d'indicateurs prêts à l'emploi pour mesurer sa performance. Je recommande de ne pas céder immédiatement à ces tentations car il faut étudier d'abord les indicateurs spécifiques dont votre entreprise aura besoin, à chaque niveau de décision, pour mesurer son comportement et son évolution par rapport à sa stratégie globale. Il ne faut pas donc mettre la charrue avant les bœufs.

1. *Datawarehouse* : entrepôt de données stockées et organisées dans un système informatique.

H. Ait Balsam, journaldunet.com, 16 avril 2012.

PARTIE 3 : Repérer les facteurs déterminants d'une décision

CAS LA POSTE

C'est une petite révolution que s'apprête à vivre La Poste. L'entreprise au logo jaune et bleu va s'adonner dans les mois à venir à la livraison dominicale pour les achats réalisés auprès de commerçants, révèle *Le Monde*. Un pari qui s'avère être un véritable virage commercial, tant le poids des achats en ligne est important. Cette nouvelle offre s'inscrit dans une dynamique plus globale de travail dominical, avec notamment l'ouverture des enseignes physiques dans les grandes villes le dimanche. [...]

Avec cette offre, l'enseigne vise donc directement les sites d'e-commerce tels qu'Amazon, la Fnac ou encore Cdiscount dont les volumes de ventes sont importants, même le week-end.

En 2015, le groupe avait déjà effectué un premier galop d'essai en livrant le dimanche précédant Noël et ce dans sept grandes villes françaises. Un dispositif permettant de mieux gérer l'afflux de commandes qui déferlent chez le transporteur, aux abords des fêtes de fin d'année. Le travail ce jour-là avait été effectué par des employés qui s'étaient portés volontaires. Un autre essai a été lancé pendant un an avec le site Cdiscount. Aujourd'hui, d'après *Le Monde* qui cite des sources syndicales, les livraisons devraient être en partie confiées à des sous-traitants. Un moyen de mieux faire passer ce chamboulement du travail dominical, qui reste tabou dans l'Hexagone.

[...] « *Si Chronopost décide de livrer à la maison le dimanche, c'est parce que le marché se développe rapidement en France* », indique au *Monde* un représentant de La Poste.

Le groupe a donc pleinement conscience de l'enjeu qu'une telle révolution peut représenter. Et pour cause, en France, le secteur du e-commerce pesait 72 milliards d'euros en 2016, soit 15 % de plus qu'en 2015. D'après la Fédération du e-commerce et de la vente à distance (Fevad), 36,6 millions de Français ont fait des achats sur Internet en 2015.

Les syndicats CGT et SUD dénoncent cette décision « *unilatérale* » du groupe La Poste et le recours massif à la sous-traitance pourvoyeuse d'« *emplois précaires* ». En « *remettant en cause le principe du repos dominical* », ce projet « *constituerait, s'il devait voir le jour, un bouleversement profond pour l'entreprise comme pour ses salariés* » ainsi que pour les « *organisations du travail et la qualité du service rendu, tout comme la répartition des jours travaillés dans la semaine* », estime le premier syndicat des postiers. [...]

La CGT annonce avoir « *saisi l'inspection du travail pour contraindre Chronopost à respecter ses obligations* » car les instances représentatives du personnel « *n'ont pas été consultées* ».

lefigaro.fr, 13 septembre 2017

TRAVAIL DEMANDÉ

1 **Identifiez les arguments qui fondent la décision de La Poste d'envisager un service de livraison le dimanche et ceux des syndicats qui s'y opposent.**

2 **La décision de livrer le dimanche et celle de regrouper les différents sièges relèvent-elles du modèle du décideur rationnel ou du modèle du décideur à rationalité limitée.** Annexe 5 Ressource 3

3 **Mettez en évidence les différences constatées dans la prise de décision en grande entreprise et en PME.** Annexe 6

4 **Présentez les facteurs qui influencent la prise de décision.** Annexes 5 et 6

5 **Une décision imparfaite est-elle une mauvaise décision ?**

Modèle du décideur rationnel
→ voir lexique, page 151

Théorie de la rationalité limitée
→ voir lexique, page 151

ANNEXE 5 La Poste prépare son futur « village » à Issy-les-Moulineaux

L'entreprise publique va regrouper ses différents sièges sur trois sites. Près de 4 400 postiers sont concernés et déménageront de février 2016 à juin 2017.

Officialisé en début d'année, le projet de regroupement des différents sièges de La Poste dans un même « village » à Issy-les-Moulineaux (Hauts-de-Seine) se précise […].

Aujourd'hui, la direction de l'entreprise publique est dispersée sur plusieurs sites à Paris. Le siège du groupe se situe boulevard de Vaugirard, dans le 15e arrondissement, mais chaque branche d'activité (courrier-colis, Réseau, GeoPost…) dispose également de son propre siège. Un éclatement auquel Philippe Wahl, le P-DG, a décidé de mettre un terme.

Avec deux objectifs. D'abord, « *mieux travailler ensemble* », expliquait-il il y a quelques mois. L'autonomie donnée à chaque branche a, parfois, laissé penser que certaines d'entre elles ne jouaient pas collectif, décrypte un expert du secteur. Le rapprochement géographique vise à accroître la cohérence et les synergies. […]

Le but est également pour la direction de donner l'exemple en matière de réduction des coûts. De source syndicale, le coût des différents projets de déménagement s'élèverait à 40 millions d'euros, mais permettrait ensuite une économie annuelle de 11 millions.

Lionel Steinmann, *Les Échos*, 13 août 2015.

ANNEXE 6 La prise de décision : dans une grande entreprise et dans une PME

Parfois, en entreprise, à gravir les échelons et à progressivement évoluer dans les hautes sphères, on en perd la vision du terrain […]. Le contact terrain ne se fait plus qu'au travers de visites ou de rencontres organisées et orchestrées, de survols, sur un parcours balisé et parfois théâtralisé, au cours de comités de direction ou de présentations générales. Les remontées d'informations, quand elles parviennent à atteindre certains des sommets où vous vous situez, pour peu que vous eussiez envie (ou le temps) de les entendre, sont passées par des méandres de hiérarchies ou de consultants aux visions elles-mêmes biaisées, parcellaires ou orientées.

Dans la PME, le contact « terrain » est d'office inévitable. Selon la taille, la hiérarchie peut être embryonnaire ou inexistante. Toute attitude de tour d'ivoire à la porte fermée pourrait vite devenir suicidaire.

Si dans les grands groupes, les décisions difficiles, qui ont d'importants impacts sur les hommes, sont prises très loin du terrain, au niveau le plus haut de la direction, elles sont appliquées par des relais intermédiaires qui ont parfois du mal ou des scrupules à le faire. Mais, en bons soldats, ils le font, même à contrecœur, parce que c'est leur « boulot ». Dans la PME, celui qui décide et celui qui doit faire

appliquer les décisions prises est souvent la même personne. Il a un contact direct et personnel avec chacun des membres de l'équipe qui doit appliquer ses directives et qui subit les conséquences de ses choix. L'erreur n'est pas diluée. Son impact est immédiatement visible et les retours de motivation ou de démotivation immédiats.

Idem quand il y a du « sale boulot » à faire : licencier une personne par exemple : c'est à lui de le faire, pas de délégation possible à une DRH inexistante. Idem quand il s'agit de prendre des décisions justes mais peu agréables. Dans un grand groupe, on ne voit pas directement l'impact de ses décisions. Dans la PME, on reste au cœur des champs de bataille et on y côtoie directement tous les événements.

Cadre dirigeant versus *repreneur de PME*, lentreprise.lexpress.fr, 25 juin 2013.

RESSOURCE 1 La classification des décisions

Dans son livre *Stratégie du développement de l'entreprise*, Igor Ansoff distingue trois grands niveaux de décisions : stratégique, tactique et opérationnel.

Niveau de décision	Nature des décisions	Décideurs concernés	Importance des décisions
■ Décisions stratégiques	Elles concernent les axes de développement de l'entreprise.	Direction Générale	Ces décisions sont risquées, elles engagent l'entreprise sur le long terme. Elles sont irréversibles.
■ Décisions tactiques ou organisationnelles	Elles concernent la mise en œuvre des moyens (matériels, humains, financiers, informationnels).	Direction d'une fonction de l'entreprise (ou d'un domaine de gestion)	Ces décisions sont moins risquées que les précédentes même si elles engagent l'entreprise sur le moyen terme. La correction des erreurs est parfois possible mais coûteuse.
■ Décisions opérationnelles	Elles concernent la vie courante de l'entreprise, son fonctionnement quotidien.	Un opérationnel, un responsable de service	Ces décisions sont peu risquées, et prises à court terme. Des corrections peuvent être effectuées en cas d'erreur.

crcom.ac-versailles.fr

Igor Ansoff (1918-2002) : professeur au Carnegie Institute of Technology (États-Unis). Il est considéré comme l'un des fondateurs de la stratégie d'entreprise. On lui doit la création de nombreux outils d'analyse stratégique permettant de guider la réflexion et les décisions des managers.

RESSOURCE 2 Le modèle IMC (Intelligence – Modélisation – Choix)

Selon H. Simon, auteur du modèle IMC, pour résoudre un problème, pour prendre une décision adaptée, il est nécessaire de suivre un **processus** qui comporte trois étapes :

Intelligence	Modélisation	Choix
Recueillir des informations sur l'entreprise et son environnement.	Recenser tous les scénarios possibles pour résoudre le problème posé.	Sélectionner la meilleure solution, compte tenu des diverses contraintes posées ; des objectifs du décideur, des résultats attendus mais aussi du degré de risque et d'incertitude de la solution choisie.

Remarques : « Intelligence » est l'étape permettant de comprendre le problème. Le « problème » peut résulter des activités courantes de l'entreprise mais il peut s'agir aussi d'une « opportunité » (ex. : développement de nouvelles activités). À ces étapes, doivent s'ajouter la mise en œuvre de la décision puis le contrôle (le contrôle correspond à la comparaison entre les réalisations effectives et les prévisions). Les écarts conduisent alors à la perception d'un nouveau problème et au recommencement du processus de décision.

© Delagrave, 2018.

Herbert Simon (1916-2001) : prix Nobel d'économie en 1978. Ses apports majeurs ont trait au concept de rationalité limitée qu'il a mis en évidence dans le processus décisionnel.

RESSOURCE 3 La rationalité du décideur en question

Le modèle du décideur rationnel

Le modèle de Harvard considère que l'entreprise agit comme un acteur **parfaitement rationnel** qui n'est pas influencé par l'existence de conflits d'intérêts.

Ceci suppose :

- que le décideur a des préférences claires et décide seul ;
- qu'il prend ses décisions en totale information et qu'il en maîtrise parfaitement les conséquences ;
- que son action est totalement délibérée et maîtrisée.

Le modèle du décideur à rationalité limitée

Herbert Simon rejette l'hypothèse de rationalité parfaite du décideur. Selon lui, **le décideur** :

- n'a pas de vision globale de l'environnement ;
- n'est pas en capacité de traiter l'ensemble de l'information disponible ;
- n'a pas de préférences claires et hiérarchisées, il est plutôt sous l'influence de sa personnalité ;
- ne cherche pas l'optimisation mais la solution la plus satisfaisante.

© Delagrave, 2018.

Avant de commencer QCM

Les décisions et le processus décisionnel

Testez vos connaissances sur le chapitre 5 à l'aide d'un QCM interactif. Connectez-vous sur lienmini.fr/M490-qcm5

VORWERK-THERMOMIX

Après avoir pris connaissance du cas Vorwerk-Thermomix et des ressources, vous répondrez aux questions suivantes :

PREMIÈRE PARTIE — ANALYSE DU CONTEXTE ET DE LA SITUATION DE L'ENTREPRISE

1 **Caractérisez les décisions prises par Vorwerk pour son usine Thermomix de Cloyes-sur-le-Loir.**

2 **Analysez le processus de décision qui aboutit à l'ajout d'une nouvelle ligne de production.**

DEUXIÈME PARTIE — IDENTIFICATION DU PROBLÈME DE MANAGEMENT ET PROPOSITION DE SOLUTIONS ARGUMENTÉES

3 **Indiquez le(s) problème(s) de management au(x)quel(s) l'entreprise aurait pu être confrontée à défaut de décision.**

4 **Proposez, en les caractérisant, d'autres décisions à prendre afin d'accompagner le succès du nouveau Thermomix.**

PRÉSENTATION DU CAS — Vorwerk-Thermomix

La société Vorwerk & Co. KG a été fondée en 1883 à Wuppertal. Au fil de son existence, la fabrique de moquettes d'autrefois est devenue un groupe international largement diversifié. Jusqu'à aujourd'hui, la société Vorwerk est restée une entreprise familiale.

L'activité clé de Vorwerk est, depuis 1930, la vente directe de produits haut de gamme dont l'aspirateur Kobold et le robot-cuiseur Thermomix, ainsi que les produits cosmétiques Jafra de qualité supérieure.

Vorwerk, société présente dans plus de 70 pays, emploie plus de 649 000 personnes dans le monde (dont 637 000 conseillers indépendants et 12 000 salariés) et réalise un chiffre d'affaires de plus de 3,1 milliards d'euros en 2016 dont 1,3 milliard pour la division Thermomix.

Le nouveau Thermomix 2014 connaît, grâce à ses innovations, un succès aussi important qu'inattendu.

RESSOURCE 1 Le succès du Thermomix met Vorwerk en surchauffe

Conçu en Allemagne, fabriqué en France et vendu dans le monde entier, le Thermomix, pionnier haut de gamme des robots culinaires chauffants, n'en finit plus de séduire. Son tout dernier modèle, une version connectée du TM5 commercialisée depuis l'an dernier, a encore dopé les ventes, malgré un prix élevé de 1 269 euros. Résultat, le groupe familial allemand Vorwerk, qui fabrique le produit à Cloyes-sur-le-Loir (Eure-et-Loir), a dû mettre les bouchées doubles pour répondre à la demande.

La nouvelle ligne de production, la quatrième sur le site, dont le démarrage était prévu en 2018, va finalement entrer en service dans deux semaines. « *Nous avons pris environ un an d'avance sur notre calendrier, et grâce à la mise en route des nouvelles machines, nous allons enfin pouvoir souffler et retrouver un rythme de travail plus normal, en 3 × 8, 5 jours par semaine, alors que nous travaillons non-stop 7 jours sur 7 depuis quatre ou cinq ans* », se félicite le directeur général Michael Homuth.

Installé en Eure-et-Loir depuis les débuts du Thermomix il y a plus de quarante ans, Vorwerk a investi 100 millions d'euros ces cinq dernières années pour préparer l'arrivée sur le marché du TM5, dont près de la moitié depuis 2014. La surface de l'usine a été quasiment doublée à 23 000 m^2. [...] Entre 2012 et 2017, l'usine est passée de 250 à 420 salariés, dont près des trois quarts en CDI.

L'an dernier, le Thermomix, commercialisé en vente directe par des démonstratrices à domicile, s'est écoulé à 1,3 million d'exemplaires dans le monde – dont plus de 80 % en Europe – soit un appareil vendu toutes les 38 secondes. En France, où le réseau commercial compte 8 300 conseillères, les ventes ont bondi de 11 %, après 36 % de hausse en 2015, et la clientèle s'est même rajeunie.

[...] Grâce aux derniers investissements, [l'usine de Cloyes-sur-le-Loir] devrait pouvoir absorber la demande sur les cinq à dix prochaines années, en doublant la production s'il le faut.

Christine Berkovicius, lesechos.fr, 21 mai 2017.

RESSOURCE 2 Thermomix ouvre sa première boutique en France

Les responsables France du célèbre robot culinaire Thermomix ont le sourire. En deux jours, dans leur première boutique parisienne, ouverte en toute discrétion, ils ont vendu 40 exemplaires de leur dernier modèle connecté ! Un petit bijou proposé à 1 269 euros. « *Nous avons été très surpris, mais cela nous conforte dans l'idée qu'à Paris, nous pouvons capter une nouvelle clientèle* », souligne Michel Conil, directeur support France du groupe allemand Vorwerk.

Avec ce magasin dans le quartier Opéra, ce champion de la vente à domicile dans l'Hexagone s'aventure sur un nouveau terrain. [...] Il n'est pas question de rompre avec le modèle historique de distribution, lancé en 1930, mais d'y ajouter un complément. « *La vente directe est notre cœur de métier et nous y tenons comme à la prunelle de nos yeux*, insiste Pierre-Yves Buisson, le directeur de Kobold France. *Cette boutique est pour nous une vitrine et un nouveau point d'entrée.* »

Car à Paris, comme dans les grandes villes, Thermomix a un faible taux de pénétration, estimé à 2 %. « *Les gens n'ont pas le temps, pas la place dans leur cuisine ou pas envie qu'un conseiller passe chez eux pendant une heure et demie pour leur expliquer le fonctionnement du robot* », estime Bertrand Lengaigne, le directeur de la marque. À Opéra, le client pourra en découvrir tous les secrets. Et des ateliers cuisine seront organisés pour tester les appareils à la réalisation de desserts ou autres entrées. La commande passée, au moment de la livraison, une conseillère pourra venir chez l'acheteur, s'il le souhaite, pour le guider.

Avec cette initiative, Thermomix veut garder son avance sur le segment du robot-cuiseur (75 % de parts de marché en France), aujourd'hui très concurrencé.

Dominique Chapuis, lesechos.fr, 7 septembre 2017.

L'ESSENTIEL

Les décisions et le processus décisionnel

La décision est essentielle au développement de l'entreprise. Toutes les actions menées au sein d'une entreprise sont les fruits d'une décision préalable, aboutissement d'un processus de réflexion qui amène à un choix. Ce processus est variable selon la nature, l'importance de la décision et l'organisation même de l'entreprise.

Trois types de décisions...

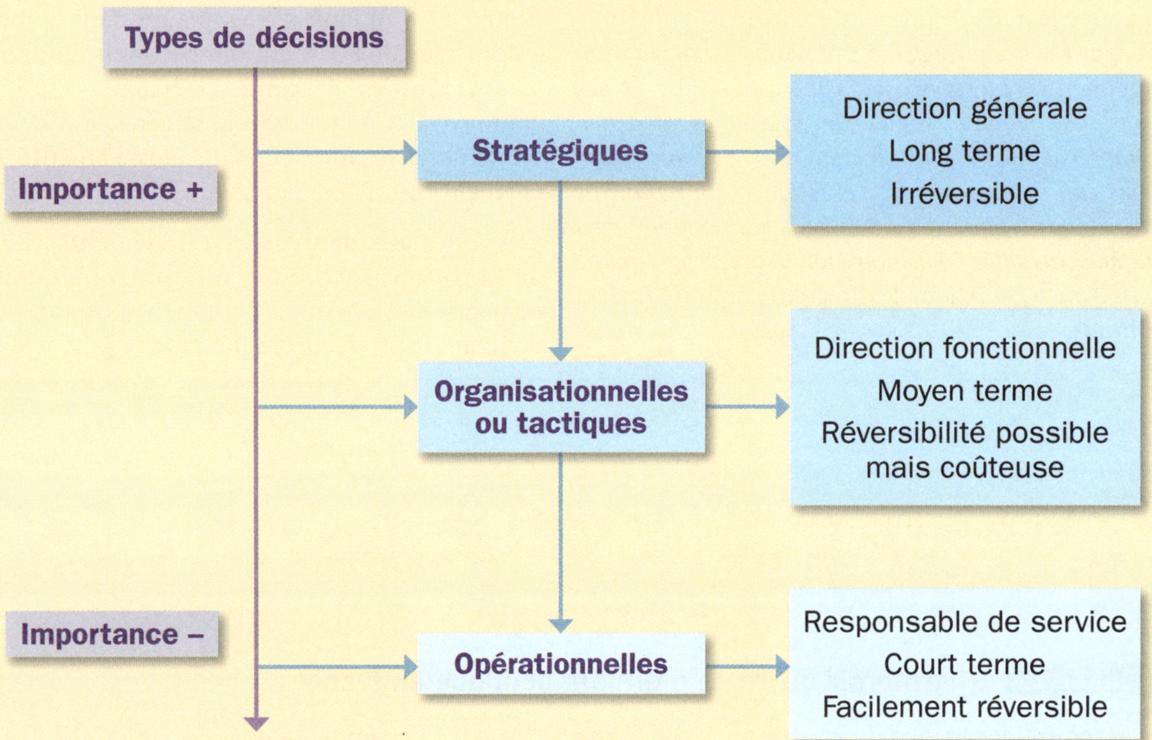

... prises selon un modèle décisionnel (modèle IMC, Herbert Simon)...

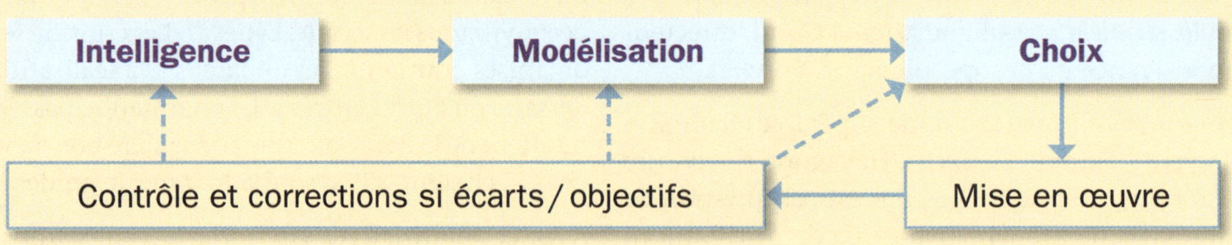

... influencé par des facteurs de contingence

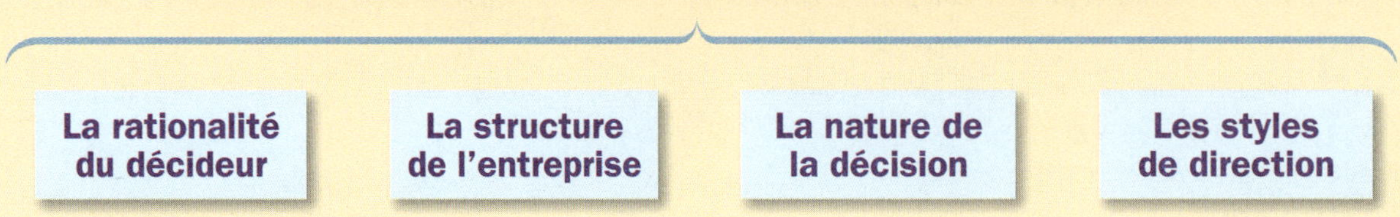

CHAPITRE 6

Les styles de direction

LES PROBLÉMATIQUES

- Quels sont les différents styles de direction ?
- Quelles dimensions influencent le style de direction ?
- Comment la prise de décision est-elle liée au style de direction ?

Ces questions sont abordées dans le cadre de l'étude de l'entreprise Lippi, PME familiale française, qui a changé de style de direction lors de la passation de pouvoir de Jacques Lippi à ses deux fils.

LES COMPÉTENCES

- Caractériser les styles de direction.

LES NOTIONS

- Styles de direction
- Leader
- Facteurs de contingence

LES AUTEURS

- Rensis Likert

CAS LIPPI

Lippi est une PME créée en 1963 par Albert Lippi, reprise en 1975 par ses deux fils, Bernard et Jacques, puis en 2008 par Frédéric et Julien, fils de Jacques. Son siège social est installé à Mouthiers-sur-Boëme en Charente. C'est le deuxième fabricant de clôtures métalliques en France où il dispose de quatre unités de production. Lippi a obtenu plusieurs certifications ISO et QSE (Qualité, Sécurité, Environnement) qui garantissent la qualité de ses méthodes et de ses produits.

LIPPI *l'esprit libre*

Elle équipe ainsi :
– les résidences individuelles et collectives ;
– les industries et les sites agricoles ;
– les sites sensibles, prisons, sites militaires, sites pétroliers gaziers et électriques ;
– les équipements sportifs.

Son réseau de revendeurs lui permet d'être présent sur l'ensemble du territoire français et aussi dans le monde entier. L'entreprise compte 200 salariés et réalise un chiffre d'affaires d'environ 30 millions d'euros dont 20 % à l'export. Lippi est une entreprise confrontée à une concurrence mondiale mais qui cherche, malgré tout, à garder son identité, fortement empreinte des personnalités des dirigeants successifs.

Après avoir pris connaissance du cas Lippi, des annexes et des ressources proposées, vous réaliserez le travail demandé.

vidéo sur le web 7' 57"
Lippi, entreprise libérée…
lienmini.fr/M490-lippi

Caractériser les styles de direction

CAS LIPPI

Chez les Lippi, les passages de témoin se font dans le changement, parfois radical. « *Je dois reconnaître que nous pratiquions un management plutôt directif* », confesse Jacques.

Pour ses deux fils trentenaires, pas question de ne pas demander l'avis aux troupes. La prise d'initiative est privilégiée, et même exigée. C'est ainsi que, sur proposition des salariés, l'entreprise a relocalisé la production de ses portails de fond de jardin, qu'elle effectuait jusqu'alors en Chine. L'échange, la circulation de l'information, le bien-être et la confiance sont les pierres angulaires de la société. « *On a le droit à l'erreur. Le seul risque, c'est de réussir. Mais, il faut reconnaître qu'on n'avait pas été habitués à ça. Au début, ça fait peur de se dire qu'on peut proposer des idées et y arriver* », admet Delphine Gautier, animatrice du pôle infrastructures. Mais l'exercice de passage de relais entre les générations n'a pas été des plus aisés. « *Dans l'esprit de tout le monde, rien ne change, mais, en fait, tout change. On ne porte pas le même regard sur les choses, on n'a pas les mêmes préoccupations* », détaille Frédéric Lippi. [...]

Si les méthodes ont changé, l'ADN de la société demeure. « *Ce qui reste, c'est l'esprit libre. Il y a des fondamentaux – singularité, engagement et exigence – qui sont là depuis le début de l'entreprise. On se demande toujours quelle est l'attitude de l'entreprise vis-à-vis de son environnement, ce qui fait sa force. Mais il y a aussi tout le côté protecteur. On a gardé cette optique de protéger les équipes tout en se prenant en main, sans être dans l'ingérence* », détaillent Frédéric et Julien Lippi. Les deux frères ont repris en 2008. Pile au moment de l'arrivée de la crise. En quelques années, le chiffre d'affaires est passé de 50 à moins de 30 millions, les effectifs ont fondu (de 400 à 200 actuellement) et la société a été réorganisée en pôles (distribution, infrastructures et professionnels). « *Même si nous avions déjà eu un coup de semonce en 2004, avec une augmentation de 100 % du prix des matières premières, pour nous, ça a été une occasion, cela rend l'adaptation inéluctable. On a changé de monde, il faut réagir ou mourir* », concède Frédéric, qui a lancé avec son frère un vaste plan de formation, principalement aux nouvelles technologies.

D'après sudouest.fr, 7 septembre 2013.

TRAVAIL DEMANDÉ

Style de direction
→ voir lexique, page 152

Leadership
→ voir lexique, page 152

Centralisation
→ voir lexique, page 152

Décentralisation
→ voir lexique, page 152

1. **Identifiez les changements impulsés par les nouveaux dirigeants, Frédéric et Julien. Expliquez en particulier leurs nouvelles attentes à l'égard des salariés.** Annexes 1 et 2
2. **Qualifiez ce style de direction à l'aide de la typologie proposée par R. Likert.** Annexes 1 et 2 | Ressource 1
3. **Recensez les facteurs qui ont fait évoluer le style de direction.** Annexes 1, 2 et 3 | Ressource 2
4. **Indiquez ce qui, selon vous, détermine le choix du style de direction.** Annexe 3 | Ressource 2
5. **Y a-t-il, selon vous, un style de direction idéal ?**

vidéo sur le web | 2' 11" | Franceinfo

Entreprises, quand chaque voix compte
lienmini.fr/M490-liberee

ANNEXE 1 Lippi, les recettes de l'alter management

Chez Lippi, l'autonomie du collaborateur est la clef du développement de l'entreprise. […] Les journées de travail débutent devant le tableau de performance, où sont affichés tous les indicateurs de l'entreprise en fonction des objectifs définis en début d'année, service par service «*Chacun peut intervenir et donner de nouvelles idées*», assure Julien Lippi […]. Lippi a ainsi investi 350 000 euros dans la formation en 2012. […]. «*Désormais nous communiquons via Twitter. C'est un moyen de résoudre plus rapidement des problèmes de façon collaborative; l'information est plus fluide, plus rapide et circule en direct sans passer forcément par le chef.*» 150 salariés ont ouvert un compte.

Par ailleurs, Lippi pratique l'auto-organisation. «*Nous avons un principe: je vois, je fais. Si un salarié voit quelque chose qu'il peut changer en bien, il n'a pas besoin de demander l'aval de sa hiérarchie*», poursuit Julien Lippi. Autrement dit, l'échelon supérieur n'intervient que s'il constate une impossibilité à l'échelon inférieur à régler le problème.

Autre initiative: depuis 2008, une dizaine de groupes de travail se sont créés, afin de concrétiser les idées remontées du terrain ou de réfléchir à d'autres problématiques, de manière transversale. […] Au total, une centaine de salariés, tous volontaires, y participent.

Anne Bariet, lentreprise.lexpress.fr, 28 février 2013.

ANNEXE 2 L'« entreprise libérée » fait des émules

C'est l'histoire d'un beau rebond. En 2009, le chiffre d'affaires de Chrono Flex s'effondre. Frappée par la crise, la PME spécialisée dans le dépannage de flexibles hydrauliques sur engins de chantier subit deux plans de licenciements. « *Une expérience traumatisante*, raconte Alexandre Gérard. *C'est pourquoi je me suis intéressé à d'autres formes d'organisation.* »

Le PDG du groupe révolutionne alors le management. Les salariés sont réorganisés en petites équipes géographiques, chacune cooptant son capitaine. Exit les contrôles et les symboles de pouvoir, place à la prise d'initiatives. Quatorze mois après ce changement de cap et dans une conjoncture toujours aussi morose, le chiffre d'affaires a augmenté de 15 %. Le taux d'absentéisme a chuté. « *Et 2013 a été notre meilleure année depuis la création de l'entreprise* », s'enthousiasme M. Gérard.

[…] La crise semble avoir joué en faveur d'une responsabilisation des collaborateurs et d'une déstructuration de la bureaucratie hiérarchique.

[…] Déhiérarchiser, c'est responsabiliser tous les collaborateurs, mais aussi supprimer des échelons. C'est pourquoi le président du groupe Poult croit peu à un véritable développement de l'entreprise libérée. « *Renoncer à son pouvoir, c'est très compliqué.* »

En comparant l'engouement autour des entreprises libérées à la mode éphémère du *lean management*, Frédéric Lippi a réorganisé son groupe en mini-usines, remplacé la hiérarchie par des plates-formes collaboratives, supprimé les salles de réunion.

Margherita Nasi, lemonde.fr, 2 juin 2016.

ANNEXE 3 L'intérêt d'humaniser les relations professionnelles

Résumé de l'interview de Guy Maugis, président de Robert Bosch France SAS

«Il y a deux styles de management des hommes. On peut faire confiance au salarié ou le contrôler en permanence.

Faire confiance et donner de l'autonomie au salarié donne plus de vitesse, plus d'efficacité dans la prise de décision même si cela inclut une certaine part de risque.

En période de crise, certaines entreprises vont adopter plus de contrôle et une approche plus bureaucratique. D'autres vont considérer que la liberté donnée aux acteurs va permettre plus d'efficacité et de réactivité. Un certain dosage entre les deux approches est préférable.»

tvdma.org, octobre 2011.

vidéo sur le web | 2' 46" | TVDMA

Interview de Guy Maugis
lienmini.fr/M490-maugis

RESSOURCE 1 Les styles de direction de Rensis Likert

À partir d'enquêtes auprès de directeurs de grandes compagnies d'assurances, Rensis Likert observe que ceux qui ont les résultats les plus médiocres présentent des traits communs. Leur conception du commandement les conduit à se focaliser sur les tâches à accomplir, leur mission est avant tout orientée vers la surveillance et le contrôle, ils adoptent les principes de l'organisation taylorienne du travail (travail prescrit, aucune autonomie, salaire au rendement, *etc.*).

Ce mode de management est dominant après la Seconde Guerre mondiale aux États-Unis. Pour autant, il relève que certains dirigeants semblent obtenir de meilleurs résultats car ils ont une autre attitude vis-à-vis des hommes en situation de travail. En effet, ils ont la conviction qu'il est nécessaire de comprendre les attentes et les valeurs personnelles des salariés afin d'améliorer leur degré de motivation et d'implication au travail. [...]

Dans son ouvrage consacré au gouvernement participatif des entreprises, Rensis Likert formalise à partir d'enquêtes de terrain **quatre styles de direction** dans une conception assez normative de ce que devrait être le mode de commandement idéal.

Rensis Likert (1903-1980) : psychologue américain. Il est connu pour son apport à la psychométrie et à la mesure des attitudes. Il a atteint une certaine renommée dans le milieu du management pour son travail sur les styles de direction.

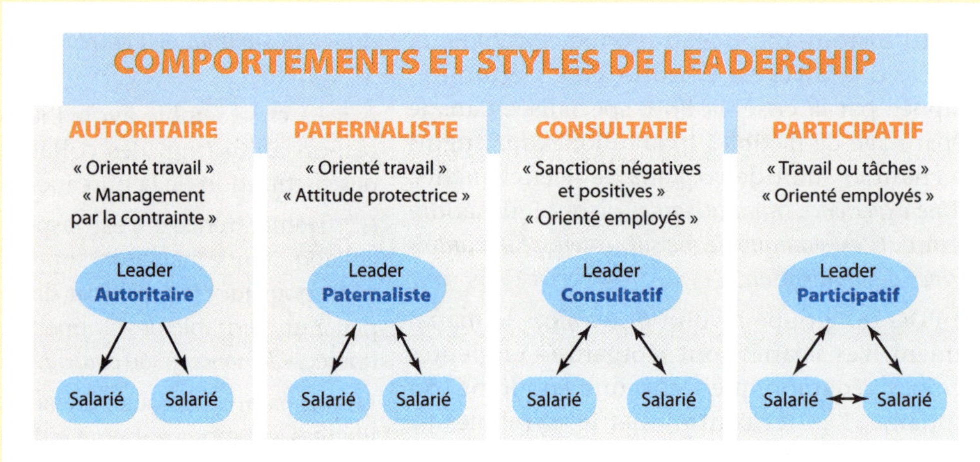

Le manager AUTORITAIRE

- Des rapports distants avec les salariés et une absence de confiance.
- Un management par la peur.
- N'encourage pas l'esprit d'équipe.
- La prise de décision est centralisée au sommet de l'organisation.
- Le système de délégation se réduit à sa plus simple expression et les objectifs sont imposés sans être explicités.

Le manager PATERNALISTE

- Assez proche du précédent.
- Des relations de proximité entre le dirigeant et ses subordonnés.
- Le contact et les relations hiérarchiques directs.
- Un système de motivation et de récompense particulièrement arbitraire.

Le manager CONSULTATIF

- Des relations étroites avec ses collaborateurs.
- Un climat de confiance et d'échange.
- Une délégation du pouvoir limitée.

Le manager PARTICIPATIF

- Un mode de commandement non directif.
- Des relations de confiance fortes avec ses collaborateurs.
- Un système de motivation et de rémunération particulièrement incitatif (participation et intéressement).
- Un esprit d'équipe et une dynamique de groupe fortement encouragés.

RESSOURCE 1 Les styles de direction de Rensis Likert *(suite)*

Pour autant, le management participatif, préconisé par R. Likert, présente des limites pas toujours clairement perçues par les promoteurs des modèles de management fondés sur l'autonomie et la prise d'initiative des personnes. En effet, une telle conception du management suppose chez les collaborateurs une capacité de prise de recul, d'abstraction, de créativité qu'ils n'ont pas toujours et peut, comme le montrent certaines expériences récentes, être source de stress et d'implication excessive.

D'après J.-M. Plane, *Management des organisations*, Dunod, 2008.

RESSOURCE 2 Les facteurs influençant les styles de direction

Le statut des dirigeants leur confère un pouvoir de décision. Le pouvoir est donc avant tout rattaché à la fonction, alors que **l'autorité** dépend de la personne. L'autorité peut être fondée sur la **personnalité** du dirigeant (charisme, *leadership*...), sur ses **compétences** ou sur la tradition (entreprise familiale). Il n'y a pas de style de direction idéal. Chacun fait le choix de s'orienter dans un style qui lui est propre. Cependant, on relève 4 facteurs qui influencent le style de direction.

© Delagrave, 2018.

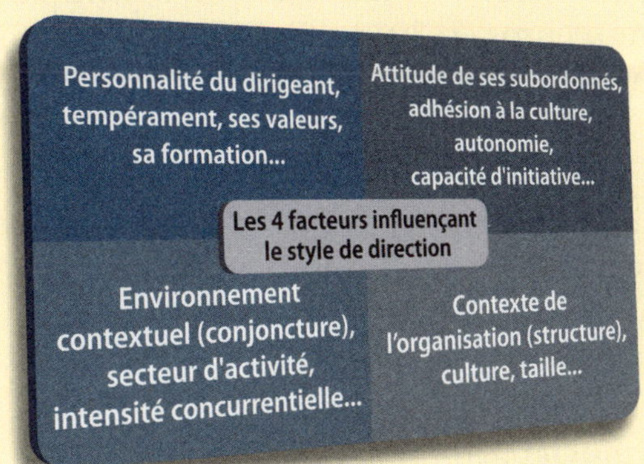

Pouvoir
→ voir lexique, page 152

Entreprise familiale
→ voir lexique, page 152

Subordonné
→ voir lexique, page 152

BlaBlaCar

Avant de commencer QCM

Les styles de direction

Testez vos connaissances sur le chapitre 6 à l'aide d'un QCM interactif. Connectez-vous sur lienmini.fr/M490-qcm6

Après avoir pris connaissance du cas BlaBlaCar et des ressources, vous répondrez aux questions suivantes :

PREMIÈRE PARTIE — ANALYSE DU CONTEXTE ET DE LA SITUATION DE L'ENTREPRISE

1 **Décrivez l'organisation hiérarchique de l'entreprise BlaBlaCar.**

2 **Qualifiez le style de direction en justifiant votre réponse.**

3 **Dégagez les facteurs qui influencent le style de direction.**

DEUXIÈME PARTIE — IDENTIFICATION DU PROBLÈME DE MANAGEMENT ET PROPOSITION DE SOLUTIONS ARGUMENTÉES

4 **Dégagez la problématique managériale à laquelle pourrait être confronté BlaBlaCar compte tenu de sa croissance.**

5 **Montrez comment le style de direction choisi permet de répondre, pour l'heure, à cette problématique.**

6 **Proposez des dispositions managériales et organisationnelles susceptibles de mieux structurer l'entreprise en indiquant leurs avantages et inconvénients.**

PRÉSENTATION DU CAS BlaBlaCar

2004 : Vincent Caron achète le nom de domaine Covoiturage.fr et met en ligne la première version du site Covoiturage.fr.

2006 : le nom de domaine est revendu à Frédéric Mazzella. Il fonde alors la société anonyme Comuto qui deviendra la société éditrice de tous les sites du réseau Covoiturage.

En 2008 puis en 2011 : Francis Nappez et Nicolas Buisson intègrent l'entreprise en tant qu'associés.

2013 : le site est rebaptisé BlaBlaCar.

Avec un chiffre d'affaires désormais tenu secret mais en hausse constante (> 10 millions d'euros en 2014), BlaBlaCar est le leader européen du covoiturage. Il est implanté dans 22 pays, compte plus de 20 millions de membres et 10 millions de voyageurs par trimestre.

BlaBlaCar emploie plus de 200 salariés et doit constamment recruter pour répondre à son évolution.

Les fondateurs et leurs rôles :
- Frédéric Mazzella définit la vision stratégique et les évolutions de BlaBlaCar ;
- Francis Nappez supervise les évolutions techniques ;
- Nicolas Brusson mène l'expansion internationale.

RESSOURCE 1 Le concept BlaBlaCar

BlaBlaCar est un site qui met en relation des personnes désireuses de se rendre au même endroit, au même moment, grâce au covoiturage.
Au-delà des trajets, le site laisse toute latitude aux membres d'exprimer leurs préférences et souhaits: fumeur ou non, volume de bagages, type de véhicule, expérience du conducteur et même, niveau de loquacité des usagers!
D'où le nom de l'entreprise qui semble être, plus qu'une plateforme en ligne, un espace pour une communauté «active» et «engagée» d'usagers qui aiment communiquer. Le site permet aussi aux passagers de donner leur avis sur les conducteurs et vice-versa.
Une pratique génératrice d'économies à la fois pour le conducteur (puisque son trajet est amorti en partie ou en totalité par la contribution des covoitureurs), mais aussi pour les covoiturés, puisque ceux-ci économisent souvent de l'argent comparativement à des trajets effectués par des moyens classiques comme le train ou l'avion. BlaBlaCar empoche au passage une petite commission pour le service rendu, la plateforme simplifiant considérablement la recherche d'un véhicule ou d'un passager.

© Delagrave, 2018.

RESSOURCE 2 Frédéric Mazzella, président de BlaBlaCar: «*Je n'étais pas un leader, je le suis devenu*»

Le créateur du site de covoiturage BlaBlaCar mène ses équipes avec un mélange de sérieux et de décontraction. Son credo managérial: responsabiliser ses collaborateurs.
À 38 ans, Frédéric Mazzella est un homme très sollicité. Il reçoit en moyenne une dizaine de demandes d'intervention par jour. En ce début de matinée de novembre, c'est une responsable de la communication d'une grande marque automobile qui tente de le convaincre de venir dans son entreprise. L'entrepreneur décline poliment. S'il séduit autant, ce n'est pas seulement parce que sa PME affiche un chiffre d'affaires important, c'est aussi pour ses méthodes de management. Et sa capacité à mener ses équipes avec ce mélange de sérieux et de décontraction. «*C'est parce que, individuellement, on fait bien son travail que l'on peut se permettre de s'amuser ensemble*», répète-t-il. Le secret, selon lui, passe par la responsabilisation des salariés. «*Pour cela, il faut qu'ils se sentent autonomes.*» C'est pour cette raison que, chez BlaBlaCar, les valeurs remplacent les process. Une conception très américaine, issue des trois années qu'il a passées là-bas comme étudiant à Stanford. Et où il a développé son sens du leadership. «*Lorsqu'une entreprise grossit vite, les salariés doivent souvent prendre des décisions. Or, ils ne peuvent pas solliciter en permanence les managers, et encore moins les fondateurs. Les valeurs de l'entreprise servent alors de points de repère. Si l'on reste en phase avec elles, on ne se trompe pas. Ce mode de fonctionnement permet d'aller plus vite et de responsabiliser le salarié car la décision vient de lui. Les process, au contraire, ont tendance à tuer la prise d'initiatives.*»
Cet engagement vise aussi les managers. Chaque semaine, un des six responsables de département présente au reste de l'entreprise ce qu'il a réalisé lors des semaines précédentes et ses projets pour celles à venir. «*Il ne s'engage pas face à un supérieur mais devant tous les salariés. Et s'il n'atteint pas les objectifs, il devra rendre des comptes à tout le monde. C'est plus impliquant.*» En phase avec son entreprise, Frédéric Mazzella est resté un adepte du covoiturage. Simplement, lorsqu'il monte dans un véhicule partagé, il ne dit plus qu'il est le dirigeant du site.

Caroline Montaigne, capital.fr, 9 février 2015.

RESSOURCE 3 Extrait de «*Le management selon Frédéric Mazzella, patron de BlaBlaCar*»

BlaBlaCar est une entreprise du XXIe siècle, globale, qui compte 200 salariés issus de 30 nationalités. On doit sans cesse relever des challenges. Ma valeur ajoutée, c'est de savoir résoudre les problèmes – normal, pour un fils de prof de maths –, et ils sont tous les jours différents. Pour moi, être entrepreneur, c'est être curieux, passionné et optimiste. C'est cela, le leadership, ça entraîne. Il en est de même pour nos collaborateurs: chacun est responsable de ce qu'il fait et donc de son avenir. Nous ne sommes pas dans une logique d'assistanat mais de *motivation*.
Notre société est jeune: les gens font le travail qu'ils sont venus chercher. Si quelqu'un n'est pas heureux chez nous, il doit trouver autre chose. Nous n'avons pas de service RH (ressources humaines): le recrutement se fait en direct avec l'équipe concernée. Je ne crois pas aux process mais aux valeurs partagées.

lentreprise.lexpress.fr, 11 mars 2015.

Les styles de direction

Les styles de direction influencent la prise de décision, mais également le climat social de l'entreprise au travers des relations quotidiennes entre managers et subordonnés. Il n'existe pas de style de direction parfait et ceux observés dans les entreprises résultent de nombreux facteurs.

Quatre styles de direction (R. Likert)…

- Autoritaire
- Paternaliste
- Consultatif
- Participatif

… sous l'influence :

du dirigeant
- Sa personnalité
- Ses valeurs
- Son expérience
- Sa formation

du contexte de l'entreprise
- La structure de l'entreprise
- Centralisation/décentralisation
- Sa taille
- Son secteur d'activité
- L'intensité concurrentielle

des subordonnés
- Adhésion à la culture
- Capacité d'initiative, de prise de responsabilité
- Autonomie

CHAPITRE 7

Les parties prenantes et les contre-pouvoirs

LES PROBLÉMATIQUES

- Quelle est l'influence des parties prenantes sur le processus de décision au sein des entreprises ?
- Quels sont les différents modes de gouvernance ?
- Dans quelle mesure les modes de gouvernance intègrent-ils les intérêts des parties prenantes ?

Ces questions sont abordées dans le cadre de l'étude du cas Air France-KLM que sa situation économique défavorable a amené à prendre des décisions stratégiques ayant un impact direct sur l'ensemble des parties prenantes du groupe.

LES COMPÉTENCES

- Mesurer l'influence des parties prenantes sur le processus de décision.
- Évaluer les enjeux liés aux intérêts des parties prenantes.
- Analyser le mode de gouvernance de l'entreprise.

LES NOTIONS

- Pouvoir
- Contre-pouvoir
- Mode de gouvernance

LES AUTEURS

- Richard Michael Cyert
- James March
- Michel Crozier
- Erhard Friedberg

CAS AIR FRANCE-KLM

Fondée en 1933, Air France est la première compagnie aérienne française. Son activité se répartit entre le transport aérien de passagers, le fret, la maintenance et l'entretien aéronautiques. En 2004, Air France fusionne avec la compagnie néerlandaise KLM. Le groupe devient alors la première compagnie mondiale en termes de chiffre d'affaires et la troisième en nombre de passagers transportés.
En 2007, Air France lance sa propre filiale *low cost*, Transavia.
En 2008, Air France s'associe avec Delta/Alitalia à travers une joint-venture.
Cette dernière constitue un modèle avancé de coopération. Elle porte sur l'exploitation en commun ainsi que sur le partage des recettes et des coûts de plus de 250 vols quotidiens transatlantiques.
Mais la concurrence est rude (développement de compagnies *low cost* en Europe, existence de compagnies subventionnées par leurs États, notamment dans les pays du Golfe).
Au début des années 2010, le groupe se retrouve dans une situation économique préoccupante : sa dette a triplé en quatre ans, ses pertes se sont creusées et ses prestations sont inférieures aux meilleurs standards du marché. Cette situation donne lieu à de graves troubles sociaux au sein de l'entreprise.
Pour gagner en compétitivité, Air France-KLM s'engage alors dans un plan d'évolution basé sur la productivité et la réduction des coûts. Ce plan est décliné à travers les projets « *Trust Together* » et « *Boost* ».

Après avoir pris connaissance du cas Air France-KLM, des annexes et des ressources proposées vous réaliserez le travail demandé pour chaque partie.

vidéo sur le web — 0' 48"
Air France-KLM : la nouvelle stratégie divise le personnel
lienmini.fr/M490-airfrance

PARTIE 1 : Mesurer l'influence des parties prenantes et évaluer les enjeux liés à leurs intérêts

CAS AIR FRANCE-KLM

« *Trust Together* », c'est le nouveau nom du projet stratégique d'Air France-KLM. Cet intitulé qui place comme priorité les relations sociales en dit long sur le sentiment de défiance, voire d'hostilité, qui fracture ce groupe.

Cette défiance est visible au sein d'Air France (entre les syndicats et le management, entre les navigants et le personnel au sol…) mais aussi dans les relations qu'entretiennent Air France et KLM et notamment leurs syndicats, en particulier ceux représentant les pilotes. Rétablir la confiance au sein du groupe constitue l'enjeu majeur pour espérer lever les oppositions et enclencher des réformes structurelles censées assurer la pérennité d'Air France-KLM.

Le nouveau PDG, Jean-Marc Janaillac, veut associer les syndicats et les salariés dans la réflexion sur la stratégie. Si la réunion avec les syndicats français s'est déroulée dans un climat apaisé, les choses vont forcément devenir plus compliquées quand les discussions aborderont les questions de productivité et de rémunération. Car la problématique d'Air France n'a pas changé : sa compétitivité reste inférieure à celle de ses concurrents et la compagnie française doit prendre les mesures pour rester rentable de manière pérenne quel que soit le niveau du prix du baril.

Outre le retour à la confiance, les négociations ne pourront aboutir que si direction et syndicats partagent le même constat de la situation économique d'Air France. Or, jusqu'ici, toutes les tentatives ont échoué. Les positions de la direction et plusieurs syndicats sont aux antipodes.

Après le plan Transform (2012-2014), la direction a voulu continuer d'améliorer la compétitivité du groupe pour lui permettre de rester bénéficiaire. Or, plusieurs syndicats rappellent qu'Air France-KLM est aujourd'hui profitable et que des efforts supplémentaires ne sont pas jugés nécessaires. La direction répond qu'il ne faut pas exagérer le retour dans le vert d'Air France, que la compagnie a certes dégagé un bénéfice opérationnel en 2015, mais après six années de pertes consécutives (et près de 2,5 milliards d'euros de pertes cumulées). De plus, dit-elle, sa performance est largement inférieure à celle de ses concurrents. Les syndicats font valoir également que l'écart de compétitivité avec les concurrents s'explique uniquement par le poids des charges et des taxes qui pèsent sur le transport aérien français.

Ce dialogue de sourds dure depuis des années et il sera compliqué de le résoudre en quelques mois.

D'après Fabrice Gliszczynski, latribune.fr, 2 septembre 2016.

TRAVAIL DEMANDÉ

1 **Décrivez les orientations stratégiques que souhaite prendre le nouveau management d'Air France.** Annexes 1 et 2

2 **Repérez puis classez dans un tableau les différentes parties prenantes concernées par le projet « *Boost* » ainsi que leurs intérêts respectifs.** Annexes 1 et 2 Ressources 1, 2, 3 et 4

3 **Appréciez l'influence des parties prenantes dans le processus de décision d'Air France.** Annexes 1 et 2

4 **Expliquez, à l'aide des auteurs de référence, dans quelle mesure les parties prenantes influencent la prise de décision dans les entreprises.** Ressources 3 et 4

Partie prenante
→ voir lexique, page 153

Contre-pouvoir
→ voir lexique, page 153

ANNEXE 1 Le projet « *Boost* » divise les syndicats d'Air France

Lors d'un comité central d'entreprise (CCE) d'Air France, douze délégués syndicaux devaient voter pour ou contre le projet de la nouvelle compagnie à coûts réduits dont le nom de code est « *Boost* ». Tous ont unanimement repoussé les conditions dans lesquelles « *Boost* » doit être lancé. Cet avis consultatif n'a pas d'incidence sur le projet lui-même mais il traduit des désaccords profonds au sein de la compagnie. Chaque catégorie de personnel avait ses raisons, ce qui ne signifie pas pour autant que toutes sont d'accord entre elles. D'un côté, les syndicats d'hôtesses et de stewards (SNPNC et Unsa PNC) sont opposés depuis l'origine à ce projet qui prévoit de ne pas faire appel à des personnels navigants commerciaux (PNC) d'Air France. En effet, la direction compte embaucher des PNC propres à « *Boost* » pour abaisser les coûts d'exploitation de 40 % et faire passer dans le vert des lignes déficitaires. Deux des trois syndicats représentatifs de PNC jugent que la direction d'Air France va piller la compagnie mère au profit de cette compagnie à bas coûts. Les pilotes sont plutôt favorables à un projet qui les associe et leur offre des garanties en parallèle.
D'autres organisations syndicales comme la CFDT ont d'ailleurs voté contre le projet parce qu'elles estiment qu'il est justement trop favorable aux pilotes. En cause, une prime qui leur sera versée : en cas de non-respect du plan de rattrapage de l'activité, la compagnie s'est engagée à s'infliger une « pénalité » et à verser aux pilotes une prime. Ce qui est qualifié d'« *augmentation salariale déguisée* » par Béatrice Lestic, la représentante de la CFDT d'Air France qui estime que, dès 2018, Air France ne sera pas en capacité de respecter ces engagements de croissance, ce qui de fait déclenchera le versement d'une prime.

Valérie Collet, lefigaro.fr, 12 mai 2017.

ANNEXE 2 Les relations entre l'État et Air France-KLM

Un actionnaire qui ne détient plus que 17,6 % du capital… mais se comporte comme si la compagnie était toujours nationalisée. Malgré la privatisation de la compagnie et sa fusion avec KLM, qui ont réduit à 17,6 % la participation de l'État au capital, l'ambiguïté demeure. Lors de la grève des pilotes à la fin 2014 ou après l'épisode de la chemise déchirée, les interventions de l'État annonçant la suppression de 2 900 emplois témoignent d'une valse-hésitation préjudiciable à l'entreprise. Avec encore 17,6 %, l'État demeure coincé dans son rôle d'actionnaire de référence. Or les injonctions paradoxales compliquent déjà sa gestion quotidienne. « *L'État a deux visages. Comme stratège, il défend ses intérêts, indépendamment des problèmes de coûts. Comme actionnaire, il compte son argent* », analyse Stéphane Albernhe, associé et président du cabinet de conseil Archery Strategy Consulting. Une schizophrénie qui explique les arbitrages entre des entreprises publiques aux intérêts parfois contradictoires. L'an dernier, l'État a ainsi accepté de relever les montants des redevances aéroportuaires perçues par le Groupe ADP (gestionnaire des aéroports Charles-de-Gaulle et Orly), au détriment d'Air France alors à peine sorti du marasme.
« *Vivement que l'État s'en aille !* » s'exclame un patron de l'aérien. « *À quoi bon rester ? Il n'apporte rien à la compagnie, ne peut plus lui donner d'argent, et surtout sa présence au conseil d'administration, où siègent trois de ses représentants, entretient au sein du personnel de grandes illusions* ». « *Ce n'est pas étonnant que les pilotes en appellent en permanence au gouvernement pour les soutenir. Ils font mine de penser que c'est toujours l'État qui gère Air France* », s'énerve un ancien du groupe.
Bien sûr, « *une compagnie constitue un outil de souveraineté. Il n'existe pas de pays fort sans une compagnie régulière à rayonnement international* », souligne Stéphane Alberhne, qui craint une crise de confiance profonde en cas de départ de l'État. Actionnaire ou pas, la relation resterait la même. La raison ? Une compagnie a besoin de s'entendre avec le gouvernement de son pays, ne serait-ce que parce qu'il détient le pouvoir de réguler le ciel national. « *Si Air France veut demander aux pouvoirs publics de limiter les droits de trafic des compagnies du Golfe en France, son conseil ne va pas nommer un patron détesté par le gouvernement* », explique un ex-dirigeant. En attendant, l'État pourrait faire confiance à la compagnie et à sa direction, tout en continuant à se préoccuper de l'avenir du transport aérien hexagonal.

Corinne Scemama, lexpansion.lexpress.fr, 24 mai 2016.

PARTIE 2 : Analyser le mode de gouvernance de l'entreprise

CAS AIR FRANCE-KLM

Difficile de lancer un nouveau plan stratégique pour relancer Air France sans changer de gouvernance. C'est la conclusion à laquelle est vite arrivée Jean-Marc Janaillac, quatre mois après son arrivée à la tête du groupe Air France-KLM. Frédéric Gagey devrait abandonner la direction de la compagnie tricolore pour monter au sein de la holding et y remplacer le directeur financier Pierre-François Riolacci.

Ce scénario n'est une surprise pour personne. Il paraissait difficile de repartir sur de nouvelles bases et de reprendre les négociations avec les syndicats sans rien changer. Les syndicats disent la même chose : « *Il faut globalement un changement de têtes pour repartir sur une nouvelle dynamique* », glisse-t-on chez FO.

L'idée de la nouvelle équipe est d'ailleurs de modifier la gouvernance du groupe en revenant au modèle qui avait été mis en place en 2009 par Jean-Cyril Spinetta, l'ancien patron du groupe. Jean-Marc Janaillac deviendrait donc PDG du groupe Air France KLM et d'Air France tandis qu'un nouveau directeur général d'Air France devra remplacer Frédéric Gagey. Le temps presse car la paix sociale gagnée par Jean-Marc Janaillac depuis son arrivée reste fragile : le SNPL, le syndicat majoritaire des pilotes, a accepté de se tenir tranquille afin de donner du temps à la direction de présenter son nouveau plan. Mais les nouvelles négociations pour améliorer la compétitivité qui doivent s'engager également avec les hôtesses et les stewards ne seront pas simples. Pour preuve, le résultat de la mission de médiation de Jean-Paul Bailly, l'ancien patron de La Poste, présentée aux organisations du personnel ne semble pas avoir convaincu beaucoup de monde. À commencer par les pilotes : « *Il en ressort toujours la même lecture*, pointe Véronique Damon, secrétaire générale du SNPL Air France : *une solution axée seulement sur la productivité et non sur la croissance. Ce qui donne un signal inquiétant quant à la teneur des décisions finales que va présenter la direction* ».

C'est bien le point de blocage qui a toujours été au cœur du désaccord entre Frédéric Gagey et les pilotes : la manière de partager les efforts de la croissance alors que la compagnie est sortie du rouge en 2014. Les performances devraient être néanmoins moins bonnes du fait de la baisse du nombre de touristes liée aux attentats en France notamment.

Les sujets qui fâchent risquent de revenir rapidement sur la table : la création d'une compagnie *low cost* long-courrier, le sort du court et moyen-courrier, le financement des nouveaux avions, sans parler de la surcharge des taxes sur les compagnies, alors que les missives envoyées au gouvernement par la direction restent, pour l'instant, lettres mortes.

Pauline Damour, challenges.fr, 21 octobre 2016.

TRAVAIL DEMANDÉ

1. **Déterminez les changements opérés au sein du groupe Air France-KLM et expliquez-en les raisons.** Annexes 3 et 4
2. **Repérez les éléments qui montrent que la direction accorde de l'importance aux réactions de ses parties prenantes.** Annexe 3
3. **Qualifiez le mode de gouvernance au sein d'Air France.** Annexes 3, 4 et 5 Ressource 5
4. **Expliquez l'influence des modes de gouvernance sur les décisions d'une entreprise.** Ressources 4 et 5

Gouvernance d'entreprise
→ voir lexique, page 153

ANNEXE 3 Interview de Jean-Pierre Janaillac

Comment avez-vous fait la paix avec les pilotes et le reste du personnel ?
Nous avons passé beaucoup de temps à écouter les syndicats, les pilotes, les PNC et nous nous sommes attachés à mettre les objectifs avant les moyens. Dire à tous que pour faire de la croissance nous allons leur demander un certain nombre d'efforts et de transformations de l'organisation de l'entreprise, qui passent par la création d'une nouvelle compagnie avec des coûts inférieurs de 20 %. Mais pour cela, vous êtes obligés d'avoir l'accord des syndicats de pilotes.
Pourquoi autant de pouvoir aux pilotes ?
Ils sont indispensables au fonctionnement de la compagnie et leur formation est longue. Le monde du transport aérien est incapable de gérer en prévisionnel. À certains moments, on en a trop et à d'autres, on en manque. De plus, un pilote qui ne trouve pas de travail en France peut aller en Chine, dans le Golfe, etc. Ils ont donc un pouvoir de négociation assez fort, car ils sont assez rares.
Est-ce un avantage ou un inconvénient que l'État possède encore une part de votre capital ?
Quand notre cours de Bourse était au plus bas, cela rassurait les investisseurs. Mais de temps en temps, l'État peut avoir des processus de décision un peu plus complexes qu'un actionnaire classique. Au total, que l'État soit présent ou pas dans notre capital ne change pas grand-chose.

Propos recueillis par Guy Dutheil et Philippe Escande, lemonde.fr, 19 octobre 2017.

ANNEXE 4 De nouveaux actionnaires chez Air France-KLM

Réunis en assemblée générale extraordinaire, les actionnaires d'Air France-KLM ont approuvé l'entrée au capital des compagnies China Eastern et Delta Airlines, à hauteur de 10 % chacune. Air France-KLM s'ouvre donc à un groupe chinois et à un groupe américain. Cette modification de la gouvernance est la plus importante depuis la fusion entre Air France et KLM. « *Grâce à ces nouveaux accords, Air France-KLM pourra devenir le pilier européen d'un ensemble inégalé de partenariats commerciaux entre l'Europe, l'Amérique du Nord et la Chine* », a déclaré le PDG Jean-Marc Janaillac.
Il existe déjà une co-entreprise entre Air France-KLM et Delta Airlines pour exploiter les liaisons transatlantiques. Le nouveau « deal » prévoit qu'Air France-KLM entre à 31 % au capital de la britannique Virgin Atlantic, dont Delta possède déjà 49 %. Voilà qui permet de mettre la main sur les liaisons Royaume-Uni - Amérique du Nord, tout en absorbant au passage la co-entreprise qui existait entre Delta et Virgin. Face à la concurrence des compagnies *low cost* long-courrier et de celles du Golfe, les pavillons historiques font front commun. Et l'alliance à l'Est ? Le gouvernement chinois cherche à récupérer l'argent de ses millions de touristes à l'étranger en rachetant aéroports, hôtels et compagnies aériennes. Ce qui permet en retour à la compagnie européenne de s'assurer un ticket d'entrée sur un marché en pleine expansion.
« *Nous serons plus présents sur les nombreux vols au départ de Shanghai, un centre d'affaires qui est le port d'attache de China Eastern* », se félicite-t-on à Air France-KLM.

Laurent Martinet, lexpansion.lexpress.fr, 4 septembre 2017.

ANNEXE 5 Le conseil d'administration d'Air France-KLM

Le conseil d'administration détermine les orientations de l'activité de la société et veille à leur mise en œuvre. Il concourt à ce titre, avec la direction générale, à son bon fonctionnement en s'appuyant sur les avis et les recommandations des comités spécialisés. Les administrateurs sont au nombre de 19 dont :

16 administrateurs nommés par l'assemblée des actionnaires, parmi lesquels :	2 proposés par l'État français
	2 représentants des actionnaires salariés
1 représentant des salariés nommé par le comité de groupe français	
1 représentant des salariés nommé par le comité d'entreprise européen	
1 représentant de l'État nommé par arrêté ministériel	

La durée du mandat des administrateurs est de quatre ans et le renouvellement du mandat des administrateurs est échelonné de façon à favoriser un renouvellement harmonieux du conseil d'administration.

airfranceklm.com

LES NOTIONS

RESSOURCE 1 Définition des parties prenantes

Les parties prenantes selon R. Edward Freeman (1984) : « *Tout groupe ou individu qui peut affecter ou être affecté par la réalisation des buts d'une organisation* ».

RESSOURCE 2 Nature et rôles des parties prenantes

	Parties prenantes	Contribution à la création de valeur	Incitation pour contribuer[1]
PARTIES PRENANTES INTERNES	Investisseurs et apporteurs de fond	Capitaux ; endettement ; réduction du risque, du coût de financement ou d'emprunt	Dividendes et plus-values
	Managers	Compétence pour la gestion de l'organisation	Compensations monétaires : salaires, bonus, stock-options Psychologiques : satisfaction, pouvoir et réputation
	Salariés	Développement d'un capital humain spécifique, innovation, collaboration, engagement, travail en équipe, attitudes, *etc.*	Salaires, bonus, emplois stables et promotion, *etc.* Incitation, motivation et sanctions pour agir sur les performances
	Syndicats	Stabilité de l'emploi, résolution de conflits	Stabilité de l'emploi, résolution de conflits
PARTIES PRENANTES EXTERNES	Clients/utilisateurs	Loyauté à la marque, réputation, fréquence d'achats	Qualité, prix des biens et des services, estime…
	Fournisseurs et associés de la chaîne d'approvisionnement et de logistique	Efficience, réduction des coûts, innovation technologique, *etc.*	Respect des engagements
	Partenaires et alliés	Ressources stratégiques, conquête de marché, option de développement futur, *etc.*	Confiance réciproque, intérêts communs
	Communauté locale, citoyens, *etc.*	Licence de travailler, légitimité, *etc.*	Prestige national, respect des institutions légales, normatives et cognitives
	Gouvernement	Support macroéconomique et politique	Concurrence équitable et licite, règlement des impôts…
	Autorités réglementaires	Accréditation, licence, *etc.*	Congruence
	ONG	Légitimité et licence de travailler	Respect des institutions légales, normatives et cognitives. Contribution à l'intérêt commun

1. Les incitations pour contribuer sont les moyens dont dispose l'organisation pour obtenir l'adhésion des parties prenantes.

D'après G. Yahchouchi, « Valeur ajoutée par les parties prenantes et création de valeur de l'entreprise », *La Revue des Sciences de Gestion*, n° 224-225, mai-juin 2007.

vidéo sur le web 1' 47" TVDMA

Interview de Franck Riboud, PDG de Danone

lienmini.fr/M490-riboud

RESSOURCE 3 Les sources du pouvoir

Pouvoir
→ voir lexique, page 153

Le concept de **pouvoir**, chez M. Crozier et E. Friedberg, ne renvoie pas à une conception hiérarchique du pouvoir mais plutôt relationnelle : « *Le pouvoir n'est pas le simple reflet et produit d'une structure d'autorité, qu'elle soit organisationnelle ou sociale, pas*

RESSOURCE 3 Les sources du pouvoir *(suite)*

plus qu'il n'est un attribut, une propriété dont on pourrait s'approprier les moyens ». Le pouvoir de l'acteur dans une relation dépend de sa capacité à faire en sorte que les termes de l'échange lui soient favorables.

Le pouvoir d'un acteur repose sur un élément qu'il maîtrise mieux que les autres et dont il se sert pour servir ses propres intérêts. Il peut s'agir de la maîtrise d'une compétence particulière, de la maîtrise d'un lien entre l'organisation et une partie prenante de son environnement, de la maîtrise de la communication et de l'information, de la maîtrise des règles de l'organisation et la possibilité d'appliquer ou non les sanctions.

Cela signifie que tout individu peut avoir du pouvoir.

S. Landrieux-Kartochian, Gualino, *Théorie des organisations*, Gualino, Lextenso éditions, 2010.

Michel Crozier (1922-2013) : principal concepteur de l'analyse stratégique en sociologie des organisations. Il a coécrit *L'acteur et le système* avec **Erhard Friedberg** (1942-...). M. Crozier est spécialiste de l'analyse sociologique des organisations.

RESSOURCE 4 L'entreprise, une coalition d'acteurs ?

Richard Michael Cyert (1921-1998) - **James March** (1928-...) : au travers d'un célèbre ouvrage, *A behavioral theory of the firm* (1963), ils décrivent toutes les organisations comme des processus dynamiques et continus de prises de décisions.

Pour R. M. Cyert et J. March, « *l'organisation est conçue comme une coalition d'individus qui ont des objectifs différents* ». L'organisation devra faire face en permanence à des conflits potentiels puisque ses propres objectifs sont traités par l'individu comme des contraintes à satisfaire. Ainsi, l'organisation n'est pas un bloc animé d'un seul mouvement, c'est une organisation complexe où les décisions prises sont **le résultat de négociations** entre les différents acteurs de l'organisation. Le fonctionnement de l'entreprise résultera de la **conjugaison des stratégies individuelles** des acteurs et des **coalitions**[1] **d'acteurs** qui la composent.

1. Coalition : alliance d'ordre politique.

© Delagrave, 2018.

RESSOURCE 5 Les modèles de gouvernement d'entreprise

Le gouvernement d'entreprise a pour objet de définir les organes et les mécanismes qui fixent les droits et les obligations des différentes parties prenantes à l'entreprise afin de maximiser la valeur créée et d'assurer sa répartition.

Il existe deux modèles type de gouvernement/gouvernance d'entreprise :

Gouvernance actionnariale ou modèle *shareholders*

Selon ce modèle, le contrôle des actionnaires doit s'exercer sur les managers, contraints d'atteindre l'objectif de maximisation du profit. Il se présente comme une réponse aux problèmes de divergence d'intérêts. Dans ce modèle, la firme managériale est donc responsable uniquement devant ses actionnaires. Le rôle clé du management se résume alors à reconfigurer les structures ou le portefeuille d'activités de l'entreprise en réponse aux évolutions de l'environnement, dans le but de créer de la valeur pour l'actionnaire.

Gouvernance partenariale ou modèle *stakeholders*

Selon ce modèle, d'autres parties prenantes (ou *stakeholders*) sont en droit de demander des comptes à l'entreprise. Les actionnaires sont donc, dans cette acception, des *stakeholders* parmi d'autres : le personnel, les fournisseurs, les sous-traitants, les distributeurs, les clients, les États, les collectivités locales, les syndicats.

Le capital financier apporté par les actionnaires ne joue dans ce modèle qu'un rôle limité dans la construction de la valeur créée. Il faut dès lors impliquer et inciter ces nouveaux acteurs de la création de valeur, et ils ne seront incités à contribuer que s'ils perçoivent une partie de la rente, en concurrence avec les actionnaires.

D'après cours AGOL, Université de Rennes 1.

Gouvernance actionnariale
→ voir lexique, page 153

Gouvernance partenariale
→ voir lexique, page 153

Pimkie

Avant de commencer QCM

Les parties prenantes et les contre-pouvoirs

Testez vos connaissances sur le chapitre 7 à l'aide d'un QCM interactif. Connectez-vous sur lienmini.fr/M490-qcm7

Après avoir pris connaissance du cas Pimkie et des ressources, vous répondrez aux questions suivantes :

PREMIÈRE PARTIE — ANALYSE DU CONTEXTE ET DE LA SITUATION DE L'ENTREPRISE

1 **Expliquez pourquoi la direction de Pimkie souhaite recourir à la rupture conventionnelle collective (RCC).**

2 **Identifiez les parties prenantes impliquées dans cette situation ainsi que leurs rôles respectifs.**

DEUXIÈME PARTIE — IDENTIFICATION DU PROBLÈME DE MANAGEMENT ET PROPOSITION DE SOLUTIONS ARGUMENTÉES

3 **Détaillez le problème auquel est confrontée la direction de Pimkie pour faire appliquer son plan de restructuration.**

4 **Proposez des solutions permettant à l'entreprise d'appliquer son plan tout en prenant en compte les intérêts de ses parties prenantes.**

PRÉSENTATION DU CAS — Pimkie

Lors d'un comité central d'entreprise (CCE) au siège social de Pimkie, les salariés de la marque de prêt-à-porter féminin ont appris de quelle façon leur direction souhaitait restructurer le groupe. L'enseigne de la galaxie Mulliez (propriétaire des enseignes Auchan, Norauto, Boulanger, Decathlon, etc.) souhaite recourir à la rupture conventionnelle collective (RCC)[1] pour supprimer 208 emplois sur les 1 900 que compte Pimkie en France. Une première ! La CGT et Force ouvrière, majoritaires dans l'entreprise, n'y sont pas favorables. Dès le 19 décembre 2017, veille de la promulgation des deux décrets d'application de ce dispositif, la direction de Pimkie avait annoncé en comité d'entreprise son souhait de l'utiliser. Sur la base du volontariat, la RCC concernerait 41 postes en logistique et 84 postes au siège ainsi que dans les fonctions supports de France, Belgique et Luxembourg. Pimkie souhaite aussi fermer en France 37 magasins déficitaires : « *On est écœurés par ces annonces* », lance Valérie Pringuez, secrétaire CGT du CE. Pour ces syndicats, majoritaires à eux deux, pas question d'accepter cette RCC. Ils préfèrent négocier un plan de sauvegarde de l'emploi (PSE) pour permettre aux salariés d'obtenir un congé de reclassement. Guy Bouquet, représentant de la CFE-CGC Pimkie, ne ferme pas complètement la porte à la RCC. « *C'est le choc* […], dit-il. *Mais on attend les propositions de la direction.* » Pour cette organisation, la RCC pose notamment un problème de carence dans la couverture de Pôle emploi (150 jours en cas de RCC contre 75 en cas de PSE) et de reclassement.

Lors des négociations, les quatre syndicats (CGT, CFE-CGC, FO, CFDT) ont demandé à se faire assister par un expert-comptable externe indépendant. « *Pour nous, le chiffre d'affaires se tient,*

PRÉSENTATION DU CAS (SUITE)

estime Mme Pringuez, de la CGT. *Pimkie scie la branche sur laquelle elle se trouve en faisant payer aux salariés français les mauvais résultats du groupe en Allemagne, Espagne et Italie.* ». [...] Depuis 2015, Pimkie présente des résultats déficitaires et un chiffre d'affaires 2017 en baisse de 10 % par rapport à l'année précédente, sur fond de concurrence accrue des champions du commerce en ligne. « *Il est de notre responsabilité de prendre des décisions difficiles* », a souligné Éric Foucault, le directeur général délégué de Pimkie, qui met en avant des avantages de la RCC par rapport au PSE : les départs se font sur la base du volontariat, la réorganisation de l'entreprise peut être rapide (deux mois contre six) et, si les résultats se redressent rapidement, l'entreprise pourra embaucher à nouveau.

1. La rupture conventionnelle collective permet aux entreprises de se séparer de plusieurs salariés d'un commun accord depuis janvier 2018.

Laurie Moniez, lemonde.fr, 9 janvier 2018.

RESSOURCE 1 Les salariés de Pimkie, acteurs de la restructuration

Cet été, les grandes enseignes d'habillement de la galaxie Mulliez ont été rassemblées dans un groupement d'intérêt économique baptisé Fashion3. Objectif : mutualiser, maximiser les synergies entre les marques d'habillement. Il s'agit de faire des économies et vendre mieux sur le web [...] . Arrivée à la direction générale de Pimkie en août 2017, Christine Jutard s'est retrouvée aux commandes d'un groupe qui perd de l'argent. Fortement concurrencé par H&M et Zara, l'enseigne affiche un déficit de 45 millions d'euros à l'international et, pour la première fois en 2017, d'un million d'euros en France. La nouvelle DG a mandaté le cabinet Prosphères. Sa mission : revoir le modèle économique de l'entreprise. Ce cabinet a mis en place des groupes de travail pour restructurer l'entreprise en organisant des groupes de parole et en expliquant aux salariés qu'ils avaient la réponse en eux. « *Nous perdons 50 000 euros par jour* », « *l'échec de Pimkie est collectif* », « *Nous n'avons pas la solution, c'est vous qui la détenez* », leur a-t-on martelé. À l'issue de ces réunions, les salariés ont proposé la fermeture en 2018 de 81 magasins dont une vingtaine en France et 40 autres en 2019 en Allemagne.

Nadia Djabali, force-ouvriere.fr, 6 janvier 2018.

RESSOURCE 2 Les raisons d'une restructuration selon la direction

« *Nous sommes sur un marché difficile, avec des clientes de plus en plus sollicitées par la concurrence traditionnelle, comme sur le web, avec des comportements d'achats qui évoluent, et un budget habillement en baisse constante depuis 5 ans. Le chiffre d'affaires de Pimkie va baisser de 10 % cette année. L'enseigne ne gagne plus d'argent depuis trois ans* » explique Éric Foucault. Il précise que Christine Jutard et lui-même sont allés à la rencontre des salariés à travers 20 réunions dans tous les pays. La direction explique que 200 groupes de travail ont été mis en place avec des salariés volontaires pour que « *la concertation* » soit au cœur du plan de transformation. « *Cela va nous permettre d'aller plus vite dans l'élaboration du plan de redressement.* »

Marc Petit, lavoixdunord.fr, 26 décembre 2017.

RESSOURCE 3 Les conditions d'application de la RCC

« *La rupture conventionnelle collective permet de gagner du temps et coûte moins cher à l'entreprise*, analyse Marie-Annick Merceur, déléguée CFDT. *Elle comprend beaucoup moins d'obligations, notamment en matière de reclassement des salariés.* » Si la raison est donc clairement économique, le groupe n'a pas à le justifier, comme il devrait le faire en cas de plan de sauvegarde de l'emploi (PSE). Les syndicats ont tous fait jouer leur droit d'alerte [...].

Tous les départs doivent être volontaires pour que s'applique le nouveau dispositif de la rupture conventionnelle collective (RCC). Autre particularité de la RCC, il ne peut pas y avoir de départs si un accord n'est pas approuvé par les syndicats de façon majoritaire. Chez Pimkie, il faudrait trois signataires pour valider le projet. Sur les quatre syndicats présents dans le groupe (CFE-CGC, FO, CGT et CFDT) seule la CGT a, pour le moment, fait part de son refus catégorique. « *D'abord, il y a la volonté d'obtenir ce qui est le mieux pour les salariés,* défend Valérie Pringuez. *Mais nous avons également la crainte d'essuyer les plâtres de cette nouvelle mesure dont on ignore les subtilités et les conséquences.* »

Tiphaine Thuillier, lentreprise.lexpress.fr, 8 janvier 2018.

Les parties prenantes et les contre-pouvoirs

La nature des relations qui se nouent entre les acteurs au sein de l'organisation et avec les partenaires extérieurs influence de façon déterminante le mode de gouvernance dans l'entreprise. Le dirigeant doit en permanence arbitrer entre les attentes des différentes parties prenantes qui peuvent constituer autant de contre-pouvoirs.

Le pouvoir est exercé par…

Le dirigeant / Le manager

… en tenant compte des contre-pouvoirs exercés par…

Les parties prenantes

Internes
- Actionnaires
- Salariés
- Représentants des salariés

Externes
- Clients/Utilisateurs
- Fournisseurs
- Banques
- Concurrents
- État
- Collectivités
- ONG
- Autorités réglementaires

… et en fonction du mode de gouvernance

Gouvernance actionnariale

Créer de la valeur pour les actionnaires

Gouvernance partenariale

Créer de la valeur en tenant compte des intérêts de toutes les parties prenantes

CHAPITRE 8

La démarche stratégique

LES PROBLÉMATIQUES

- Qu'est-ce que la stratégie ?
- Quels sont ses liens avec la finalité, les objectifs et l'environnement de l'entreprise ?
- Quelle est l'utilité d'une segmentation d'activité en domaines d'activité stratégique (DAS) ?

Ces questions sont abordées dans le cadre du cas Groupe Gris, fabricant lorrain de composants mécaniques, rondelles techniques de fixation et pièces techniques pour la sous-traitance automobile. La réussite de cette entreprise familiale repose sur une exigence pointue en matière de qualité. Son plan stratégique répondra-t-il aux enjeux concurrentiels et lui permettra-t-il de conserver sa place de leader européen ?

LES COMPÉTENCES

- Identifier les étapes de la démarche stratégique d'une entreprise donnée.
- Analyser les déterminants de cette démarche.
- Repérer les domaines d'activité stratégique (DAS) et les critères de la segmentation stratégique.

LES NOTIONS

- Stratégie
- Stratégie émergente/délibérée
- Segmentation stratégique/DAS
- Démarche stratégique
- Diagnostic stratégique
- Modèle LCAG/Modèle SWOT

LES AUTEURS

- Henry Mintzberg

CAS GROUPE GRIS

Entreprise familiale créée en 1984, le Groupe Gris est spécialisé dans la fabrication de composants mécaniques, rondelles techniques de fixation et pièces techniques découpées. L'entreprise compte 200 salariés et réalise un chiffre d'affaires de 44 millions d'euros en 2017 dont plus de la moitié à l'export. Le Groupe Gris dispose de deux sites de production en Europe (en France et en Allemagne). Investissements, embauches, réorganisation, le groupe annonce son programme Excellence 2020. De quoi être paré pour soutenir une croissance forte, satisfaire ses clients et enfin, passer le cap des 250 salariés ?

Après avoir pris connaissance du cas Groupe Gris, des annexes et des ressources proposées, vous réaliserez le travail demandé, pour chaque partie.

GRIS s.a.s. DÉCOUPAGE

Le Progrès Continu... notre fixation !

Fabrication de rondelles techniques et composants mécaniques

vidéo sur le web — 1' 58"

Le Groupe Gris, fabricant de composants mécaniques
lienmini.fr/M490-grisgroup

PARTIE 1 : Identifier les enjeux de la réflexion stratégique et ses déterminants

CAS GROUPE GRIS

« *Nos clients nous demandent sans cesse de gagner en productivité. Mais lorsque l'entreprise a déjà la culture de la réactivité et de la flexibilité, que machines et gestion sont optimisées, sur quoi peut-on encore jouer ?* », interroge Céline Gris, PDG du Groupe Gris à Lesménils. Pour elle, il n'y a qu'une réponse : l'anticipation ! « *Traiter le problème dès qu'il se pose*, détaille celle qui a repris l'entreprise familiale en 2012. *Être dans un processus d'amélioration continue, notamment en matière d'organisation.* » Or, même pour une entreprise aussi innovante que le Groupe Gris, c'est un changement de culture. Depuis qu'elle a succédé à son père, Céline Gris a multiplié les réflexions et démarches extérieures pour trouver la meilleure méthodologie possible.

« *Depuis deux ans, on fait partie du programme "accélérateur PME" de la Banque publique d'investissement (BPI).* » Finalement, c'est vers le lean[1] qu'elle s'est dirigée. « *Le lean, on ne le met pas en place parce qu'on va mal. Mais parce que nous sommes en forte croissance, que nous recrutons sans cesse, que nous amorçons ce mois-ci l'agrandissement de nos ateliers.* »

1. Lean : technique de management visant à optimiser les process (cf. annexe 1).

L. Schmitt, *Le Républicain Lorrain*, 23 septembre 2017.

TRAVAIL DEMANDÉ

1 **Repérez les axes du plan stratégique « Excellence 2020 » du Groupe Gris.** Annexes 1, 2 et 3

2 **Expliquez en quoi ce plan est lié aux objectifs, finalité et environnement de l'entreprise.** Annexe 2

3 **Les décisions de Céline Gris sont-elles réversibles ? Justifiez votre réponse.** Annexes 1, 2 et 3

4 **Identifiez les apports scientifiques de H. Simon et H. Mintzberg en matière de réflexion stratégique.** Ressource 1

5 **À partir du cas Groupe Gris, définissez le terme « stratégie », rappelez ses enjeux pour l'entreprise ainsi que les dimensions à considérer dans le cadre de la réflexion stratégique.**

Stratégie délibérée
→ voir lexique, page 154

Stratégie émergente
→ voir lexique, page 154

ANNEXE 1 Le lean, définition

« *Le lean est une méthodologie qui n'est pas nouvelle, qui doit remonter aux années 1970, qui consiste à mener une réflexion de fond sur ses procédés de fabrication et son organisation. L'idée est de tout simplifier et fluidifier, se débarrasser des surplus afin de rendre les process les plus fiables et efficaces possibles.* »

L. Schmitt, *Le Républicain Lorrain*, 23 septembre 2017.

ANNEXE 2 Le programme Excellence 2020 du Groupe Gris

Depuis deux ans, le Groupe Gris ressentait le besoin de « pousser les murs ». Directrice générale de l'entreprise de 200 salariés, Céline Gris a achevé la refonte du système informatique avant d'engager un programme d'extension englobant l'usine et le siège social, situés à Lesménils (Meurthe-et-Moselle). Créé voilà trente ans, le site de production renouvellera ses équipements et procédera à une extension de 3 700 mètres carrés pour porter sa superficie à 10 700 mètres carrés.

À cet investissement de 8,6 millions d'euros sur deux ans s'ajoutera la construction de bureaux supplémentaires. Les bâtiments, qui mobilisent un investissement de 5 millions d'euros, seront conformes aux normes de la construction passive. Ces aménagements répondent à une croissance soutenue depuis trois ans. L'augmentation des volumes de production se traduira par 18 nouveaux recrutements sur le site lorrain d'ici à la fin de l'année. Le Groupe Gris, qui a doublé ses effectifs en l'espace de cinq ans, lance un programme quinquennal visant à développer simultanément productivité et qualité de vie au travail.

P. Braun, lesechos.fr, 6 août 2017.

ANNEXE 3 Le programme « accélérateur PME »

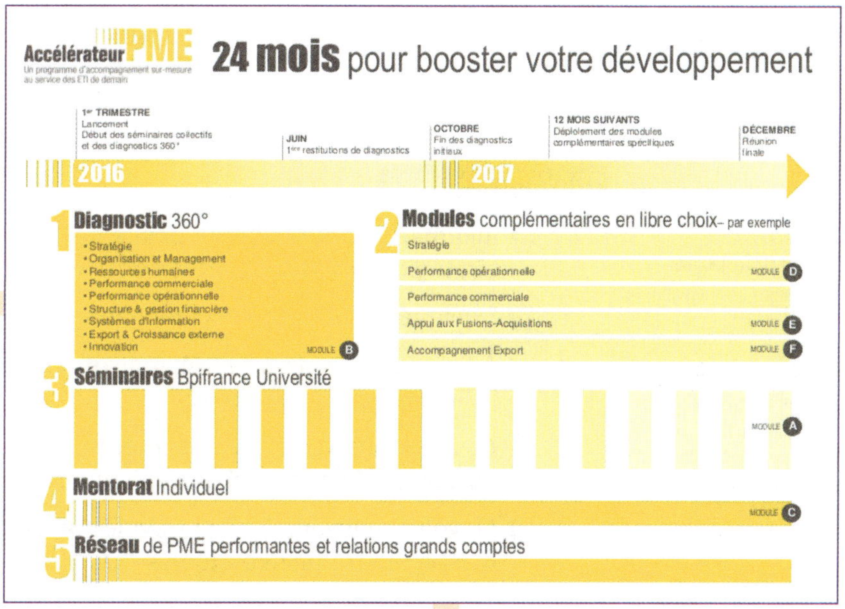

« Accélérateur PME » est un programme d'accompagnement complet et personnalisé sur 24 mois, destiné à répondre aux besoins d'entreprises dynamiques et ambitieuses dans leur parcours. Il permet notamment :
– d'identifier les axes prioritaires de croissance ;
– de tirer parti rapidement des leviers de croissance identifiés ;
– d'enrichir les compétences du comité de direction pour faire face aux nouveaux enjeux ;
– de bénéficier des conseils d'un dirigeant ayant fait l'expérience des mêmes problématiques ;
– de tisser un réseau solide au sein d'un groupe de dirigeants de PME performantes.

60 PME ont été sélectionnées pour faire partie de la première promotion du programme. Durant 24 mois, ces PME ont accès aux services d'accompagnement premium de Bpifrance et de ses trois partenaires : Business France pour leur stratégie export, l'IME pour le mentorat et Pacte PME pour les relations grands groupes. L'objectif : accompagner leur ambition de croissance.

bpifrance.fr

LE CAS

PARTIE 2 : Identifier les étapes de la démarche stratégique et ses outils

CAS GROUPE GRIS

Le Groupe Gris est fournisseur de premier rang des grands donneurs d'ordres du monde automobile que sont Renault, PSA, Daimler, General Motors ou encore Audi et BMW. Il travaille également avec pratiquement tous les équipementiers automobiles. Il fournit aussi l'industrie en général et en particulier les secteurs du ferroviaire, du bâtiment, du matériel électrique, du machinisme agricole et de la distribution. Pour rester en adéquation avec la diversité de leurs besoins, le Groupe Gris se doit de les anticiper et de s'adapter, en déployant parfois des ressources importantes. Ce processus, qui peut s'avérer périlleux pour le groupe, résulte d'une réflexion stratégique rigoureusement menée.

gris-group.com

vidéo sur le web | 3' 33" | Projet InnovENT-E

La PME story du Groupe Gris
lienmini.fr/M490-story

TRAVAIL DEMANDÉ

Modèle LCAG
→ voir lexique, page 154

Modèle FFOM
→ voir lexique, page 154

Diagnostic stratégique
→ voir lexique, page 154

1. **Identifiez la démarche proposée par le modèle LCAG dans le cadre de l'analyse stratégique en recensant les différentes étapes.** Ressource 2
2. **Expliquez la place qu'occupe l'analyse FFOM.** Ressources 2, 3 et 4
3. **À l'aide de l'analyse FFOM, réalisez le diagnostic stratégique du Groupe Gris.** Annexes 4, 5, 6 et 7 | Ressource 3
4. **Au regard de votre analyse, montrez que le plan stratégique « Excellence 2020 » du Groupe Gris répond aux évolutions de son environnement.** Annexes 4, 5, 6 et 7
5. **En vous appuyant sur vos travaux, présentez les intérêts et limites des outils d'analyse stratégique étudiés.**

ANNEXE 4 Historique du Groupe Gris (extrait)

2016 : Uniformisation du système d'information/ERP ; agrandissement du parc machine.
2015 : Création d'un nouveau bâtiment de 1 500 m² pour l'activité rectification.
2015 : Prix de la Pépite à l'export (BFM Business).
2013 : Prix du Meilleur Fournisseur Qualité Europe de Renault Nissan.
2012 : Croissance externe : rachat de l'entreprise KUT (qui ouvre les portes de Daimler pour le Groupe Gris) ; Agrandissement de 1 000 m² de bâtiment industriel.
2017-2019 : Projet de construction de 5 000 m² d'atelier et de bureau sur le site de Lesmesnils, siège social du groupe.

gris-group.com

ANNEXE 5 La qualité au sein du Groupe Gris

Pour faire face aux défis de la mondialisation et aux attentes de nos clients grands donneurs d'ordre, nous avons assis notre développement sur une politique de progrès continu réelle et constante impliquant l'ensemble des domaines et des services de l'entreprise.
Par exemple, notre système de management de la qualité (SMQ), fondement de l'excellence de nos processus, est reconnu par les certifications qualité les plus avancées, ISO TS 16949 et ISO 9001 auxquelles s'ajoute, depuis 2007, la certification environnementale ISO 14001 suite à l'instauration d'une politique concrète de développement durable.

gris-group.com

ANNEXE 6 Réussir à déléguer

Le premier souci de Céline Gris est de réussir à déléguer. « *Cela ne m'intéresse pas d'être le chef, nous sommes tous dans le même bateau. L'idée est de passer d'un management exécutif à un management participatif. Car, pour que cette belle PME devienne une ETI, il faut que nous soyons dans l'anticipation* », argumente-t-elle.

En ce moment, elle a aussi besoin de consacrer du temps aux plans d'un nouveau bâtiment, car les équipes du Groupe Gris sont à l'étroit. « *C'est l'occasion rêvée de créer des espaces collaboratifs, de revoir les flux de production et de réfléchir à l'automatisation* » [...] « *Les clients ont changé, les produits aussi, donc nos méthodes doivent changer également* », estime la directrice générale.

A. Huijgen, lefigaro.fr, 31 mai 2017.

ANNEXE 7 Les équipementiers auto accélèrent leur R&D

Les priorités de trois équipementiers français

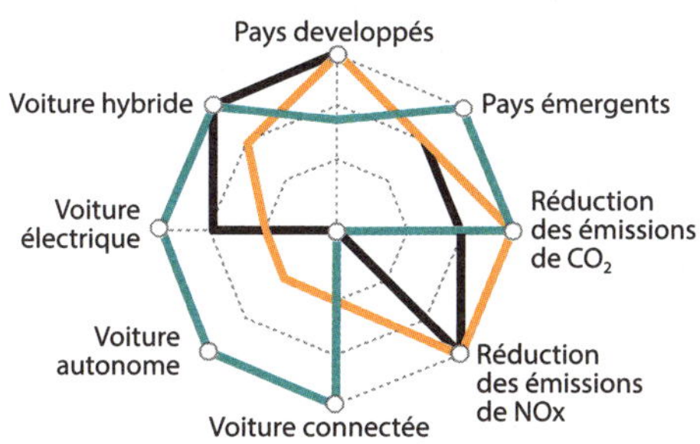

Le diesel en chute libre sur le marché européen
En millions de véhicules vendus par an, par type de motorisation

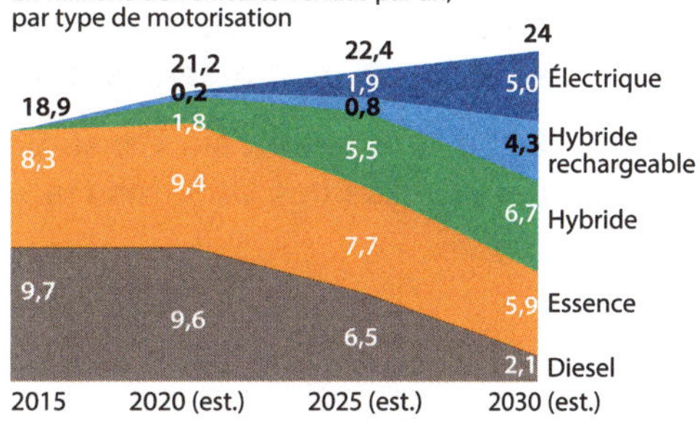

« Les Échos » / Sources : Alispartners, Brian Garnier & Co.

En bons industriels, ils fourbissent leurs armes depuis longtemps. En faisant plus ou moins de bruit, les grands équipementiers français se sont positionnés pour profiter de la bascule automobile qui se profile. Valeo mise sur la propulsion électrique et la voiture autonome, Faurecia table sur le « cockpit » du futur et les moteurs hydrogène, Plastic Omnium croit beaucoup aux complexes réservoirs hybrides, GPL ou hydrogène, et au plastique « à mémoire de forme » capable de stocker de l'énergie ou d'accueillir les capteurs des voitures robots.
Alors que les constructeurs observent avec une certaine angoisse le déclin des voitures à moteur thermique et les prémices des engins sans conducteur (qui remettent en cause leur modèle classique), les pourvoyeurs de pièces regardent ces bouleversements avec appétit. « Les équipementiers peuvent s'adapter plus facilement que les constructeurs, juge Xavier Caroen, chez Bryan Garnier. Ils ont réduit leurs coûts et assaini leurs bilans. Ils ont les moyens d'investir dans l'innovation pour créer de la valeur. Ce n'était pas le cas avant », rappelle-t-il. En moyenne, les équipementiers dégagent deux points de marge de plus que les constructeurs et dépensent un point de plus en R&D, selon les données de l'analyste.

Julien Dupont-Calbo, lesechos.fr, 24 juillet 2017.

LE CAS

PARTIE 3 : Repérer les domaines d'activité stratégique (DAS) et les critères de la segmentation stratégique

CAS GROUPE GRIS

Le Groupe Gris s'est implanté sur le marché allemand en 2012, par l'acquisition d'une entreprise de fabrication de pièces techniques découpées, située dans la Ruhr, et qui réalise environ 10 millions d'euros de chiffre d'affaires avec 50 salariés. Une opération qui renforce ses activités à l'international, plus de la moitié des ventes se font à l'export. Cette décision sera-t-elle cependant suffisante pour répondre aux enjeux stratégiques de l'évolution du marché ?

TRAVAIL DEMANDÉ

DAS
voir lexique, page 154

Segmentation stratégique
voir lexique, page 154

1. **Analysez les choix stratégiques du Groupe Gris et d'Oxymetal.** (Annexes 8 et 9)
2. **Identifiez les critères permettant de définir les DAS de ces deux entreprises.** (Annexes 8 et 9) (Ressource 5)
3. **À partir de recherches personnelles, identifiez les différences entre une segmentation stratégique et une segmentation marketing.**
4. **En vous appuyant sur l'ensemble des annexes et ressources, précisez l'importance de l'analyse des DAS dans la réflexion stratégique.**

ANNEXE 8 Le Groupe Gris, fournisseur de référence dans le secteur automobile

Sur le secteur de l'automobile, qui représente le premier marché de la société, le Groupe Gris enregistre une progression de 20 % pour le premier trimestre 2017. Elle a notamment obtenu de nouveaux contrats auprès de grands équipementiers. Fournisseur notamment de Renault, Nissan et PSA, le groupe familial lorrain a repris en 2012 une entité allemande référencée par Volkswagen, Audi, Daimler et BMW. Rebaptisée « Gris Umformtechnik GmbH », l'entreprise de la Ruhr réalise 8,3 millions d'euros de chiffre d'affaires, portant celui du groupe à 37,4 millions d'euros en 2016. La synergie entre les deux entités a permis au Groupe Gris de fournir la division Trucks de Daimler ainsi que sa division automobile. Des partenariats ont également été noués avec les fabricants de boîtes de vitesses Magna et ZF.

P. Braun, lesechos.fr, 6 août 2017.

ANNEXE 9 Le groupe Oxymetal

Dès sa création en 1984, le groupe Oxymetal s'est spécialisé dans les prestations d'oxycoupage[1]. Au début des années 1990, le groupe oriente son développement vers la découpe laser avec la création d'un atelier à Bordeaux (aujourd'hui Oxymetal Sud-Ouest), et le rachat de la société Laser Techniques à Limoges (devenue Oxymetal centre). Soucieux d'apporter à ses clients une offre complète de produits parachevés, le groupe Oxymetal se diversifie, au début des années 2000, et élargit sa gamme de services aux opérations de soudure, d'usinage et de montage mécanique.

En 2007, avec le rachat de la société OSC, Oxymetal intègre la fabrication des jeux de gueuses OSC®, produits propres conçus pour les tests réglementaires des engins et appareils de levage et faisant l'objet de plusieurs brevets.

Aujourd'hui, la volonté du groupe est de maintenir un haut niveau de qualité pour l'ensemble de ses activités et d'apporter la meilleure réponse aux exigences toujours plus élevées de ses clients. Ainsi, l'investissement dans de nouvelles machines toujours plus performantes et dans la formation continue de ses salariés est un choix stratégique et prioritaire. Le savoir-faire du groupe se décline dans de nombreux secteurs d'activité allant de la mécanique à la bijouterie, en passant par le BTP, l'architecture métallique, l'agroalimentaire, l'énergie, l'aéronautique, le ferroviaire et l'automobile. Des domaines de compétences très variés et complémentaires. Les sites sont localisés sur l'ensemble du territoire français avec une logique de synergie et de complémentarité intersites. Toutes les matières et nuances peuvent être travaillées : acier, aluminium, cuivre, inox, pour n'en citer que quelques-unes, avec des épaisseurs allant de 0,02 mm à 400 mm, en découpe laser CO^2, laser fibre, laser YAG ou en oxycoupage.

vidéo sur le web 2' 57"

Présentation du groupe Oxymetal
lienmini.fr/M490-oxymetal

1. Oxycoupage : procédé de découpe des métaux par oxydation.

oxymetal.com

vidéo sur le web 2' 57" Xerfi Canal

Comprendre les domaines d'activité stratégique
lienmini.fr/M490-DAS

LES NOTIONS

Henry Mintzberg (1939-...) : professeur à l'université McGill de Montréal. Il a marqué la recherche en management, en gestion, en organisation et en stratégie. Les contributions de Mintzberg en stratégie sont marquantes. Il a montré que les stratégies décidées par les directions générales sont loin d'être les seules et les plus importantes : les stratégies émergent aussi du fonctionnement de l'entreprise.

RESSOURCE 1 Les stratégies

Avec un collègue, James Waters, Henry Mintzberg étudie pendant une douzaine d'années la pratique de la planification stratégique dans des entreprises opérant dans différents secteurs. [...] Les stratèges semblent tous ignorer que la logique rationnelle ne suffit pas à expliquer la façon dont les managers se projettent dans l'avenir. Il y entre une part d'intuition, que Mintzberg explique par l'action de l'hémisphère droit du cerveau, lieu de l'impression globale, de la créativité et de la synthèse, alors que l'hémisphère gauche est celui du raisonnement articulé, de la logique et de l'analyse.

[...] On sait, grâce aux travaux d'Herbert Simon, que les dirigeants n'ont ni la capacité ni le temps de procéder à toutes les analyses possibles et de faire un choix optimal ; ils s'arrêtent en fait à la première solution qu'ils estiment à peu près satisfaisante.

Un autre apport capital de Mintzberg est le concept de « **stratégie émergente** ». Les experts et l'état-major formulent une « **stratégie intentionnelle** » mais ne pensent jamais à intégrer les orientations qui apparaissent au fil des opérations effectuées par des dirigeants opérationnels. Ces derniers réagissent en fait à des contraintes ponctuelles ou profitent d'une opportunité et, dans les faits, certaines de leurs actions, que personne n'a analysées ni programmées *ex ante*, vont s'articuler, prendre du sens et peser sur la marche de toute l'entreprise, constituant une stratégie émergente parallèle.

M. Mousli, *Les grandes figures du Management*, Les petits matins / Alternatives Économiques, 2010.

RESSOURCE 2 La démarche stratégique selon le modèle LCAG

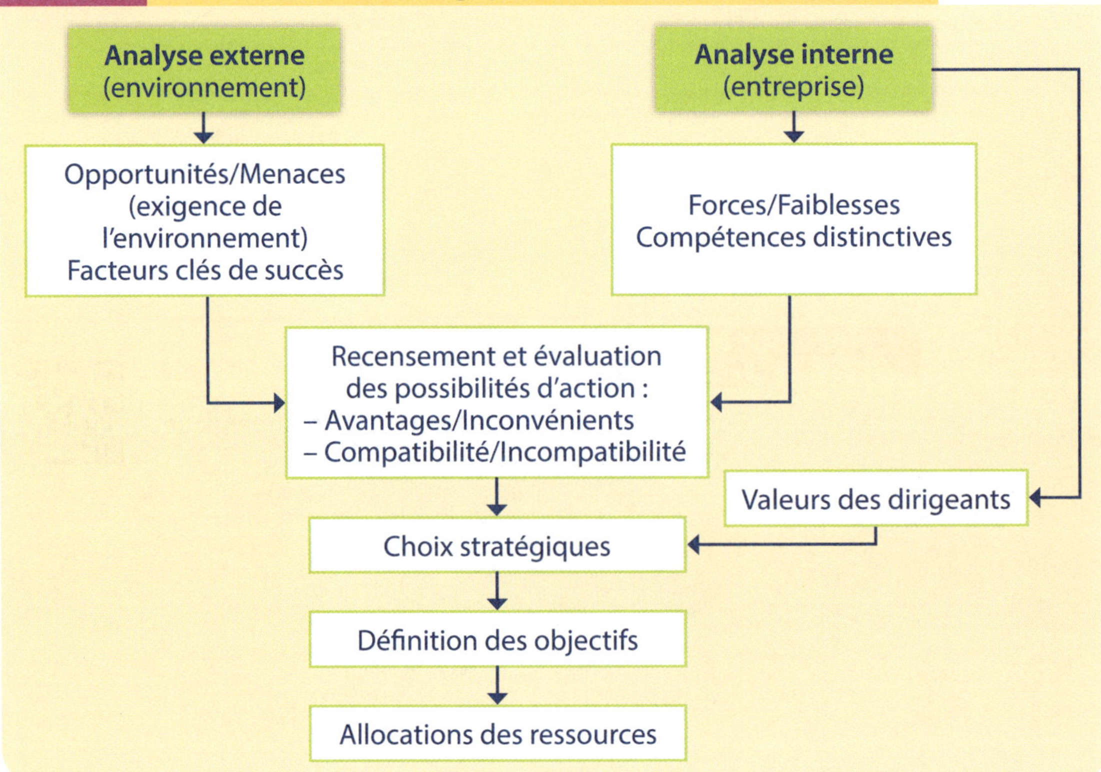

RESSOURCE 3 L'analyse FFOM (ou SWOT) et des exemples

	Forces	Faiblesses
Analyse interne	- une forte notoriété de l'entreprise - un taux de rentabilité élevé - une forte capacité d'autofinancement	- un manque de formation des salariés - un taux d'endettement élevé - un manque d'innovation
	Opportunités	**Menaces**
Analyse externe	- une réglementation fiscale plus favorable - l'émergence de nouveaux besoins - le rachat potentiel d'un concurrent	- une hausse du coût des matières premières - une volatilité des taux de change - l'arrivée de nouveaux concurrents

RESSOURCE 4 L'analyse FFOM (ou SWOT), atouts et limites

Les atouts de l'analyse SWOT sont multiples :

- elle permet d'attirer l'attention sur **l'analyse de l'environnement** et la nécessité de remettre l'organisation étudiée dans son contexte pour envisager des stratégies pertinentes ;
- elle évite ou limite les biais positifs en focalisant également l'analyse sur les dysfonctionnements de l'organisation étudiée et **sur les menaces de l'environnement** ;
- elle montre la complexité des relations entre l'environnement et les caractéristiques internes.

Ces différents éléments font du SWOT un outil utilisable en de nombreuses circonstances. Toutefois le modèle souffre de plusieurs limites qui rendent son utilisation délicate. L'opposition entre analyse interne et analyse externe peut parfois paraître artificielle. Par exemple, les alliances entre partenaires ou la sous-traitance montrent que l'interne et l'externe sont rarement analysables de manière indépendante. D'autre part, la distinction bon/mauvais est souvent relative. Ce qui est menace ou opportunité dépend des caractéristiques de l'entreprise qui mène l'analyse. À l'inverse, ce qui est une force ou une faiblesse dépend de l'environnement dans lequel l'entreprise évolue. Une autre limite du modèle SWOT relève du caractère équivoque des situations analysées. Par exemple, la disparition de plusieurs concurrents apparaît de prime abord comme une opportunité pour une entreprise de capter de nouveaux clients ou de bénéficier d'avantages nouveaux auprès des fournisseurs. Cependant la disparition de plusieurs concurrents peut également être symptomatique du déclin de l'industrie et provoquer une fuite des investisseurs. Une entreprise peut justement acquérir un avantage concurrentiel durable parce qu'elle a su voir une opportunité là où ses concurrents ne voient qu'une menace ou parce qu'elle a su exploiter ses faiblesses au lieu d'exploiter ses forces.

A. Desreumaux, X. Lecocq, V. Warnier, *Stratégie*, Pearson Education, 2009.

RESSOURCE 5 La segmentation stratégique et les DAS (domaines d'activité stratégique)

Un **domaine d'activité stratégique**, ou **DAS**, se définit comme un sous-ensemble d'une organisation auquel il est possible d'allouer ou de retirer des ressources de manière autonome.

Le DAS se définit par un **couple produits/marché** caractérisé par un certain nombre de caractéristiques communes (fournisseurs, concurrents, consommateurs, technologies...). C'est à l'entreprise de définir les critères de segmentation pertinents. « *Cela nécessite une étude de la filière et un diagnostic interne* », précisent Éric Simon et Olivier Joffre, professeurs de stratégie. « *Les facteurs clés de succès découlent des domaines d'activité stratégique sur lesquels l'entreprise est présente* », ajoutent-ils. « *C'est la pierre angulaire du diagnostic stratégique.* » Attention à ne pas confondre : les facteurs clés de succès sont des critères qui s'imposent à l'entreprise du fait des exigences du marché. L'entreprise se doit de les détenir pour pouvoir entrer et rester sur le marché. Les compétences distinctives, ou avantages concurrentiels, permettent en revanche de se démarquer de la concurrence.

A. Fardeau, journaldunet.com, 8 janvier 2008.

ENTRAÎNEMENT AU BTS

Juvamine

Avant de commencer QCM

La démarche stratégique

Testez vos connaissances sur le chapitre 8 à l'aide d'un QCM interactif. Connectez-vous sur lienmini.fr/M490-qcm8

Après avoir pris connaissance du cas Juvamine et des ressources, vous répondrez aux questions suivantes :

PREMIÈRE PARTIE ANALYSE DU CONTEXTE ET DE LA SITUATION DE L'ENTREPRISE

1 **Après avoir présenté le groupe auquel appartient Juvamine, identifiez les DAS de Juvamine.**

2 **Réalisez le diagnostic stratégique de l'entreprise.**

DEUXIÈME PARTIE IDENTIFICATION DU PROBLÈME DE MANAGEMENT ET PROPOSITION DE SOLUTIONS ARGUMENTÉES

3 **Repérez le problème de management de Juvamine.**

4 **Indiquez si la décision prise par les dirigeants de Juvamine permet de répondre aux évolutions du marché.**

5 **Après avoir identifié les décisions stratégiques du groupe Vivasanté, analysez les enjeux pour le groupe.**

PRÉSENTATION DU CAS Juvamine

Les Laboratoires Juvamine proposent plusieurs gammes destinées à répondre aux besoins suivants : tonus, beauté, bien-être, minceur (une gamme complète de vitamines, multivitamines et minéraux). […] Tout commence dans les années 1970. Hervé Le Lous, alors étudiant aux États-Unis, constate l'émergence des compléments alimentaires sur ce marché. Il rachète en 1987 la Société Européenne de Diffusion (SED). En France, les vitamines et minéraux sont déremboursés à partir de 1991 mais toujours vendus principalement en pharmacie. Hervé Le Lous profite alors de ce contexte pour lancer Juvamine, une marque de compléments alimentaires, qu'il met en vente exclusivement en grandes et moyennes surfaces (GMS). […] Juvamine a alors l'ambition d'être la référence sur le marché des compléments alimentaires et des vitamines. La communication devient le cœur de la stratégie pour lancer la marque […] (le slogan mythique : « *si Juvabien, c'est Juvamine !* », répété 3 fois de suite). La SED devient les Laboratoires Juva Santé en 2001, et regroupe un portefeuille de marques fortes comme Mercurochrome (premiers soins), Marie Rose (antiparasitaires) et Belle à Croquer (cosmétique gourmande). Aujourd'hui, Juvamine affiche 91 % de notoriété. Les Laboratoires Juva Santé sont n° 1 de la parapharmacie en GMS.

juvamine.com

RESSOURCE 1 Juvamine fidélise grâce à Facebook

Dans les années 1990, « *Si Juvabien, c'est Juvamine* » cartonnait auprès des consommateurs. Vingt ans plus tard, la notoriété d'une marque ne suffit plus à déclencher l'acte d'achat. Pour booster les ventes de leurs compléments alimentaires, les laboratoires Juva Santé ont travaillé sur des supports hors média, comme le web et les réseaux sociaux. « *L'offre s'est étoffée, et nous avons plusieurs concurrents directs en grandes et moyennes surfaces ou indirects en pharmacie,* explique Elvire Boutet, la directrice de la communication de Juva Santé. *Nous voulions nous rapprocher de nos consommateurs pour créer un attachement à notre marque, et leur apporter du service et du contenu.* » Depuis trois ans, une stratégie digitale a donc été amorcée pour la marque. Au programme : un site Internet dédié, une newsletter mensuelle aux 100 000 abonnés, une box envoyée à des blogueuses, une page Facebook aux 20 000 fans.

RESSOURCE 1 Juvamine fidélise grâce à Facebook *(suite)*

Pour animer sa communauté sur Facebook, Juva Santé a fait appel à Experian Marketing Services, un spécialiste du marketing cross-canal et du data management. Ils ont mis au point des quiz destinés à faire découvrir les autres gammes du laboratoire et à récompenser les internautes avec des produits et des smartbox. Résultat, plus de 7 000 nouveaux fans sur la page Facebook de Juvamine et du trafic supplémentaire pour le site Internet. «*Dans cet écosystème hors média, chacun des leviers actionne l'autre*», se félicite Elvire Boutet. Prochain objectif, s'attaquer à la marque Mercurochrome, en ciblant la famille et la proximité.

G. Fleitour, usine-digitale.fr, 19 octobre 2013.

RESSOURCE 2 Embellie sur le marché des compléments alimentaires

Après des années de repli, le marché des compléments alimentaires se redresse. La montée des préoccupations en matière de santé, le vieillissement de la population ou encore l'image favorable des produits naturels contribuent en effet au rebond des ventes depuis 2011. Ces puissants moteurs structurels permettent de contrebalancer l'impact de la dégradation de la conjoncture et les difficultés du segment de la minceur. Toutefois, cette embellie ne doit pas masquer l'arrivée à maturité du marché, qui peine à retrouver les taux de croissance records de la première moitié des années 2000. Et pour ne rien arranger, les fabricants doivent s'adapter au durcissement de la réglementation en matière d'allégations.

Trois grandes catégories d'opérateurs sont notamment étudiées: les acteurs présents en pharmacies (Forté Pharma, EA Pharma, Innéov, Merck Médication Familiale, *etc.*), les fabricants leaders en grandes surfaces (Juva Santé, Vitarmonyl, Léa Nature) et les spécialistes de la vente à distance (Herbalife, Laboratoires Fenioux).

Les fabricants doivent par ailleurs composer avec l'évolution de l'activité de leurs principaux circuits de distribution. Trois grandes conclusions en ressortent:

- les pharmacies continueront à renforcer leurs positions, en s'appuyant entre autres sur leur rôle de conseil, important levier de fidélisation de la clientèle;
- l'e-commerce, très dynamique ces dernières années, gagnera également des parts de marché;
- à l'opposé, les parapharmacies, les magasins spécialisés (bio/diététique) et les grandes surfaces céderont de nouveau du terrain, en raison notamment d'une offre plus restreinte et moins attractive.

xerfi.fr

RESSOURCE 3 Vivasanté à l'assaut des pays émergents

Vivasanté[1] [propriétaire de Juvamine et d'Urgo] passe à la vitesse supérieure dans les pays émergents où il voit de futurs relais de croissance. «*Nous venons d'ouvrir des filiales en Turquie, aux Philippines et au Chili et concluons des partenariats en Indonésie et en Corée du Sud*», explique P. Moustial, le directeur général. [...] Le groupe familial (2 400 salariés, dont 1 000 hors de France) pose aussi des jalons au Mexique, en Colombie et possède dorénavant sa propre société de distribution en Chine. «*Pour aborder ces marchés, nous nous basons sur quatre critères: l'existence d'une classe moyenne, la croissance du PIB, les difficultés d'accès réglementaire et le niveau des droits de douane*», explique le dirigeant. [...] Pour convaincre les acheteurs du monde entier (hôpitaux, pharmacies et centrales d'achats des grandes surfaces), Vivasanté mise sur ses produits grand public à forte notoriété et l'innovation. Le budget R&D est en hausse de plus de 10% et frise les 19 millions d'euros. [...] En l'absence d'endettement, le groupe familial fondé et présidé par H. Le Lous compte poursuivre son développement par une politique de croissance externe au rythme de deux acquisitions en moyenne par an.

1. Vivasanté est devenu le groupe Urgo en mai 2015.

Didier Hugues, *Les Échos* 5 juin 2014.

RESSOURCE 4 Après Urgo et Juvamine, Vivasanté mise sur les drones

Mini-drones, mais gros marché. En prenant le contrôle de Fly-n-Sense, Vivasanté achète un pionnier du secteur. [...] La jeune entreprise girondine est encore modeste. Mais le marché promet d'exploser estime Guirec Le Lous. Le secteur des drones constitue une diversification «*à l'étude depuis deux ans*». [...] «*Nous cherchions en dehors de la santé un marché naissant, à fort potentiel, avec de fortes barrières à l'entrée, dont la R&D*», explique Guirec Le Lous. [...] Vivasanté affiche de grandes ambitions pour sa «pépite», qu'il veut voir réaliser 3 millions d'euros de chiffre d'affaires dès 2015, et qu'il estime capable d'atteindre les 200 millions dans une décennie. Sans doute grâce à des acquisitions. [...] Il faudra pourtant compter avec une concurrence aux mêmes ambitions (Thales, Parrot).

Frank Niedercorn, *Les Échos*, 8 avril 2014.

La démarche stratégique

La réflexion stratégique

La stratégie correspond à des décisions qui permettent à l'entreprise d'atteindre des objectifs sur le long terme. Elle est définie par les dirigeants et aura un impact durable et profond sur toute l'organisation.
Henry Mintzberg distingue alors deux types de stratégies :

- **La stratégie délibérée**
- **La stratégie émergente**

La démarche stratégique et ses outils

Pour élaborer une stratégie, une entreprise peut mettre en œuvre plusieurs outils.

Le modèle LCAG

Analyse Externe (Environnement)
Forces de la concurrence, attentes et profils des consommateurs, distributeurs, caractéristiques des fournisseurs, facteurs clés de succès, etc.
→ Opportunités/Menaces

Analyse Interne (Entreprise)
Ressources/Compétences
→ Forces/Faiblesses

→ **Recensement et évaluation des actions possibles**

→ **Choix stratégiques**
Définition des activités, des objectifs, choix des moyens et affectation des ressources

← Valeurs et objectifs des dirigeants

La matrice FFOM (ou SWOT)

Analyse Interne	Forces	Faiblesses
Analyse Externe	Opportunités	Menaces

La segmentation stratégique

La segmentation stratégique permet d'identifier les différents DAS de l'entreprise. Pour chacun de ces DAS, l'entreprise définit alors une stratégie spécifique.

Les critères de segmentation stratégique

- Les clients
- Les fournisseurs
- Les concurrents
- Les technologies

CHAPITRE 9

Le diagnostic stratégique externe

LES PROBLÉMATIQUES

- Quelles sont les menaces et les opportunités liées à l'environnement tant global que sectoriel ?
- En quoi ces menaces et opportunités orientent-elles les différents choix stratégiques ?
- Qu'est-ce qu'un facteur clef de succès et à quelles conditions devient-il source d'avantage concurrentiel ?

Ces questions sont abordées dans le cadre de l'étude de l'entreprise Michelin, numéro deux mondial du marché.

LES COMPÉTENCES

- Étudier l'environnement global et les forces concurrentielles de l'entreprise.
- Mettre en œuvre les outils de diagnostic stratégique.
- Réaliser un diagnostic ou une partie du diagnostic.

LES NOTIONS

- Diagnostic externe
- Méthode PESTEL
- Modèle des 5 forces concurrentielles de Porter
- Groupe stratégique
- Facteur clé de succès
- Avantage concurrentiel
- Micro-environnement / Macro-environnement

LES AUTEURS

- Michael Porter

CAS MICHELIN

Michelin innove depuis 1889 pour faciliter la mobilité des personnes et des biens. Acteur de référence sur tous les marchés du pneu et des services liés aux déplacements, le groupe spécialisé dans le pneumatique conduit une stratégie de croissance mondiale, durable et rentable. Michelin a développé très tôt une couverture géographique aujourd'hui exceptionnelle. Basé à Clermont-Ferrand, Michelin est présent dans 170 pays, emploie 111 700 personnes et exploite 68 usines dans 17 pays. En 2016, Michelin a dégagé un résultat opérationnel historique de 2,7 milliards d'euros, soit une légère progression par rapport à 2015. Au troisième trimestre 2017, Michelin confirme ses objectifs de croissance avec un résultat opérationnel supérieur à celui de 2016. Michelin accélère son développement pour tirer profit de la forte croissance des nouveaux marchés et de la généralisation attendue des pneus plus respectueux de l'environnement dont il est le leader mondial.

Après avoir pris connaissance du cas Michelin, des annexes et des ressources proposées, vous réaliserez le travail demandé, pour chaque partie.

vidéo sur le web 3' 15"

Présentation du groupe Michelin
lienmini.fr/M490-michelin

LE CAS

PARTIE 1 : Étudier l'environnement global de l'entreprise et réaliser un diagnostic

CAS MICHELIN

Le marché mondial du pneumatique s'est élevé à 160 milliards de dollars en 2015 à raison de 60 % pour les véhicules légers et 30 % pour les poids lourds. Il représentait près de 1,5 milliard de pneus pour les voitures et les camionnettes et un peu plus de 215 millions de pneus pour les camions et les autobus.

Trois pneus sur quatre sont vendus sur le marché du remplacement et un sur quatre sur le marché de première monte (véhicules neufs). Sur l'horizon 2015-2050, Michelin anticipe une croissance annuelle moyenne de 2,5 % de la demande de pneus tourisme et camionnette, et de 1,5 % pour le marché des pneus poids lourds neufs. À long terme, le groupe s'attend à une progression de la demande de pneumatiques de 1 à 2 % par an sur les nouveaux marchés.

Dans les pays de l'Union européenne, des seuils de performances pour les pneumatiques assortis d'un étiquetage normalisé ont été rendus obligatoires à partir de novembre 2014 et la réglementation a été renforcée en novembre 2016. Une réglementation similaire avait été mise en place en Corée du Sud au 1er décembre 2012. Des étiquetages réglementés de pneumatiques sont également à l'étude aux États-Unis, en Chine et au Brésil. Ces évolutions bénéficient aux pneus à basse résistance au roulement dont Michelin est l'acteur de référence. Ils devraient progresser de 200 millions d'unités sur le marché de la première monte entre 2010 et 2020 pour atteindre 500 millions d'unités.

Dans un monde toujours plus ouvert, le transport de biens ne cesse de croître, les personnes souhaitent se déplacer davantage, de façon plus sûre. Le nombre de véhicules, suite notamment au développement des pays émergents, pourrait ainsi doubler pour dépasser 1,5 milliard à l'horizon 2030. Mais avec la raréfaction des énergies fossiles, le changement climatique, la dégradation de l'environnement et l'urbanisation, l'industrie automobile s'est engagée dans une formidable évolution. L'enjeu : une mobilité routière plus sobre, plus propre, plus sûre et capable de tirer pleinement parti des technologies de l'information et de la communication (TIC) qui peuvent précisément transmettre des informations techniques pour anticiper les opérations de maintenance, encourager une conduite plus sûre et plus économe.

Michelin est la première entreprise mondiale de pneumatiques haut de gamme dont la demande progresse plus vite que la moyenne du marché. La croissance de la mobilité s'accompagne en effet d'exigences accrues de sécurité, de robustesse, de longévité, de respect de l'environnement, d'économie d'énergie.

Document de référence 2016 et *Guide des résultats 2016*, michelin.com

TRAVAIL DEMANDÉ

Diagnostic externe
→ voir lexique, page 155

Macro-environnement
→ voir lexique, page 155

Méthode PESTEL
→ voir lexique, page 155

1 **À partir de vos connaissances et du cas, caractérisez l'environnement du marché du pneumatique et identifiez les opportunités et les menaces selon la méthode PESTEL.** Ressource 1

2 **Identifiez la stratégie actuelle de Michelin.** Annexe 1 Ressources 1, chapitre 11

3 **Expliquez les liens existant entre les caractéristiques de l'environnement étudié et la stratégie mise en place par Michelin.** Annexe 1 Ressource 1

4 **Expliquez dans quelle mesure l'étude du macro-environnement contribue à orienter la réflexion stratégique dans une entreprise.** Annexe 1 Ressources 1 et 2

ANNEXE 1 Michelin, du caoutchouc au digital

Numéro 2 mondial, le groupe clermontois poursuit sa mue vers les services, le digital et l'entrée de gamme. Une transformation indispensable pour contrer la concurrence.

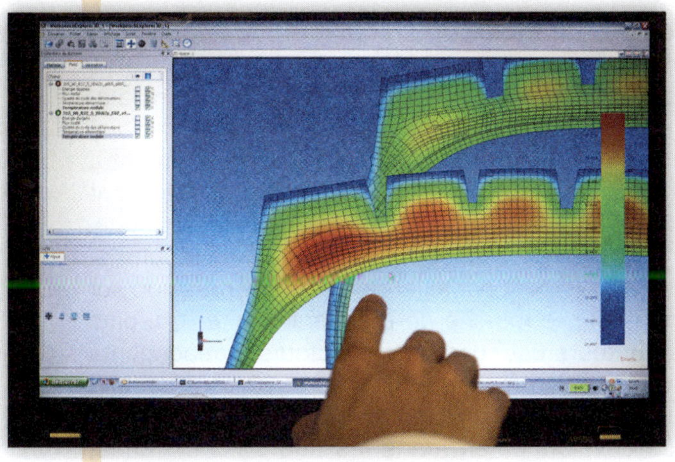

Depuis un an, Michelin défriche de nouveaux territoires sous l'impulsion de Jean-Dominique Senard, premier président sans lien de parenté avec les fondateurs : rachat d'un site Internet (entretien de véhicules) et d'un éditeur de logiciels (gestion de flottes de poids lourds), participation dans la start-up Symbio Fcell (pile à hydrogène). […]

Passer la vitesse supérieure dans les services

Comme les industriels de l'acier ou du béton, Michelin doit aller plus loin que la production et la vente de son produit phare. Il lui faut se tourner vers les usages, jusqu'à gérer la maintenance pour tiers. « *Le client n'achète plus un pneu, mais une performance au kilomètre parcouru* », explique Serge Lafon, responsable de la division poids lourd. Déjà déployée en Europe sur 320 000 véhicules, cette gestion est en passe d'être étendue à l'Amérique du Sud et à la Chine. […]

Mettre la gomme dans l'innovation produit

Innovant dans les services, Michelin n'en oublie pas pour autant le pneu qui doit toujours être plus sûr, plus durable, moins consommateur de matière et d'énergie, et d'un prix plus abordable. Un effort indispensable pour répondre à une réglementation et une concurrence qui se renforcent. Autorégénérant, autocicatrisant, sans chambre à air : les derniers lancements vont dans ce sens. […] Ces trois dernières années, Bibendum a dépensé 1,9 milliard d'euros en R&D et déposé en moyenne 250 brevets par an. Pas question de relâcher l'effort. Fin septembre 2016, Michelin a inauguré son nouveau campus de recherche et de développement au Nord de Clermont-Ferrand ; un des plus grands centres au monde dédié à l'innovation et regroupant 3300 personnes. Coût : 280 millions d'euros.

[…] Doubler la concurrence sur le marché *low cost*

Sur un marché chinois très fragmenté (300 producteurs locaux), Michelin est présent en entrée de gamme sous la marque Warrior, depuis son accord avec Double Coin. Il ne compte pas en rester là. « *Nous rentrerons sur le pneu intermédiaire dans ce pays* », précise Philippe Verneuil, le patron de la filiale chinoise. Mais aussi dans l'ensemble de l'Asie à la faveur de la concentration à venir. Un moyen de conquérir d'abord les néoconducteurs désargentés, avant de les amener vers des produits plus sophistiqués. Et une nécessité pour nourrir un réseau de distribution de plus en plus dense.

[…] Accélérer l'implantation dans les BRICS[1] et aux États-Unis

Aujourd'hui, la création de postes s'opère dans les BRICS et aux États-Unis où Michelin met les bouchées doubles depuis 2011. Peu d'entreprises ont l'agilité financière nécessaire : en quatre ans, 6 milliards ont été dépensés pour faire sortir de terre quatre mégasites au Brésil, en Chine, en Inde et aux États-Unis ! D'autres devraient suivre pour capter la croissance en Chine et demain en Afrique.

1. BRICS : Brésil, Russie, Inde, Chine et Afrique du Sud.

D'après Florence Bauchard, *Les Échos*, 1er février 2015

vidéos sur le web

3' 50" France 3 Auvergne
Visite inédite au cœur du centre de recherche de Michelin
lienmini.fr/M490-recherche

4' 28" Les jeudis d'Émilie
La matrice PESTEL
lienmini.fr/M490-pestel

PARTIE 2 : Étudier les forces concurrentielles qui s'exercent sur l'entreprise et réaliser un diagnostic

CAS MICHELIN

L'industrie du pneumatique est très concentrée. En effet, les trois premiers manufacturiers mondiaux (Bridgestone, Michelin et Goodyear) représentaient, en 2015, environ 40 % des ventes en valeur. Le groupe Michelin fait face, en outre, à une intensification de la concurrence mondiale. Plus importante de la part des acteurs asiatiques, elle se caractérise par des changements rapides de technologie, des investissements accrus, une pression soutenue sur les prix (suite notamment à l'entrée sur les marchés asiatiques de nouveaux concurrents de type « *Mass market*[1] » qui cherchent à s'intéresser à tous les segments du marché) et des progrès de compétitivité industrielle. Une telle situation peut avoir un impact négatif sur l'activité du groupe, sa situation financière et ses résultats.

Les constructeurs automobiles, fort concentrés, exercent par ailleurs une réelle pression sur leurs fournisseurs de pneumatiques sur le marché de première monte. Qui plus est, la quasi-totalité des distributeurs est constituée d'acteurs indépendants au groupe. Les réseaux intégrés, Euromaster en Europe et TCI en Amérique du Nord, contribuent de façon limitée aux ventes de Michelin. Le réseau Tyreplus en cours de développement dans les nouveaux marchés, correspond à des points de vente indépendants, franchisés pour la plupart. Le groupe Michelin, enfin, achète des biens et des services pour plus de 14 milliards d'euros par an auprès de plus de 40 000 fournisseurs différents. Michelin est donc exposé aux variations du cours des matières premières nécessaires à son activité (notamment concernant le caoutchouc) et aux variations des cours d'énergie qu'il consomme. Deux risques existent pour Michelin : la concentration des marchés de matières premières et la forte demande de matières premières rares qui peuvent provoquer des tensions sur la chaîne d'approvisionnement d'une part, et une dépendance vis-à-vis de certains fournisseurs d'autre part.

1. Marché de masse.

michelin.com et lerevenu.com, document de référence 2016.

TRAVAIL DEMANDÉ

Modèle des 5 forces de Porter
→ voir lexique, page 155

Facteur clé de succès
→ voir lexique, page 155

Groupe stratégique
→ voir lexique, page 155

1 **Procédez à l'analyse de l'environnement sectoriel de l'entreprise Michelin à l'aide du modèle de Porter et en évaluant chaque force de 1 (très peu importante) à 5 (très importante).** Ressource 3

2 **Qu'en concluez-vous sur le degré d'intensité concurrentielle de l'industrie pneumatique ? Justifiez votre réponse.** Ressource 3

3 **Quels facteurs clés de succès en déduisez-vous ?** Annexe 3 | Ressources 2 et 3

4 **Définissez l'expression « groupe stratégique » et précisez l'utilité de recourir à une analyse des groupes stratégiques pour Michelin.** Annexes 2 et 3 | Ressource 4

5 **Identifiez le groupe stratégique auquel appartient Michelin et précisez ses caractéristiques.** Annexes 2 et 3

vidéo sur le web | 6' 36" | Les jeudis d'Émilie

Les 5 forces de Porter
lienmini.fr/M490-porter

ANNEXE 2 Les groupes stratégiques dans le secteur des pneumatiques

Dans le secteur des pneumatiques, on peut identifier deux grands groupes stratégiques, celui des leaders en part de marché et celui en présence mondiale. Ces entreprises sont des généralistes présents sur de nombreux segments (tourisme, deux-roues, camionnettes, poids lourds, matériel agricole, aviation, génie civil) ; elles possèdent un portefeuille de marques étendu, de fortes capacités d'innovation et sont souvent intégrées verticalement. À l'opposé, subsistent encore des fabricants spécialisés (Yohojoma Ruber, Cooper Tire, Hankook, *etc.*) de taille régionale, faiblement intégrés verticalement, peu diversifiés et avec une gamme étroite de produits. Les challengers comme Firestone, Uniroyal-Goodrich ou Dunlop qui appartenaient à un groupe intermédiaire ont été rachetés par les leaders.

L. Lehman-Ortega, F. Leroy, B. Garrette *et al.*, *Strategor*, 6e éd., Paris, Dunod, 2013.

ANNEXE 3 Carte des groupes stratégiques dans l'industrie mondiale du pneumatique

Dans l'industrie mondiale du pneumatique, on constate une hétérogénéité des performances notamment en termes de marge commerciale ainsi qu'une diversité des politiques de recherche et développement. Le rapprochement de ces deux variables dans le cadre d'une carte de groupes stratégiques (*cf.* figure ci-dessous) permet de faire l'hypothèse d'une corrélation entre l'intensité en R&D et le taux de marge commerciale (résultat net/CA). Certes de nombreuses dimensions non contrôlées dans cette analyse peuvent influencer les variables considérées et il apparaît nécessaire de confirmer cette hypothèse par d'autres investigations. Néanmoins, ces résultats semblent démontrer le rôle crucial de la R&D dans cette industrie traditionnellement de volume.

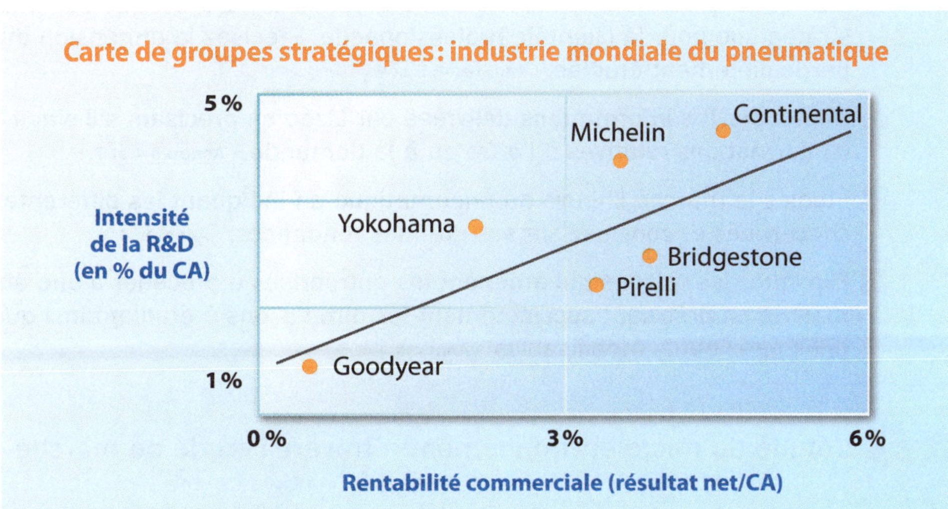

F. Brulhart, *Les 7 points clés du diagnostic stratégique*, Éditions d'Organisation, 2009.

PARTIE 3 : Étudier le marché de l'entreprise et réaliser un diagnostic

CAS MICHELIN

D'après une étude menée par TechSci Research[1], le marché du pneumatique en Chine devrait connaître une croissance de 11 % sur la période 2015-2020. Le cabinet explique cette hausse par plusieurs facteurs : l'essor des ventes de véhicules neufs, une augmentation de la production de pneus et des exportations, ainsi que le développement des infrastructures routières. Selon Karan Chechi, « *on s'attend à ce que le segment du pneu du véhicule de tourisme continue sa dominance sur le marché chinois au cours des prochaines années. On entrevoit également des améliorations de radialisation et une évolution des pneus verts assurant la croissance future du marché du pneu chinois* ».

Le coréen Hankook, septième manufacturier mondial avec plus de 21 000 salariés dans le monde, affiche clairement ses ambitions : d'ici à 2020, il veut augmenter de 30 % ses capacités industrielles, pour atteindre 135 millions de pneus produits à l'année et entrer dans le Top 5 mondial (Continental, Bridgestone, Michelin, Goodyear et Pirelli). Fin 2016, Hankook devient leader en termes de profitabilité [...]. Le groupe dispose d'usines modernes, localisées dans des pays à faibles coûts salariaux. Il est aussi en avance par rapport à ses concurrents sur l'immense marché chinois, qui s'ouvre tout juste au renouvellement des pneumatiques. Toutefois, « *Hankook vend moins cher que ses concurrents. Les acheteurs sont moins prêts à payer pour sa marque que pour Continental ou Michelin* », poursuit Gaëtan Toulemonde, analyste chez Deutsche Bank. [...] Charge donc à la marque coréenne de se doter d'une image plus haut de gamme.

1. Entreprise spécialisée dans les études de marché.

D'après *Les Échos* et pneumatique-le-site.fr, février 2015 et novembre 2016.

TRAVAIL DEMANDÉ

1 **Expliquez la nature de l'activité de l'entreprise Lizeo ainsi que son importance stratégique pour la clientèle professionnelle. Précisez la dimension du marché particulièrement étudiée.** Annexes 4, 5 et 6

2 **Regroupez les informations délivrées par Lizeo en précisant s'il s'agit d'informations relatives à l'offre ou à la demande.** Annexes 4 et 7

3 **Étudiez le marché chinois du pneumatique en indiquant les différentes dimensions concernées et concluez sur ses grandes tendances.** Annexes 4

4 **Expliquez les raisons qui amènent les entreprises à procéder à une étude de marché en précisant succinctement les dimensions à étudier ainsi que les principaux outils mobilisables.** Annexes 4 et 6

Micro-environnement
→ voir lexique, page 155

ANNEXE 4 L'étude du micro-environnement à travers l'étude de marché

L'étude de marché va permettre aux entreprises quelle que soit leur taille de procéder à une analyse fine de leur micro-environnement. Deux dimensions sont particulièrement étudiées :

- **L'offre** : les concurrents et les distributeurs (leurs forces et faiblesses respectives, leurs parts de marché, leurs prix, leur image, leurs produits et leur positionnement sur le marché). Analyse et diagnostic de l'offre spécifique de l'entreprise.

ANNEXE 4 L'étude du micro-environnement à travers l'étude de marché *(suite)*

- **La demande :** clients actuels et potentiels, non-consommateurs relatifs et absolus, évolution de la demande, segmentation, comportements et attentes des consommateurs, attitudes et opinions, processus d'achat, caractéristiques socioprofessionnelles, marques préférées, *etc.*

© Delagrave, 2018.

ANNEXE 5 Lizeo, la *start-up* française qui ausculte le marché du pneu

Lizeo est né en 2009 de l'idée de proposer un comparateur de prix en ligne, dédié aux pneumatiques. « *Les sites généralistes ne satisfaisaient pas les internautes. Mais créer un modèle économique viable avec cette unique fonction semblait difficile. Aussi avons-nous décidé de proposer également des prestations à forte valeur ajoutée aux professionnels à partir de ce que nous collections* », commente Xavier Gignoux, président de la *start-up* lyonnaise [...]. Trois ans plus tard, l'entreprise revendique déjà une cinquantaine de clients : les cinq grands manufacturiers mondiaux (Pirelli, Goodyear, Bridgestone, Michelin, Continental) et les distributeurs spécialisés comme Norauto, Euromaster, Point S, *etc.*
« *Traditionnellement, ils se déplaçaient pour procéder à des relevés sur place, mais ils n'avaient qu'une vue partielle de l'offre* », met en avant le dirigeant. Celle-ci foisonne : 300 marques recensées, uniquement sur le Vieux Continent, dont certaines sont émergentes, et quelque 40 000 références qui se renouvellent dans une proportion de 20 % par an.

Pour suivre ce marché, au jour le jour, la firme, qui compte à ce jour 46 collaborateurs, principalement des bac + 5, a mis en place une équipe de dix personnes se consacrant à la gestion documentaire [...]. Pour les majors, Lizeo a mis au point des outils encore plus fins. Le portail Rezulteo.com couvre aujourd'hui 17 pays d'Europe, la Turquie, la Russie et l'Ukraine.

D'après le portail Rezulteo.com

ANNEXE 6 Quels sont les objectifs d'une étude de marché ?

- Comprendre l'état d'un marché potentiel ou existant : nombre et caractéristiques de consommateurs d'un produit ou d'un service, fréquence d'achat et de consommation.
- Prendre des décisions stratégiques ou concernant les actions commerciales : confirmation des choix stratégiques *via* des tests ou sondages, contrôle de la pertinence d'un choix (ex. : lancement d'un nouveau produit ou service).
- Réagir à la concurrence.

marketingpourpme.org

ANNEXE 7 Inventaire des informations délivrées par Lizeo *via* le portail Rezulteo.com

- Informations sur toutes les étapes du processus d'achat des visiteurs du portail ;
- catégories socioprofessionnelles des internautes, marques et segments de pneumatiques le plus souvent consultés ;
- prix pratiqués par la concurrence et gammes associées ;
- nombre d'internautes ayant préparé leur achat pneus sur le site ;
- offres promotionnelles de la concurrence (coupons de réduction, promotion de la gamme en relation avec la saisonnalité) ;
- connaissance des critères de recherche des internautes ;
- fréquences d'utilisation des pneus hiver ; notoriété des marques.

Rezulteo.com

RESSOURCE 1 La méthode d'analyse PESTEL

La méthode PESTEL est **un outil d'analyse** (mais aussi un moyen mnémotechnique) qui permet d'identifier et répertorier les influences environnementales que connaît l'entreprise au niveau global (ou « *corporate* »). **Six dimensions** sont recensées dans **le macro-environnement** de l'entreprise : politique, économique, socioculturelle, technologique, écologique et légale.

Cette méthode permet de faire émerger des tendances (ex. : tendance à la mondialisation des économies, tendance au recours massif aux nouvelles technologies, *etc.*) et de déterminer celles qui constituent une menace ou une opportunité pour l'entreprise.

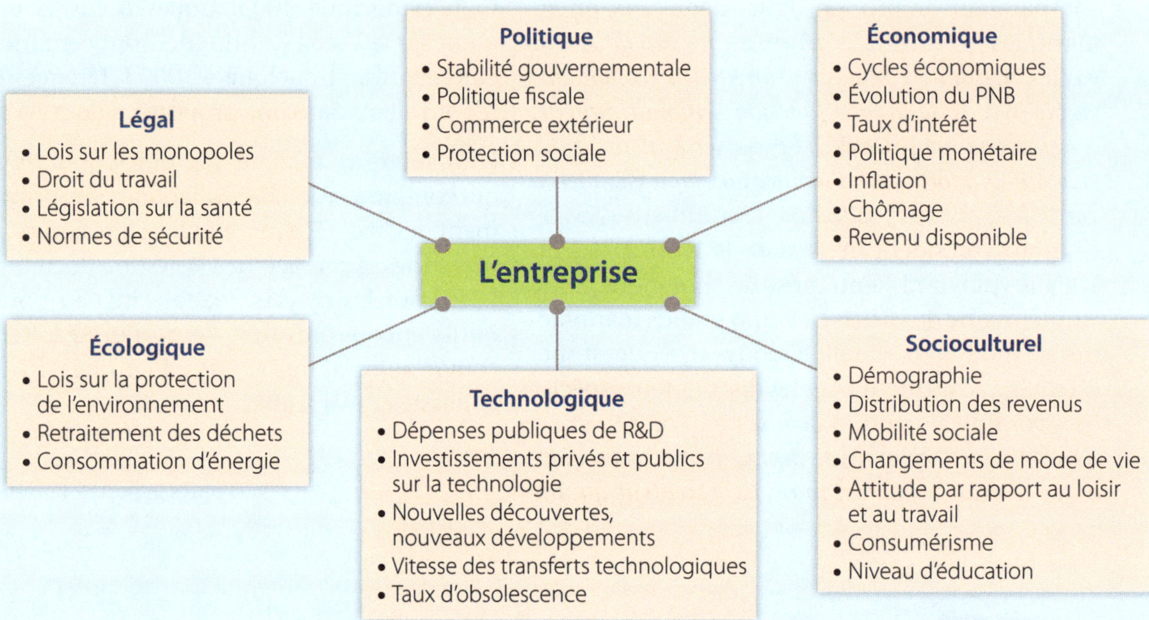

Quels sont les facteurs environnementaux qui ont une influence sur l'entreprise ?
Lesquels de ces facteurs sont les plus importants à l'heure actuelle ? Et dans les années qui viennent ?

Johnson, Whittington, Scholes et Fréry, *Stratégique*, 9e édition, Pearson Éducation France, 2011.

RESSOURCE 2 Les notions de facteur clé de succès et d'avantage concurrentiel

Avantage concurrentiel
→ voir lexique, page 155

Un facteur clé de succès est une **caractéristique du marché** qui, si elle n'est pas maîtrisée par les acteurs, ne leur permet pas d'être pérennes et de s'y développer. On citera souvent le prix, la qualité, l'innovation… Lorsqu'une entreprise détient de façon durable une compétence distinctive, une technique, une technologie, etc. lui permettant de mieux maîtriser un facteur clé de succès que ses concurrents, on dira d'elle qu'elle possède un avantage concurrentiel. Ainsi, la meilleure maîtrise d'un facteur clé de succès peut être source d'avantage concurrentiel.

© Delagrave, 2018.

RESSOURCE 3 L'étude du micro-environnement à travers les 5 forces concurrentielles de Porter

L'identification de **l'intensité concurrentielle** que subit une entreprise repose, d'après l'analyse de Michael Porter, sur l'étude ou le diagnostic de **5 dimensions**, encore appelées **forces concurrentielles**. Il est désormais courant d'intégrer au modèle de base, une 6e force concurrentielle représentant le rôle de l'État et des pouvoirs publics dans le jeu concurrentiel. Ce diagnostic au sein d'un secteur permet notamment d'identifier les facteurs clés de succès qui sont les éléments stratégiques qu'une entreprise doit maîtriser afin de rester pérenne sur le marché.

M. Porter, *Choix stratégiques et concurrence*, Economica, 1982.

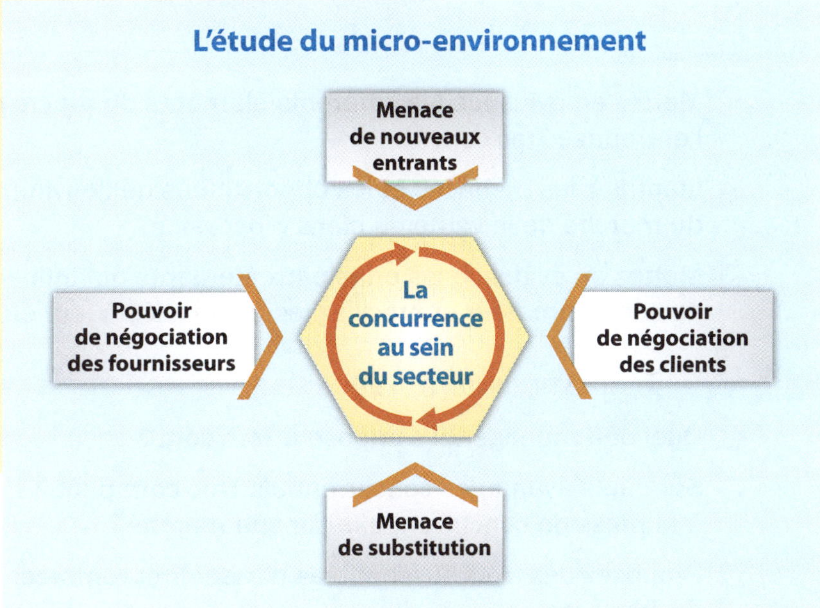

RESSOURCE 4 Les groupes stratégiques

M. Porter propose de procéder à une analyse plus fine du secteur industriel en repérant les firmes présentant des similitudes de comportements stratégiques ou ayant accès aux mêmes ressources. La notion de groupes stratégiques explique **les différences de performance** entre les entreprises d'un même secteur, mais elle permet également aux dirigeants d'orienter leurs décisions face à des concurrents (renforcement de sa position dans le groupe, migration vers un autre groupe…). Le groupe stratégique représente les firmes s'étant fixé des **stratégies identiques** (ou proches) par rapport à certains critères (taille, extension géographique, nombre de segments couverts, politique de marque, capacité en recherche et développement, politique d'innovation, structure de coût, *etc.*).

© Delagrave, 2018.

Michael Porter (1947-…) : professeur américain de stratégie à l'université d'Harvard. Ses travaux portent notamment sur l'avantage concurrentiel et sur la mise en évidence du concept de forces concurrentielles qui conditionnent la rentabilité au sein d'un secteur ou d'une industrie.

ENTRAÎNEMENT AU BTS

Troc.com

Avant de commencer QCM

Le diagnostic stratégique interne

Testez vos connaissances sur le chapitre 9 à l'aide d'un QCM interactif. Connectez-vous sur lienmini.fr/M490-qcm9

Après avoir pris connaissance du cas Troc.com et des ressources proposées, vous répondrez aux questions suivantes :

PREMIÈRE PARTIE — ANALYSE DU CONTEXTE ET DE LA SITUATION DE L'ENTREPRISE

1 **Mettez en évidence les différents éléments du macro-environnement qui affectent l'entreprise Troc.com**

2 **Identifiez les menaces et les opportunités de l'environnement global et sectoriel du marché de la vente de biens d'occasion.**

3 **Mettez en évidence les principaux éléments qui influencent le comportement du consommateur et précisez les enjeux liés à leur étude.**

DEUXIÈME PARTIE — IDENTIFICATION DU PROBLÈME DE MANAGEMENT ET PROPOSITION DE SOLUTIONS ARGUMENTÉES

4 **Quel défi managérial s'impose à Troc.com ?**

5 **Sur quels avantages concurrentiels Troc.com peut-il s'appuyer pour faire face à la pression concurrentielle sur son marché ?**

6 **Proposez des axes susceptibles d'asseoir et renforcer les avantages concurrentiels de Troc.com**

PRÉSENTATION DU CAS — Troc.com

La double préoccupation du pouvoir d'achat et du développement durable a généré depuis plusieurs années une forte croissance de l'achat d'occasion, qui se traduit par le développement de différentes formes de commerce : les dépôts-ventes, les sites d'enchères et d'échanges sur Internet, comme eBay ou PriceMinister, et les brocantes du dimanche. Selon l'Insee, le secteur des biens d'occasion hors automobile représenterait 2,3 milliards d'euros et 17 000 entreprises, sans compter les très nombreuses transactions de gré à gré entre particuliers et par petites annonces, ainsi que les 18 000 brocantes qui se tiennent chaque année.

De nombreuses enseignes se sont constituées pour répondre à cette évolution de l'environnement. Parmi elles, Troc.com rassemble un réseau de plus de 115 magasins (90 % en franchise) soit plus de 200 000 m^2 couverts en France, Belgique, Luxembourg, Allemagne, Suisse, Espagne. Parallèlement à ce maillage territorial qui constitue une force au regard de la concurrence, Troc.com propose un site Internet qui présente les produits à vendre ainsi qu'un espace « petites annonces gratuites », ce dernier permettant aux particuliers de traiter directement entre eux, sans passer par l'enseigne. Le concept consiste à appliquer les méthodes, la rigueur et la culture de la grande distribution au secteur du dépôt-vente. Le chiffre d'affaires de Troc.com s'élève à 100 millions d'euros en 2016. Les motivations des consommateurs envers l'achat d'occasion relèvent de deux grandes catégories. Les motivations de nature économique portent sur la recherche du juste prix et voient l'achat d'occasion comme une solution intelligente pour payer moins cher, « *en avoir plus pour le même budget* » et faire une bonne affaire. Les motivations de nature récréationnelle relèvent de la chasse au trésor – la quête d'une trouvaille –, la recherche de produits originaux « *que tout le monde n'aura pas* », et le coup de cœur que représente la rencontre avec un objet inattendu.

P. Kotler, K. Keller, D. Manceau, *Marketing Management*, Pearson France, 14e édition 2012 et franchise.troc.com.

RESSOURCE 1 Le marché de l'occasion : un secteur porteur en franchise

Auparavant perçu comme un moyen pour moins dépenser, l'achat d'occasion semble désormais s'inscrire dans une logique du consommer « responsable ». Mieux, les freins sociaux semblent peu à peu se lever. Ainsi, les consommateurs ne perçoivent plus l'achat de biens d'occasions comme une pratique dévalorisante. Sur le secteur des biens de consommation d'occasion, Internet a pris de l'ampleur et représente actuellement 30 à 35 % des ventes selon Xerfi. Sur le devant de la scène, le portail Le Bon Coin qui totalise plus de 5 millions de visiteurs uniques chaque jour. Les points de vente d'achat-vente et de dépôt-vente qui représentent 9 à 11 % des ventes en valeur, se multiplient grâce à la franchise. Un mode de développement choisi par quatre grands acteurs du secteur : Cash Express, Cash Converters, Easy Cash et Troc.com. La franchise leur permet de mailler efficacement le territoire sans engager de fonds propres et d'augmenter leur notoriété. Et afin de toucher une clientèle plus large, ces enseignes ont compris l'intérêt d'adapter leurs magasins pour les implanter en centre-ville tout en élargissant la gamme de services proposés.

observatoiredelafranchise.fr, décembre 2015.

RESSOURCE 2 L'économie collaborative

L'économie collaborative ou économie de partage s'avère être aujourd'hui un mode novateur de consommation, de fabrication et d'échanges. Elle rassemble des initiatives de prêt, location, don, troc ou vente de biens et services entre particuliers, du covoiturage à l'échange de matériel entre voisins.

Avec le développement des nouvelles technologies d'information et de communication, ce modèle économique a pris une dimension sans précédent, les échanges entre consommateurs se sont développés en même temps que l'Internet.

Aujourd'hui, près de 9 000 start-up composent le marché mondial de la consommation collaborative. Ce dernier est actuellement estimé à 15 milliards de dollars et devrait atteindre 335 milliards de dollars en 2025, ce qui représente un taux de croissance annuel moyen de + 36,4 % et une multiplication du marché par plus de 20 en 10 ans. Sur ce nouveau marché, la France apparaît comme l'un des leaders, tant au niveau du chiffre d'affaires (3,5 milliards d'euros, chiffre qui pourrait tripler d'ici 2018) que par la diversité de l'offre.

economie.gouv.fr, décembre 2016.

RESSOURCE 3 Troc.com rénove son offre et son réseau

Face à la concurrence des plateformes Internet, le leader européen du dépôt-vente a subi une érosion de ses activités. Il révise son approche en magasin et sur le web pour résister.

Leader européen du dépôt-vente, le groupe Troc.com, fondé voici trente-cinq ans par Jean-Pierre Boudier, est désormais présidé par André Wozny, convaincu que l'alliance du web et du magasin reste l'atout majeur pour résister à la concurrence sur le marché de l'occasion. Si l'enseigne a compté à une époque 180 points de vente en France et en Europe, elle a rationalisé son réseau, au gré des départs en retraite de ses franchisés historiques, de l'abandon de zones géographiques en manque de résultats et de l'arrivée de nouveaux candidats franchisés. « [...] *Aujourd'hui, nous privilégions la rénovation de notre réseau, même si nous tablons sur trois ouvertures sur l'exercice à venir et sur quinze nouveaux magasins à l'horizon de cinq ans.* [...] *Notre cible prioritaire actuelle concerne les villes ou agglomérations de 100 000 habitants où la pression immobilière reste raisonnable* ».

Avec son nouveau site www.annoncestroc.com, complémentaire de l'historique www.troc.com, le groupe tient compte d'une évolution du consommateur : « *son réflexe l'amène à passer ses annonces d'abord par le web, pas à se rendre dans l'un des magasins. Nos services* "web to store" *doivent permettre de maximiser leurs chances de vendre plus vite et mieux que sur des sites concurrents* ». Si l'objet n'est pas vendu dans les quinze jours, un contact se noue entre le magasin le plus proche et le vendeur pour peaufiner l'évaluation et lui proposer de le lui racheter ou de l'exposer en dépôt-vente. « *75 % de nos produits trouvent preneur en deux mois. Nous jouons ainsi sur deux tableaux : nous apportons au client un service et une expertise qu'aucun* pure player[1] *ne fournit et, pour le franchisé, nous améliorons la visibilité de son magasin, tout en étoffant ses sources d'approvisionnement* ».

Enfin, pour rendre ses points de vente plus attractifs, Troc.com veut rénover 95 % d'entre eux dans les deux ans, en partenariat avec ses franchisés. À leur attention, il déploiera aussi un nouvel outil informatique de gestion commerciale.

1. *Pure player* : désigne une entreprise qui exerce son activité commerciale uniquement en ligne.

Jean-Christophe Barla, lsaconfo.fr, avril 2017.

L'ESSENTIEL

Le diagnostic stratégique externe

Le diagnostic externe consiste en une analyse de l'environnement de l'entreprise permettant de mettre en évidence les facteurs clés de succès (FCS) qu'elle doit maîtriser. Il s'agit, grâce au recours à des outils pertinents, d'évaluer les opportunités et les menaces que rencontre l'entreprise dans son environnement global ainsi que dans son environnement concurrentiel et sur son marché.

Contenus du diagnostic externe	**Analyse de l'environnement global** (étude du macro-environnement)	**Analyse des forces concurrentielles** (étude du micro-environnement)	**Analyse et connaissance du marché** (étude du micro-environnement)
Outils d'analyse	**Méthode PESTEL**	**Les 5 forces concurrentielles de Porter, la carte des groupes stratégiques**	**Études de marché**

permettent de mettre en évidence :

Objectifs

- les opportunités et les menaces de l'environnement ;
- les opportunités et les menaces du marché ;
- les facteurs clés de succès, les sources d'avantages concurrentiels.

→ **+ identification des forces et faiblesses de l'entreprise** (*cf.* chapitre 10) → **Décisions stratégiques** (*cf.* chapitres 11 et 12)

CHAPITRE 10

Le diagnostic stratégique interne

LES PROBLÉMATIQUES

- Pourquoi établir un diagnostic des ressources et compétences de l'entreprise ?
- Quels sont les outils d'analyse de ce diagnostic interne ?
- Comment en déduire les avantages concurrentiels ?

Ces questions sont abordées dans le cadre de l'étude du cas Brita, leader mondial du marché de la filtration de l'eau et des carafes filtrantes grand public qui doit redéfinir sans cesse son portefeuille stratégique afin de répondre aux attentes du marché.

LES COMPÉTENCES

- Étudier les ressources et compétences propres à l'entreprise.
- Mettre en œuvre les outils du diagnostic stratégique.
- Réaliser un diagnostic interne.

LES NOTIONS

- Chaîne de valeur
- Ressources
- Compétences
- Diagnostic stratégique interne
- Avantage concurrentiel
- Facteurs clés de succès

LES AUTEURS

- Edith Penrose
- Gary Hamel
- Coimbatore Krishnarao Prahalad
- Michael Porter

CAS BRITA

Depuis cinquante ans, Brita – PME allemande – est investie dans le domaine de la filtration d'eau et des carafes filtrantes grand public. Leader international sur ce marché, l'entreprise fournit des produits de haute qualité et à la pointe de la technologie. Son budget consacré à la recherche-développement est en constante évolution. Pour consolider sa position concurrentielle, Brita développe une véritable stratégie d'innovation et de qualité. Dans cette perspective, l'entreprise doit analyser l'environnement dans lequel elle évolue ainsi que les forces concurrentielles en présence. Elle doit aussi recenser ses propres ressources et compétences stratégiques : c'est l'objet de l'étude des ressources stratégiques.

Après avoir pris connaissance du cas Brita, des annexes et des ressources proposées, vous réaliserez le travail demandé, pour chaque partie.

vidéo sur le web — 1' 41"

Brita, innovation technologique et design
lienmini.fr/M490-carafe

LE CAS

PARTIE 1 : Réaliser le diagnostic interne à partir de l'étude des ressources et des compétences

CAS BRITA

Avec un chiffre d'affaires total de 439 millions d'euros en 2016 et 1697 salariés dans le monde (739 en Allemagne), le groupe Brita est une des sociétés leader dans le secteur de l'optimisation de l'eau potable. Sa marque emblématique Brita – qui dans beaucoup de pays est synonyme de carafes filtrantes – arrive en tête des principaux noms de la filtration de l'eau dans le monde. Basée à Taunusstein près de Wiesbaden, en Allemagne, la société – une entreprise familiale – est représentée dans plus de 60 pays sur les cinq continents par 15 filiales nationales et internationales et des partenaires commerciaux et industriels. Elle exploite des usines de fabrication en Allemagne, en Grande-Bretagne et en Suisse. Établie en 1966, Brita a d'abord inventé la carafe filtrante à usage domestique et développe, produit et vend maintenant une large gamme de filtres à eau de boisson innovants à la fois à usage domestique (carafes filtrantes, systèmes de filtration sur robinet et sous évier, bouteille filtrante, systèmes intégrés dans les appareils électroménagers) et à usage professionnel (des solutions pour la gastronomie, la restauration et la distribution automatique), aussi bien que des distributeurs d'eau de boisson avec Brita Ionox pour utilisation dans les bureaux, les écoles, la restauration et dans le secteur de la santé (hôpitaux, maisons de repos) où l'hygiène a une importance clé.

brita.fr

TRAVAIL DEMANDÉ

1. Repérez et classez les ressources stratégiques de l'entreprise Brita. Annexe 1 Ressource 1
2. Identifiez la compétence fondamentale de l'entreprise Brita. Annexe 2 Ressource 1
3. Déduisez les facteurs clés de succès sur le marché de la filtration d'eau. Annexe 3 Ressources 1, 2 et 3
4. Dégagez l'avantage concurrentiel de Brita. Ressource 3
5. Précisez en quoi l'étude des ressources et compétences (diagnostic interne) complète l'étude de l'environnement (diagnostic externe, voir chapitre 9).
6. Cherchez d'autres manières d'établir un diagnostic des ressources stratégiques.

Ressources stratégiques
→ voir lexique, page 156

Compétence fondamentale
→ voir lexique, page 156

Avantage concurrentiel
→ voir lexique, page 156

Facteur clé de succès
→ voir lexique, page 156

Diagnostic stratégique interne
→ voir lexique, page 156

ANNEXE 1 Excellence technologique

Depuis 1966, Brita s'est imposé comme un leader en matière de technologie et de qualité en complétant et en adaptant sa gamme de produits de manière logique. Pour préserver et renforcer cette excellente position concurrentielle, l'entreprise est en permanence à la recherche de nouvelles idées d'applications pour sa technologie de filtration de l'eau. Outre le développement de cartouches pour les domaines d'application courants (technologies utilisant la gravité, le pompage ou la pression dans les conduites), Brita élargit continuellement l'éventail de ses produits aussi

ANNEXE 1 Excellence technologique

bien pour un usage privé que pour une utilisation dans les gros appareils du secteur de la gastronomie ou les distributeurs de boissons. Les possibilités sont immenses et Brita s'est fixé pour mission de les exploiter toutes au maximum dans le futur. L'innovation est au cœur de la stratégie « Brita 2020[1] », adoptée en 2016. Toutes les démarches entreprises depuis vont donc très précisément dans ce sens : créer l'innovation, la vivre, continuer à grandir grâce à elle et s'appuyer sur elle pour sécuriser l'avenir. Les investissements en recherche et développement atteignent un montant record dans l'histoire de l'entreprise.

1. Plan stratégique pour 2020.

brita.fr

ANNEXE 2 Recherche et développement Brita

Dernier-né des innovations des laboratoires R&D de l'entreprise, Brita Meter indique le meilleur moment pour changer la cartouche filtrante lorsque celle-ci se sature. Grâce à un système de minuterie combiné à des sondes mesurant la dureté de l'eau (teneur en ions calcium ou magnésium qui permet d'obtenir une eau plus ou moins douce) ainsi que la consommation d'eau, Brita Meter renseigne individuellement sur le degré de saturation de la cartouche. Ainsi, celle-ci pourra être remplacée au meilleur moment en cas de saturation par une eau très dure, ou une utilisation intensive ; la qualité de filtration est optimale et assure une qualité d'eau toujours parfaite. La volonté d'innover est également à l'origine du regroupement de la direction, des services administratifs, de la recherche & développement et de la production sur le « Campus Brita » au siège de l'entreprise à Taunusstein en Allemagne, avec un concept de bureaux spécialement élaboré pour répondre aux besoins de Brita : favoriser l'action, la communication et ainsi la naissance et la réalisation d'idées nouvelles.

brita.fr

ANNEXE 3 L'innovation, le maître mot

Plusieurs acteurs se partagent le marché de la carafe filtrante : Brita, qui détient 87,9 % de part de marché ; Electrolux, le spécialiste de l'électroménager ; et BWT, le n° 1 du traitement de l'eau en Europe. La filtration de l'eau reste un petit marché qui voit ses ventes baisser de 5 % en 2015. Une chute, mais moindre comparée au – 12 % de 2014. « *Un vrai pas vers la stabilisation* », estime Bénédicte Savoldelli, directrice marketing de Brita. Car les carafes filtrantes offrent désormais une multitude de possibilités. À commencer par les usages. Selon Bénédicte Savoldelli, l'eau filtrée « *est aussi recommandée pour la préparation du thé : elle est débarrassée du chlore et d'impuretés, et elle prévient la formation de tartre lorsqu'on la chauffe. Ceci permet une libération plus importante des arômes, et un plus bel aspect visuel. Ces bénéfices sont également valables pour la cuisson des pâtes ou du riz, qui seront moins collants* ». Face à ces nouvelles utilisations, les marques s'adaptent en proposant des formats plus imposants : jusqu'à 2,7 litres pour la Penguin de BWT et 3,5 litres pour la Elemaris XL de Brita. […] Mais la véritable révolution se fait sur le design et la matière. Fini les carafes blanches classiques. Elles s'habillent désormais de couleurs acidulées. « *Les couleurs pastel sont la grande tendance de cette année. Et c'est original de sortir sa carafe pailletée pour les grandes occasions* », s'amuse la directrice marketing de Brita. Soucieux d'innovation, le leader entend dynamiser le marché grâce à une nouvelle matière, le tritan. Ce thermoplastique transparent très résistant ressemble à s'y méprendre à du verre. Plus travaillé que le plastique, il permet à Brita de proposer une gamme de carafes sous la forme d'une bouteille, la Fill & Serve, équipée d'un simple disque filtrant. Une manière de filtrer l'eau avec discrétion et d'apporter au marché une vraie touche d'élégance.

Margot Ziegler, lsa-conso.fr, 26 mai 2016.

PARTIE 2 : Réaliser le diagnostic interne à partir de la chaîne de valeur

CAS BRITA

La jeune marque Kyzo « made in France » lance une carafe filtrante sans bisphénol A, une fabrication non seulement française, mais proposant des prix très attractifs par rapport à ses concurrentes et notamment Brita. Kyzo détient même une longueur d'avance en matière d'écologie face à Brita. Sur quel modèle s'appuie cette réussite et comment cette jeune entreprise procède-t-elle afin de créer de la valeur pour ses clients ?

TRAVAIL DEMANDÉ

1 **Identifiez la valeur supplémentaire créée par Kyzo pour ses clients (par rapport à Brita).** Annexe 4

2 **À partir du modèle de la chaîne de valeur de Porter, repérez les activités créatrices de valeur de l'entreprise Kyzo.** Annexe 4 Ressource 4

3 **Caractérisez ces trois activités sur la chaîne de valeur de Kyzo.** Annexe 5

4 **Repérez les sources de l'avantage concurrentiel de Kyzo.** Annexe 4 Ressources 2 et 3

5 **En vous appuyant sur le cas Kyzo, précisez l'intérêt de l'étude de la chaîne de valeur dans le cadre de la démarche stratégique.**

Chaîne de valeur
→ voir lexique, page 156

Avantage concurrentiel
→ voir lexique, page 156

ANNEXE 4 La Kyzo « made in France » concurrence la marque allemande Brita

Seul le contenu de ses filtres est rechargeable. Enveloppé dans des sachets « kraft », ce système limitant l'utilisation de plastique et de carton contribue concrètement à protéger l'environnement. Par ailleurs, les carafes Kyzo, conçues sans bisphénol A, avec des matières premières recyclables, sont entièrement fabriquées en France. Alors que les principaux acteurs du marché importent leurs produits, cette production réalisée sur le territoire, en Auvergne, permet de réduire les émissions de CO_2 lors des trajets d'acheminement, notamment sur le transport maritime. Kyzo a développé un système de filtration efficace qui permet de réduire l'odeur du chlore, d'enlever les matières organiques, nitrates, sulfates et en partie le calcaire. Les filtres sont également conçus pour laisser les minéraux (calcium, magnésium). La conjugaison de ces matières filtrantes offre une eau plus saine permettant d'apprécier davantage les arômes du thé, du café, des sorbets ainsi que tous les aliments cuits à l'eau ou à la vapeur (tisanes, plats déshydratés, *etc.*). Kyzo n'en profite pas pour augmenter

ANNEXE 4 La Kyzo « made in France » concurrence la marque allemande Brita *(suite)*

les prix. L'entreprise utilise un système de recharges filtrantes en sachets qui, ajouté à la réduction des coûts d'acheminement (étant donné que tout est fabriqué en France et que Kyzo ne travaille qu'avec des PME françaises), lui permet de réduire concrètement les prix de ses recharges filtrantes par rapport aux principaux acteurs du marché et en fait profiter ses clients. Ses recharges filtrantes sont ainsi aujourd'hui 2 fois moins chères que celles de la majorité des marques concurrentes, avec des packs de 6 sachets de recharges filtrantes vendus à 22,90 € environ contre plus de 35 € pour les autres marques.

M. Boileau, 24hsante.com

ANNEXE 5 La chaîne de valeur de Kyzo

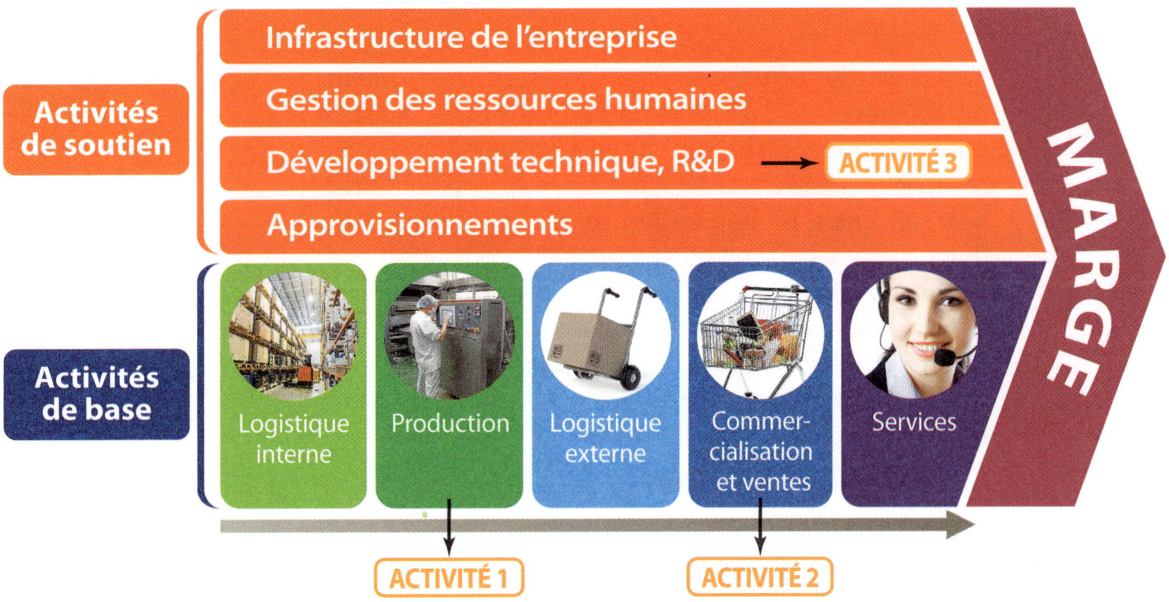

LES ACTIVITÉS DE SOUTIEN

L'infrastructure de l'entreprise regroupe tous les services nécessaires à une entreprise (administration, finances, contrôle de la qualité, planification, *etc.*).

La gestion des ressources humaines se retrouve dans toutes les activités de base.

La recherche et le développement sont utiles pour toutes les activités car toutes les activités nécessitent des technologies (savoir-faire, innovation, *etc.*).

Les achats permettent aux activités de base d'acquérir les diverses ressources dont elles ont besoin.

LES ACTIVITÉS DE BASE

La logistique d'approvisionnement réceptionne, stocke et distribue des matières premières.

La fabrication transforme la matière première en produits finis.

La logistique de commercialisation collecte, stocke et distribue le produit fini au client.

Le marketing et la vente permettent au consommateur de connaître et d'acheter le produit fini.

Les services regroupent tout ce qui permet d'augmenter et de maintenir la valeur du produit (installation, réparation…).

© Delagrave, 2018.

Compléments web

Le cas Zara : quelles sont les clés du succès de cette enseigne ?
lienmini.fr/M490-zara

RESSOURCE 1 Des ressources aux compétences

Les ressources peuvent être définies selon Edith Penrose (1959) comme des **actifs tangibles** (matériels) ou **intangibles** (immatériels) attachés à l'entreprise. La firme peut être représentée comme une collection de ressources. Il est possible de distinguer **cinq catégories de ressources** : **financières** (liquidités, capacité de financement, *etc.*), **humaines** (effectif, niveau de formation, *etc.*), **physiques** (outils de production, *etc.*), **technologiques** (brevet, savoir-faire, *etc.*) et **organisationnelles** (système d'information, maîtrise des process et qualité, *etc.*). Certains auteurs comme R. H. Grant (1991) intègrent une **sixième ressource** : la **réputation** qui renforce le poids des actifs intangibles dans l'entreprise.

La notion de ressource est étroitement liée à celle de **compétence**. La compétence désigne la capacité organisationnelle de combiner de manière optimale des ressources à travers un long processus d'apprentissage partagé entre l'organisation et ses membres. Ces compétences peuvent être individuelles ou collectives. Certaines compétences acquises par l'entreprise sont considérées comme **fondamentales** (ou **distinctives**) lorsqu'elles procurent un avantage concurrentiel, c'est-à-dire qu'elles permettent aux entreprises de se différencier de la concurrence.

© Delagrave, 2018.

Edith Penrose (1914-1996) : professeur à l'université de Londres. Ses apports au diagnostic stratégique portent sur l'identification des ressources nécessaires à la croissance des entreprises.

Gary Hamel (1957-...) et **Coimbatore Krishnarao Prahalad** (1941-...) : professeurs de stratégie à l'université. Ils définissent le concept de compétence fondamentale, entendue comme rare, inimitable et non substituable. La maîtrise d'une compétence fondamentale prouve un avantage concurrentiel.

RESSOURCE 2 L'exemple de l'athlétisme

Terme	Définition	Exemple (athlétisme)
Capacité stratégique	Capacité à faire ce qui est nécessaire pour survivre et prospérer, grâce aux ressources et compétences de l'organisation.	Capacité physique correspondant à l'épreuve d'athlétisme choisie.
Ressources requises	Ressources nécessaires pour répondre aux exigences minimales des clients et donc pour pouvoir poursuivre son activité.	Un physique athlétique, suivi médical. Infrastructures d'entraînement. Nourriture et compléments alimentaires.
Compétences nécessaires	Activités et processus qui permettent de répondre aux exigences minimales des clients et donc de poursuivre son activité.	Entraînement individuel. Régime alimentaire. Physiothérapie.
Ressources uniques	Ressources qui permettent d'obtenir un avantage concurrentiel et qui sont difficiles à obtenir ou à imiter.	Un cœur et des poumons exceptionnels. Une certaine taille ou un certain poids. Un entraîneur de premier plan mondial.
Compétences fondamentales	Activités qui permettent d'obtenir un avantage concurrentiel et qui sont difficiles à obtenir ou à imiter.	Une combinaison de ténacité, d'entraînement et d'ambition.

S. Yami, ERFI/ISEM – Université Montpellier 1, cours de management stratégique.

RESSOURCE 3 La construction de l'avantage concurrentiel

Un avantage est dit « **concurrentiel** » s'il permet à une organisation de surpasser la concurrence. À la différence d'un **facteur clé de succès** (ensemble des ressources et compétences qui conditionnent **la réussite de l'entreprise**), l'avantage concurrentiel offre **la meilleure des places**.

L'avantage concurrentiel est dit « durable » lorsque son détenteur est en mesure de conserver durablement l'avantage compétitif. Ses concurrents sont alors tentés de l'imiter, ou d'établir un nouvel avantage concurrentiel qui rend obsolète celui qui l'emportait à un moment donné.

Pour être efficace, l'avantage concurrentiel doit avoir de la valeur en termes de différenciation pour être considéré par les consommateurs comme étant nettement supérieur (par exemple, une marque inspirant confiance) et être rare et difficile à imiter. Il peut également s'appuyer sur une maîtrise des coûts supérieure à celle observée chez les concurrents. Pour rendre le produit ou le service inimitable, l'entreprise peut avoir, par exemple : recours à un brevet donnant l'exclusivité sur l'utilisation d'une technique particulière ou un savoir-faire particulier mieux maîtrisé dans l'entreprise.

Wikibéral, wikiberal.org

RESSOURCE 4 La chaîne de valeur de Porter

D'après Michael Porter, la chaîne de valeur[1] est un outil fondamental pour faire **un diagnostic de l'avantage concurrentiel** d'une entreprise ou pour découvrir les moyens d'en acquérir un et de le conserver. On peut la définir ainsi : une chaîne de valeur est l'ensemble **des activités** et **leurs interrelations** qui déterminent la capacité d'une organisation à obtenir un avantage concurrentiel.

La chaîne de valeur identifie les différentes activités d'une entreprise et analyse comment chaque activité contribue à l'obtention d'un **avantage compétitif** en termes de coût ou de différenciation. Elle permet également d'évaluer les coûts et la création de valeur que génèrent les différentes activités (cinq activités de base et quatre activités de soutien sont identifiées). Elle permet de s'interroger sur des **choix stratégiques** comme l'alternative entre intégration et externalisation des activités.

1. Voir schéma p. 108.

© Delagrave, 2018.

Michael Porter (1947-...) : professeur de stratégie d'entreprise à l'université de Harvard. Il identifie différentes façons, pour une entreprise, d'obtenir un avantage concurrentiel sur son marché et pour chacun de ses domaines d'activité stratégique (DAS). Selon Porter, l'entreprise peut opter pour l'une des 3 stratégies suivantes : domination par les coûts, différenciation, focalisation.

Gameloft

Avant de commencer QCM

Le diagnostic stratégique interne

Testez vos connaissances sur le chapitre 10 à l'aide d'un QCM interactif. Connectez-vous sur lienmini.fr/M490-qcm10

Après avoir pris connaissance du cas Gameloft et des ressources proposées, vous répondrez aux questions suivantes :

PREMIÈRE PARTIE — ANALYSE DU CONTEXTE ET DE LA SITUATION DE L'ENTREPRISE

1. **Identifiez le domaine d'activité stratégique de l'entreprise Gameloft.**
2. **Caractérisez la compétence fondamentale de Gameloft.**
3. **Réalisez le diagnostic stratégique interne.**

DEUXIÈME PARTIE — IDENTIFICATION DU PROBLÈME DE MANAGEMENT ET PROPOSITION DE SOLUTIONS ARGUMENTÉES

4. **Dégagez l'avantage concurrentiel de Gameloft et indiquez ses limites.**
5. **Proposez d'autres façons pour Gameloft de conserver son avantage concurrentiel.**

PRÉSENTATION DU CAS Gameloft

Leader mondial dans l'édition de jeux digitaux et sociaux, Gameloft (détenue à 95,94 % par Vivendi depuis juin 2016) s'est positionné depuis 2000 comme l'une des entreprises les plus innovantes dans son domaine. Gameloft conçoit des jeux pour toutes les plateformes numériques, comme les téléphones mobiles, les smartphones, les tablettes (dont Apple iOS et Android), les box triple play, les TV connectées et les consoles. Gameloft possède ses propres franchises comme Asphalt, Real Football… et travaille également en collaboration avec les plus grands ayants droit internationaux dont Marvel, Hasbro, Fox, Mattel ou encore Ferrari. Gameloft est présent sur tous les continents, distribue ses jeux dans plus de 100 pays et compte plus de 5 000 développeurs. L'éditeur vend en moyenne près de 500 000 jeux par jour. Au premier semestre 2017, Gameloft a généré 130 millions d'euros de chiffre d'affaires.

Priorité à la Recherche & Développement

Les jeux Gameloft sont tous développés en interne. La société a mis en place la plus grande capacité de développement et de création dans l'industrie des jeux numériques : 5 000 développeurs travaillent dans les studios de production, permettant notamment de faire face à la fragmentation technologique des systèmes d'exploitation, processeurs et écrans, et de porter le catalogue sur plus de 600 modèles de mobiles et 400 modèles de smartphones. Gameloft est une entreprise innovante qui consacre près de 50 % de son chiffre d'affaires en recherche et développement. La stratégie du groupe se porte sur la propriété intellectuelle des jeux et l'octroi de licences mondialement reconnues. En 2011, Gameloft diversifie son modèle de revenus dans les mobiles avec le Freemium (téléchargement gratuit du jeu, mais paiement en fonction de la consommation d'items).

Maîtrise du marketing

Gameloft possède le réseau de distribution le plus complet de l'industrie des jeux

PRÉSENTATION DU CAS Gameloft *(suite)*

numériques : des accords directs avec plus de 200 opérateurs dans plus de 100 pays, avec toutes les grandes boutiques d'applications en ligne (dont l'App Store, Google Play et Amazon), les principaux fabricants de mobiles, smartphones et tablettes, des réseaux sociaux, et des fabricants de TV connectées et de box triple play. Les 28 studios répartis à travers l'Amérique, l'Europe et l'Asie permettent également de bénéficier d'une diversité culturelle et linguistique inégalée et de pouvoir adapter les jeux aux spécificités de chaque marché. Gameloft a reçu le prix « Pocket Gamer Legends » dans la catégorie Meilleur éditeur 2006-2016[1]. Riche de plus de 500 titres, le portefeuille de jeux s'adresse à une très large clientèle aux goûts, cultures et références vidéo-ludiques diversifiés. Les jeux Gameloft sont ainsi distribués dans le monde et peuvent toucher potentiellement plus de 2 milliards de consommateurs.

Stratégie gagnante

La dynamique de croissance du groupe se situe dans les pays émergents (50 % du chiffre d'affaires) grâce à des taux de croissance à deux chiffres depuis plusieurs années. L'Europe et l'Amérique du Nord restent néanmoins des zones de très forte demande. Les ventes de Gameloft sont également portées par les succès d'Apple et de Google Android qui vont continuer de soutenir la croissance du groupe à moyen terme. En effet, Apple est le premier partenaire de l'éditeur. Plus de 70 applications sur iPhone et 73 sur iPad ont été recensées en 2017. Cette progression devrait perdurer pour les années à venir. Gameloft a disposé du premier réseau de partenariats dans l'industrie à travers les opérateurs télécoms, les constructeurs de mobiles (LG, Samsung…) et les magasins numériques (Amazon, Apple Store…).

Perspectives

Même en cas de baisse de l'activité du marché, les jeux sur mobiles devraient continuer à croître en raison de leur coût en moyenne six fois moins élevé que les jeux classiques. De plus, smartphones et tablettes disposent d'une base installée beaucoup plus importante que celle des consoles portables. Gameloft cherche aujourd'hui à développer son catalogue de jeux téléchargeables et à le rendre accessible sur encore plus de plates-formes. Le groupe va continuer de bénéficier des innovations apportées par les constructeurs de smartphones afin de gagner de nouvelles parts de marché. Géré par son PDG fondateur, Michel Guillemot, le groupe est très bien positionné pour bénéficier de la tendance forte vers le développement de la distribution numérique et du jeu en ligne.

1. Les « Pocket Gamer Legends », nouvelles catégories de prix créées à l'occasion des 10 ans de Pocket Gamer, récompensent les meilleurs jeux, développeurs et éditeurs qui ont marqué l'histoire des jeux vidéo mobiles ces dix dernières années.

professioncgp.com

RESSOURCE 1 Les 5 attributs des ressources/compétences stratégiques

Plus les ressources/compétences détenues sont uniques, plus elles sont susceptibles de générer un avantage concurrentiel durable. Pour constituer un avantage concurrentiel durable, les ressources/compétences doivent remplir 5 conditions, c'est-à-dire être :

- **valorisables** : elles permettent de répondre à un ou plusieurs facteurs clés de succès, d'exploiter des opportunités, d'éviter des menaces ;
- **rares** : elles sont propres à l'organisation et un nombre limité d'organisations doit y avoir accès ;
- **difficiles à imiter** : elles sont difficiles et coûteuses à imiter par les concurrents. Il faut empêcher leur réplication par les concurrents ;
- **difficiles à substituer** : on pourrait difficilement arriver au même résultat en utilisant des ressources et compétences alternatives. Les ressources intangibles sont plus difficiles à imiter que les ressources tangibles et les ensembles de ressources plus difficiles à imiter que les ressources isolées ;
- **difficiles à transférer** : elles doivent être difficiles à transférer et « durables », c'est-à-dire susceptibles de résister à l'apparition de technologies nouvelles.

ressources.aunege.fr

Le diagnostic stratégique interne

Le diagnostic stratégique interne permet d'évaluer les ressources et compétences de l'entreprise, ses forces et ses faiblesses au regard des menaces et des opportunités de l'environnement mises en exergue par le diagnostic externe. Le diagnostic interne s'établit soit à partir de l'étude des ressources et compétences, soit à partir de la chaîne de valeur de Porter.

Le diagnostic par l'étude des ressources et des compétences

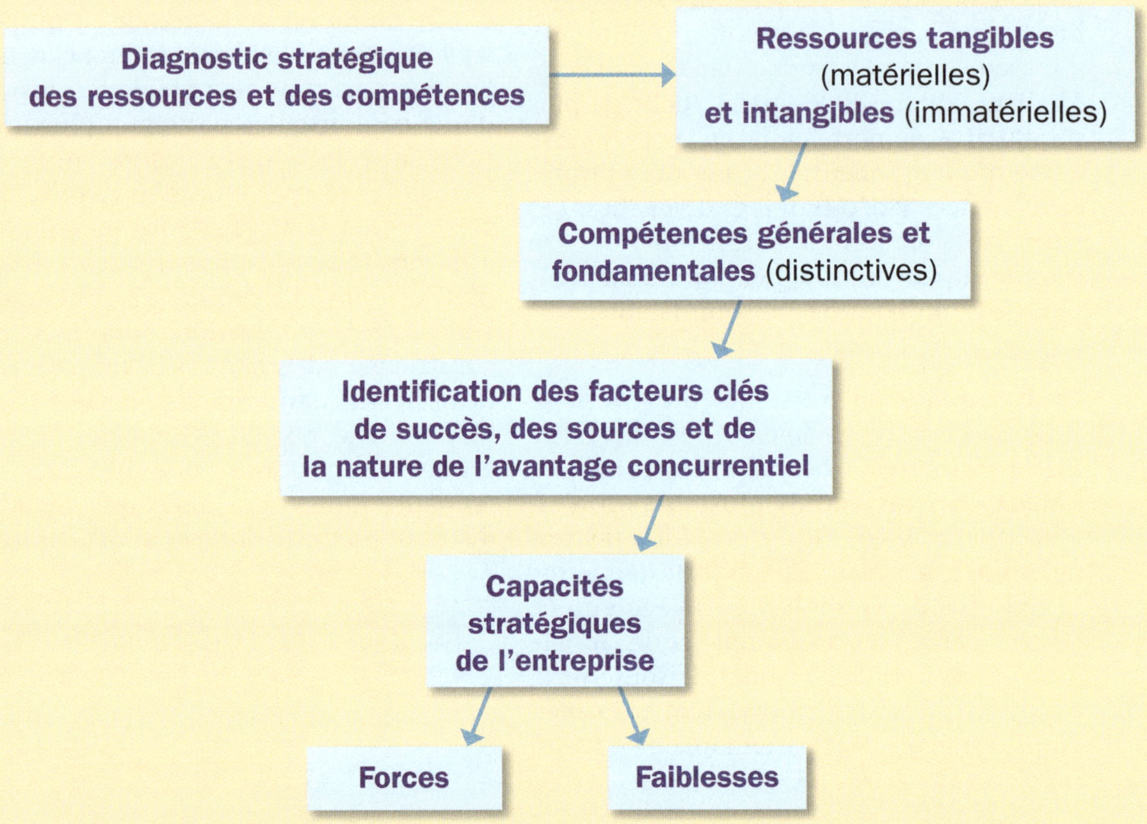

Le diagnostic par la chaîne de valeur de M. Porter

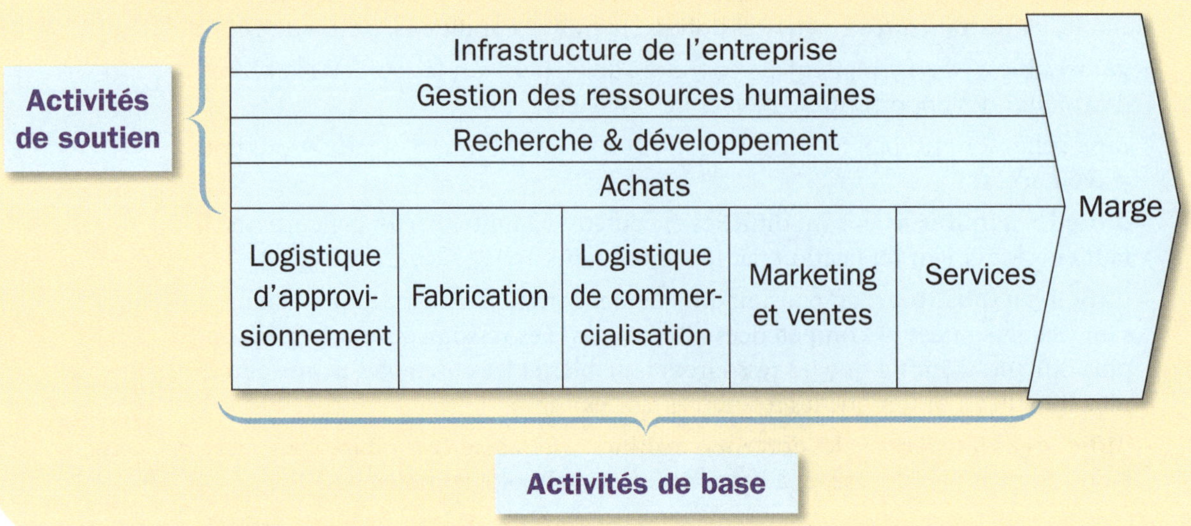

CHAPITRE 11

Les stratégies globales et les stratégies de domaine

LES PROBLÉMATIQUES

- Comment identifier les choix stratégiques d'une entreprise ?
- Comment expliquer les options stratégiques d'une entreprise ?
- Comment déterminer les alternatives stratégiques pour une entreprise donnée et leurs enjeux ?

Ces questions sont abordées dans le cadre de l'étude du cas Zodiac Aerospace, leader mondial des équipements et systèmes aéronautiques montés à bord des avions commerciaux, régionaux et d'affaires. Confrontée à une concurrence rude, Zodiac Aerospace s'interroge sur les choix stratégiques qui lui permettront d'affirmer sa position et d'assurer sa pérennité.

LES COMPÉTENCES

- Identifier et expliquer les choix stratégiques d'une entreprise.
- Déterminer les alternatives stratégiques possibles pour une entreprise donnée et analyser leurs enjeux.

LES NOTIONS

- Stratégies globales
- Stratégies de domaine
- Sous-traitance
- Économie d'échelle
- Effet d'expérience
- Synergie
- Métier

LES AUTEURS

- Igor Ansoff
- Michael Porter

CAS ZODIAC AEROSPACE

Zodiac est une société française qui existe depuis plus de 100 ans. Au fil des années, elle s'est spécialisée dans le secteur de l'aéronautique. Son fondateur, Maurice Mallet, fut l'inventeur du premier ballon dirigeable en 1896. D'acquisition en acquisition, Zodiac est devenue leader sur plusieurs marchés, tous orientés vers l'aéronautique. Cependant, le marché de l'aéronautique est très sensible à la conjoncture économique et au programme d'investissement des avionneurs. Quelles stratégies ce leader sur de nombreux marchés a-t-il dû mettre en place pour affirmer sa position et assurer sa croissance ?

Après avoir pris connaissance du cas Zodiac Aerospace, des annexes et des ressources proposées, vous réaliserez le travail demandé, pour chaque partie.

vidéo sur le web | 8' 05" | BFM Business

« Zodiac Aerospace a le siège le plus léger du monde dans tous les segments de marché »
lienmini.fr/M490-zodiac

PARTIE 1 : Identifier et expliquer les stratégies de spécialisation et de diversification (stratégies globales)

CAS ZODIAC AEROSPACE

Dès ses origines, Zodiac contribue à l'essor de l'aéronautique en concevant des ballons dirigeables et des aéroplanes. Fidèle à son esprit pionnier et innovant, Zodiac invente le concept de bateau pneumatique dans les années 1930. Grâce à ce concept, l'entreprise connaît une expansion internationale à partir des années 1970. Cette période marque aussi un tournant avec le redéploiement progressif dans l'aéronautique. En 2007, le groupe se recentre sur son cœur d'activité et cède ses activités « marines ». Aujourd'hui, Zodiac Aerospace met tout son potentiel et son avance technologique au service de l'aéronautique. Zodiac Aerospace poursuit son développement pour assurer une progression constante de ses activités. Avec une rigueur industrielle et de gestion, le savoir-faire technologique de Zodiac Aerospace est organisé autour de trois métiers principaux : confort et vie à bord des aéronefs, systèmes embarqués, sécurité en vol et au sol.

zodiacaerospace.com

audio sur le web 1' 30"

Le développement stratégique de Zodiac Aerospace
lienmini.fr/M490-developpement

TRAVAIL DEMANDÉ

Stratégie de spécialisation
→ voir lexique, page 157

Stratégie de diversification
→ voir lexique, page 157

DAS
→ voir lexique, page 154

Stratégie globale
→ voir lexique, page 157

1. **Qualifiez la stratégie globale de Zodiac en 2007.** Ressource 1
2. **Explicitez les enjeux et les limites d'une telle stratégie.** Annexe 1 Ressource 2
3. **Qualifiez et caractérisez la stratégie de développement mise en place par Zodiac Aerospace à partir de 2010.** Annexe 2 Ressources 1 et 2
4. **Identifiez les enjeux et limites d'une telle stratégie.** Annexe 2 Ressource 2
5. **Repérez la stratégie en cours entre Zodiac Aerospace et Safran en 2017.** Annexe 3 Ressource 2
6. **À partir de vos travaux, définissez les deux stratégies globales qui s'offrent aux entreprises en établissant explicitement leurs liens avec les DAS.**

ANNEXE 1 Les enjeux du marché de l'aéronautique

L'objectif de Zodiac Aerospace est d'anticiper et d'accompagner les attentes de ses clients en répondant aux nouveaux enjeux du marché. Ainsi, le groupe intervient de plus en plus en intégrateur de systèmes complets jusqu'à la certification et enrichit son offre sur différents axes :

- réduction de la masse et de l'encombrement des équipements et systèmes embarqués pour des appareils plus efficaces et économiques ;
- concepts ergonomiques et modulables pour optimiser la maintenance et la productivité ;
- renforcement de l'offre de services après-vente pour les compagnies aériennes ;
- nouvelles fonctionnalités et design, offre de cabines complètes et intégrées, pour apporter une forte différenciation marketing et optimiser le revenu des compagnies aériennes ;
- nouveaux systèmes de sécurité pour contribuer à l'amélioration de la sécurité du transport aérien.

zodiacaerospace.com

ANNEXE 2 Zodiac, un groupe international devenu multimétiers

Zodiac Aerospace, qui a publié son exercice 2012-2013, a vu son cours de bourse croître de 37 % depuis le début de l'année et quasiment quadrupler en quatre ans. Si l'industriel profite d'une politique constante de croissance par acquisitions depuis 2010, il a su également développer une stratégie originale de diversification : installé au départ dans les cabines d'avions grâce à ses fauteuils et ses toboggans d'issues de secours, il s'est peu à peu étendu aux aménagements de cuisine de bord, aux écrans vidéo, à l'Internet en vol comme aux transmissions électriques ou hydrauliques.

gifas.asso.fr, 2013.

Métier
voir lexique, page 154

ANNEXE 3 La complémentarité entre les groupes Zodiac et Safran

Le rapprochement opéré en 2017 entre Safran et Zodiac propulserait ainsi le nouvel acteur français à la seconde et troisième position mondiale en ce qui concerne, respectivement, le secteur des équipements aéronautiques et plus généralement de l'aéronautique. […] L'acquisition de Zodiac offrirait à Safran la possibilité d'élargir son portefeuille d'activité dans les équipements d'intérieur (sièges et aménagements de cabine), aussi bien que dans les équipements de sécurité, lui permettant de proposer à ses clients le catalogue le plus complet. Elle renforcerait également les activités de Safran dans les systèmes électriques et mécaniques. *In fine*, le nouvel ensemble détiendrait 39 % du marché des équipements et 61 % de celui des équipements de cabine. […] Surtout, cette acquisition permettrait de défendre le leadership français, alors que les mastodontes du secteur sont en pleine consolidation, à l'instar de B/E Aerospace et Rockwell Collins, qui se sont rapprochés en octobre 2016. Le nouveau groupe issu du rachat de Zodiac par Safran se placerait ainsi juste derrière United Technologies (25,4 milliards d'euros de chiffre d'affaires) et GE Aviation (22,2 milliards d'euros).

challenges.fr, 10 mai 2017.

Synergie
voir lexique, page 157

PARTIE 2 : Identifier et expliquer les stratégies d'intégration et d'externalisation (stratégies globales)

CAS ZODIAC AEROSPACE

Le groupe Safran a lancé en 2017 une offre publique d'achat amicale visant le spécialiste des sièges d'avions Zodiac Aerospace. Safran est l'un des trois grands fabricants mondiaux de moteurs d'avions avec le britannique Rolls-Royce et le canadien Pratt & Whitney. Le groupe français produit deux modèles de réacteurs qui équipent aussi bien les Airbus A320 que les Boeing 737. Zodiac Aerospace qui équipe en sièges et en bars les cabines d'avions, sort lui d'une mauvaise passe. En 2016, l'équipementier n'a pas livré, en temps et heure, les fauteuils et les toilettes du dernier-né d'Airbus : l'A350. Ce retard a valu à Zodiac de se faire remonter les bretelles et de payer d'importantes pénalités à son client. L'an dernier, ces « surcoûts » se sont montés à 390 millions d'euros. Zodiac était donc une proie de choix pour Safran qui tournait autour depuis près de deux ans et s'est fendu d'un prêt de 4 milliards d'euros pour financer cette acquisition. Safran devient ainsi le numéro 2 mondial des fournisseurs d'équipements aéronautiques et devrait ainsi pouvoir discuter sur un autre plan, aussi bien avec Airbus qu'avec Boeing. L'un comme l'autre ont tendance, chaque année, à demander à leurs sous-traitants de revoir leurs prix à la baisse. Or, il est moins aisé d'exiger ce type de ristournes à celui qui fournit aussi bien les réacteurs que la plus grande partie de l'aménagement intérieur et pèse 22 milliards de chiffre d'affaires.

Franck Bouaziz, liberation.fr, 19 janvier 2017.
D'après zodiacaerospace.com

TRAVAIL DEMANDÉ

1 **Expliquez l'intérêt pour Safran de racheter Zodiac Aerospace en 2017. Caractérisez la stratégie mise en œuvre par Safran sur Zodiac Aerospace.** Ressource 3

2 **Caractérisez la stratégie mise en œuvre par Boeing pour la fabrication du Dreamliner.** Annexe 4 Ressource 3

3 **Identifiez l'intérêt et les limites d'une telle stratégie pour Boeing ainsi que pour Zodiac Aerospace.** Annexes 4 et 5 Ressource 3

4 **Précisez les formes que peut revêtir cette stratégie ainsi que celle prise entre Boeing et Zodiac Aerospace pour la fabrication du Dreamliner.** Annexe 4 Ressource 3

5 **Intégrer ou externaliser : comment choisir ?**

Option stratégique
→ voir lexique, page 157

Stratégie d'externalisation
→ voir lexique, page 157

Stratégie d'intégration
→ voir lexique, page 157

ANNEXE 4 Relations entre Boeing et Zodiac Aerospace

Pour son Dreamliner[1], Boeing a choisi de pratiquer l'« *outsourcing*[2] » à haute dose. L'avionneur américain « *a sous-traité des systèmes complets, de la conception, à la fabrication, et jusqu'au financement* » de son nouvel avion, fait savoir Gilles Gompertz, directeur général d'Avico, société d'affrètement aérien. Ainsi, 70 % du Dreamliner ont été confiés à une cinquantaine de fournisseurs dans le monde. En France, c'est Thales qui a été chargé de concevoir son alimentation électrique. Les batteries, elles, proviennent du fabricant japonais GS Yuasa. Deux autres équipementiers français, Safran et Zodiac, fournissent notamment le système de freinage ou encore les toboggans d'évacuation d'urgence… Avec une telle organisation, Boeing a cessé d'être « le maître d'ouvrage » pour être « l'intégrateur », l'assembleur, de toutes les parties de l'avion, poursuit M. Gompertz.

1. Dreamliner : avion long-courrier ou Boeing 787.

2. *Outsourcing* (en français : externalisation) : stratégie qui consiste à confier la réalisation d'une activité à un partenaire.

lemonde.fr

Sous-traitance
→ voir lexique, page 157

ANNEXE 5 Intégrer ou externaliser

Alors que les déboires du Dreamliner de Boeing – cloué au sol depuis plusieurs semaines – posent la question de la place des sous-traitants dans la fabrication d'un avion, Airbus se penche à son tour sur sa chaîne de fournisseurs.

Outre-Rhin, rappellent les syndicats, l'avionneur européen « *a réintégré PFW Aerospace, désormais contrôlée à 77 %, et aussi EFW située à Dresde, la terre d'élection de la chancelière Angela Merkel* ». Ces deux sociétés fabriquent des éléments du squelette d'un avion. Les organisations syndicales se réjouissent de la « *prise de conscience d'Airbus de la nécessité de reprendre la maîtrise d'un certain nombre de productions* ».

« *Nous ne réinternalisons pas,* assure toutefois la direction. *Seulement dans des cas très précis. Nous veillons à ce que nos fournisseurs ne prennent aucun retard critique sur le programme de l'A350* », le futur gros-porteur de l'avionneur.

En l'occurrence l'américain Spirit n'est pas à la hauteur. Airbus envisage de reprendre son usine de Saint-Nazaire (Loire-Atlantique), qui doit fournir un élément du fuselage de l'A350. « *Ce tronçon produit aux États-Unis est assemblé à Saint-Nazaire. Spirit ne s'en sort pas* », dit un dirigeant de l'avionneur.

À Toulouse, on a prévenu : le calendrier ne laisse « *aucune marge de flexibilité* ». L'A350, destiné à remettre en selle le groupe sur le marché des long-courriers, doit effectuer son premier vol cet été. « *Les discussions avec Spirit s'inscrivent rigoureusement dans ce cadre* », insiste-t-on chez Airbus.

Airbus précise que la fabrication de l'A350 a « *été beaucoup moins externalisée* » que celle du 787 de Boeing : moins de 50 % pour le gros-porteur européen contre 65 % pour le Dreamliner.

lemonde.fr, 27 mars 2013.

Paradoxalement, la crise ne plaide pas pour davantage d'externalisation. Selon l'Observatoire Cegos, 20 % des entreprises envisagent de mener la démarche inverse, notamment pour des fonctions de production et de maintenance, guidées par la recherche d'efficacité. « *Aujourd'hui, les firmes réalisent qu'elles n'ont pas les compétences pour superviser les prestataires ni supporter les coûts de contrôle du travail* », explique Richard Soparnot, docteur en sciences de gestion, professeur à France Business School.

vidéo sur le web | 3' 17" | TVDMA

Avantages et inconvénients de l'externalisation
lienmini.fr/M490-externalisation

PARTIE 3 : Identifier et expliquer les stratégies de domination par les coûts, de différenciation et de focalisation (stratégies de domaine)

CAS ZODIAC AEROSPACE

Les savoir-faire technologiques de Zodiac Aerospace se déclinent en cinq branches d'activités :

- **Zodiac Aircraft Systems :** systèmes embarqués de jaugeage, circulation et inertage du carburant, oxygène, distribution de l'électricité, commandes de vol, freinage, gestion de l'eau et des déchets, *etc.*
- **Zodiac Aerosafety :** produits et systèmes dédiés à la sécurité à bord, au sauvetage et à la protection (évacuation, arrêt d'urgence, parachutes, protection, interconnexion).
- **Zodiac Cabins & Structures :** cabines d'avions intégrées et structures composites.
- **Zodiac Galleys & Equipment :** structures de galleys, systèmes intégrés, containers, trolleys (chariots) et équipements électriques ou mécaniques.
- **Zodiac Seats :** sièges passagers et équipages.

L'ensemble des activités de Zodiac Aerospace regroupe près de 30 000 collaborateurs et accompagne partout dans le monde ses clients, *via* une offre complète qui vise à répondre aux nouveaux enjeux de l'aéronautique.

zodiacaerospace.com

TRAVAIL DEMANDÉ

Stratégie de différenciation
voir lexique, page 157

Stratégie de domination par les coûts
voir lexique, page 157

Focalisation
voir lexique, page 157

1. **Repérez les domaines d'activité stratégique de Zodiac Aerospace.**
2. **Identifiez et caractérisez, pour chacune des activités stratégiques citées, les stratégies concurrentielles mises en œuvre par Zodiac Aerospace.** Annexe 6 Ressource 4
3. **Qualifiez la stratégie de Latécoère, principal concurrent de Zodiac Aerospace, et montrez l'intérêt d'une telle orientation stratégique.** Annexe 7 Ressource 4
4. **Repérez une autre stratégie concurrentielle possible sur ce marché.** Annexe 8 Ressource 4
5. **Au regard de l'ensemble des annexes et ressources concernées, caractérisez les options stratégiques de domaine (appelées également « stratégies génériques »).**

ANNEXE 6 Stratégie pour les branches de Zodiac Aerospace

Forts de plusieurs équipes de designers, les produits Zodiac Seats reflètent la volonté de combiner trois aspects fondamentaux du marché du siège : l'amélioration continue du confort et de l'ergonomie des sièges passagers, la possibilité d'offrir à ses clients une différenciation avec des produits personnalisables et la recherche permanente de l'optimisation de l'espace disponible dans la cabine (nombre de pax, rangements, *etc.*). Zodiac Seats propose un design à la pointe de l'innovation et intégrant des équipements de haute technologie. Pour la branche Zodiac Cabins & Structures, elle a pour principale activité la création de cabines d'avions intégrées, qui permettent non seulement

ANNEXE 6 Stratégie pour les branches de Zodiac Aerospace *(suite)*

d'améliorer l'expérience passager des voyageurs, mais aussi d'optimiser le revenu pour ses clients compagnies aériennes. Avec une philosophie de conception qui se concentre sur une augmentation de l'espace pour le passager et ses bagages, tout en offrant une meilleure qualité, une installation simplifiée et l'utilisation de matériaux légers, Zodiac Cabin & Structures est devenu le leader mondial des cabines d'avions intégrées. Ceci est la reconnaissance de son expertise en termes de design de produits, avec un engagement fort pour l'excellence opérationnelle : le succès dépend de sa capacité à atteindre les attentes de ses clients.

zodiacaerospace.com

ANNEXE 7 Latécoère rationalise sa production et ses coûts

Pour restaurer sa rentabilité, Latécoère a dû passer par une sévère cure d'amaigrissement, avec la vente de sa filiale d'ingénierie Latécoère Services, la fermeture du site de Tarbes (Hautes-Pyrénées) et tout dernièrement, la vente de son siège social de Périole, signée en début d'année. De quoi achever la résorption de la dette, qui menaçait, il y a quelques années encore, de l'étrangler. Mais son chiffre d'affaires est passé, en deux ans, de 715,4 à 655,2 millions d'euros et il devrait encore baisser de 6 % en 2017, avec la réduction des livraisons d'aérostructures à Embraer. Si ses bénéfices ont fortement progressé en 2016, la moitié de l'amélioration est due à un effet de change favorable. La rentabilité devrait encore progresser en 2017, avec le plein effet du plan de départs volontaires, qui prévoit 200 suppressions de postes. Néanmoins, pour retrouver durablement la compétitivité perdue, la nouvelle directrice générale, Yannick

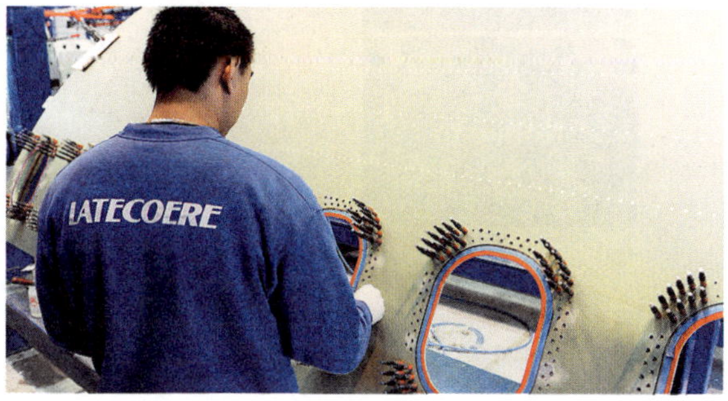

Assouad, doit encore mener à bien le volet industriel du plan, qui prévoit une réorganisation de la production, avec la construction d'une nouvelle usine ultra-automatisée à Toulouse et la création d'un nouveau site *low cost* en Bulgarie. À l'issue de cette réorganisation, en 2020, Latécoère devrait notamment avoir 67 % de ses effectifs en zone *low cost*, contre 56 % aujourd'hui.

Bruneau Trévidic, lesechos.fr, 28 mars 2017.

ANNEXE 8 PME et niche dans l'aéronautique

Si quelques entreprises sont les partenaires privilégiés des grands constructeurs aéronautiques internationaux, à travers elles, une multitude de PME actives dans des niches très pointues peuvent accéder aux grands programmes aéronautiques et civils. Une société wallonne fournit ainsi aux plus grands constructeurs aéronautiques (Airbus, Boeing, Dassault, *etc.*) des pièces formées et usinées en nid-d'abeilles. Une autre offre des composants logiciels ultra-sophistiqués pour gérer, publier, trouver et visualiser des informations géospatiales. Une autre encore livre au secteur aéronautique des pièces ou ensembles mécaniques complexes de très haute précision par électroérosion. Une entreprise de la région liégeoise est spécialisée dans la réalisation de systèmes optiques, mécaniques et optomécaniques de très grande précision et destinés à l'industrie spatiale et astronomique. Ces quelques exemples montrent la vivacité du secteur, très actif notamment dans des niches très pointues.

sectors.wallonia-export.be

vidéo sur le web | 4' 51" | TVDMA

Risques et défis d'une stratégie *low cost*
lienmini.fr/M490-low-cost

RESSOURCE 1 Typologie des stratégies de croissance selon I. Ansoff

La **matrice** est conçue pour classifier et expliquer les différentes **stratégies** de croissance pour une **entreprise**.

Marché \ Produit	Existant	Nouveau
Existant	Pénétration de marché (spécialisation)	Développement de produit (diversification produit)
Nouveau	Développement de marché (diversification marché)	Diversification (totale)

D'après D. Fellag,
La stratégie de diversification : tentative de clarification, ac-nancy-metz.fr.

Igor Ansoff (1918-2002) : professeur au Carnegie Institute of Technology (États-Unis). Ansoff est considéré comme le père de la planification et du management stratégique. Il a élaboré la matrice « produit/marché » à partir de laquelle il est possible d'identifier quatre types de stratégie de croissance allant de la spécialisation à la diversification totale : spécialisation (augmenter les quantités achetées par le client), diversification produit (innover et remplacer les anciens produits), diversification marché (proposer les produits à une nouvelle cible), diversification totale (nouveaux produits et marchés).

RESSOURCE 2 Diversification ou spécialisation

▸ **La diversification** consiste, pour une entreprise, à développer de **nouveaux métiers** et de **nouveaux produits** pour s'implanter sur de nouveaux marchés (ex. : Virgin...). La diversification peut être liée, lorsque l'entreprise se développe dans des activités proches et/ ou ayant un lien avec son activité principale (ex. : Michelin a développé des services d'aide aux voyageurs – ViaMichelin, guides touristiques...) ou conglomérale, lorsque l'entreprise se développe dans des activités n'ayant pas de liens en commun (ex. : Bouygues avec ses activités BTP, immobilier, communication et Télécoms).

Avantages	Risques
• Répartition des risques. • Effets de synergie. • Acquisition et maîtrise de nouvelles compétences. • Augmenter la rentabilité et la croissance. • Rééquilibrage du portefeuille d'activités.	• Dispersion des compétences. • Complexité du management et dans la gestion, coûts de coordination. • Identité moins forte. • Taille critique difficile à obtenir.

On distingue quatre grands types de diversification : la diversification de survie (retrouver un nouveau domaine permettant de pérenniser l'entreprise), de placement (excédent de liquidité donnant accès à de nouvelles compétences), de confortement (recherche d'activités en synergie avec le métier de départ) et enfin de redéploiement (moyen de reconversion car l'activité est en phase de maturité).

▸ **La spécialisation** par développement de produit et/ou par pénétration ou extension de marché (*cf.* ressource 1) consiste pour l'entreprise à se **concentrer sur un seul domaine d'activité**. Cette stratégie permet à l'entreprise de réduire ses coûts et simplifier sa gestion, elle lui confère une image d'expertise.
La stratégie de spécialisation est opportune si l'entreprise souhaite obtenir une taille critique sur son marché ou lorsqu'elle est de taille modeste (PME). L'entreprise est néanmoins vulnérable en cas de mauvaise conjoncture et la reconversion d'actifs très spécialisés reste difficile à opérer.

© Delagrave, 2018.

RESSOURCE 3 Externalisation ou intégration

L'externalisation est une stratégie qui consiste à faire faire par une autre entreprise compétente, qui devient alors un partenaire, une partie de ses activités. Cette stratégie permet à l'entreprise de réduire ses coûts et de gagner en réactivité. Par contre, les risques de dépendance et de perte de savoir-faire peuvent être importants.

L'externalisation s'observe sous différentes formes :

- **la sous-traitance** : l'entreprise fait alors exécuter par une autre (appelée sous-traitant), une partie de sa production ;
- **la cession de licence** : l'entreprise autorise une autre entreprise à exploiter l'un de ses brevets d'invention en contrepartie de redevances ;
- **la franchise** : l'entreprise met à la disposition d'une autre entreprise (appelée franchisé) son savoir-faire, sa marque et son assistance en contrepartie de redevances.

L'intégration est une stratégie qui consiste à faire réaliser par l'entreprise, en interne, l'ensemble de la production. Cette stratégie permet de sécuriser la filière, de s'approprier les marges bénéficiaires et détenir un pouvoir de marché. Les coûts d'acquisition et de coordination des activités restent élevés. L'intégration peut être :

- **horizontale** : l'entreprise rachète ses concurrents ou des entreprises dont l'activité est complémentaire à la sienne pour développer son activité ;
- **verticale** :
  - vers l'amont : l'entreprise intègre les activités en amont de son activité de production (ex : les fournisseurs),
  - vers l'aval : l'entreprise intègre les activités en aval de son activité de production (ex : les clients).

RESSOURCE 4 Les stratégies de domaine de Michael Porter

Michael Porter (1947-...) : est professeur de stratégie d'entreprise à l'Université de Harvard. Il identifie différentes façons, pour une entreprise, d'obtenir un avantage concurrentiel sur son marché et pour chacun de ses domaines d'activité stratégique (DAS). Selon Porter, l'entreprise peut opter pour l'une des 3 stratégies ci-contre.

Nature de l'avantage concurrentiel

Champ concurrentiel	Fondé sur les coûts	Fondé sur la différenciation
Large	Domination par les coûts	Différenciation
Restreint	Focalisation *fondée sur les coûts*	Focalisation *fondée sur la différenciation*

D'après Michael Porter, la formulation de la stratégie s'inscrit dans un champ concurrentiel. L'entreprise, pour se démarquer de la concurrence, dispose de deux leviers permettant d'asseoir un **avantage concurrentiel** : la maîtrise des coûts et la différenciation. Dans l'optique d'une **stratégie de domination par les coûts**, l'entreprise doit maîtriser sa structure de coûts et proposer sur le marché des prix inférieurs à ceux de la concurrence. Dans une logique de **différenciation**, l'entreprise doit proposer à sa clientèle une offre plus attractive en termes de service, qualité, design, innovation, *etc.*, pour faire la différence. La **focalisation** est adaptée lorsque l'on s'adresse à une cible plus restreinte.

ENTRAÎNEMENT AU BTS

Avant de commencer QCM

Les stratégies globales et les stratégies de domaine

Testez vos connaissances sur le chapitre 11 à l'aide d'un QCM interactif. Connectez-vous sur lienmini.fr/M490-qcm11

Orange Bank

Après avoir pris connaissance du cas Orange-Bank et des ressources proposées, vous répondrez aux questions suivantes.

PREMIÈRE PARTIE ANALYSE DU CONTEXTE ET DE LA SITUATION DE L'ENTREPRISE

1. **Identifiez le métier d'Orange.**
2. **Caractérisez et justifiez la stratégie globale menée par Orange en 2017.**

DEUXIÈME PARTIE IDENTIFICATION DU PROBLÈME DE MANAGEMENT ET PROPOSITION DE SOLUTIONS ARGUMENTÉES

3. **Dégagez la problématique managériale à laquelle pourrait être confrontée Orange Bank.**
4. **Proposez d'autres axes de développement stratégique pour Orange.**

PRÉSENTATION DU CAS Orange Bank

Orange, opérateur de télécommunications, est l'un des principaux acteurs européens du mobile et de l'accès internet ADSL, et l'un des leaders mondiaux des services de télécommunications aux entreprises multinationales, sous la marque Orange Business Services. Son chiffre d'affaires mondial s'établit à 40,918 milliards d'euros en 2016.

Alors que les services mobiles restent marqués par la diminution des revenus de l'itinérance nationale en France et par les baisses de prix de l'itinérance en Europe, le dynamisme vient surtout de la zone Europe et notamment de l'Espagne. Avec 153 000 salariés (dont 95 000 en France) et présent dans 32 pays, le groupe servait près de 256 millions de clients au 31 mars 2016, dont 212 millions pour le mobile, 15 millions de clients ADSL et fibre dans le monde et 29 millions de clients Orange Money.

La marque française au plus fort « rayonnement numérique », selon le classement NPA[1], a déjà su habilement jouer de sa maîtrise des médias sociaux avec sa marque mobile *low cost* 100 % web Sosh (3,2 millions de clients sans engagement), qui vise un profil de consommateurs jeunes et « millenials » sur un ton décalé, dans une communication saturée de couleurs pop et de bons plans.

Dans un contexte de marché devenu très concurrentiel ces dix dernières années, Orange souhaite passer d'une stratégie défensive vers une stratégie de conquête avec son plan stratégique « Essentiels 2020 », plaçant l'expérience client au centre des priorités de l'entreprise.

1. Le classement est établi par la NPA factory, société de conseil en stratégie digitale et de contenus, et il mesure la performance et la visibilité des 100 plus grands investisseurs médias en France sur le web, les réseaux sociaux et le mobile.

© Delagrave, 2018.

RESSOURCE 1 Interview de Stéphane Richard, PDG d'Orange. Extraits.

Le 2 novembre 2017, Orange lance sa propre banque, Orange Bank. Un mouvement stratégique sur l'échiquier des opérateurs télécoms et, plus largement, du digital.

Comment avez-vous eu l'idée de créer Orange Bank ?

L'origine de notre démarche c'est l'Afrique, où nous avons créé un nouvel usage en 2008 avec Orange Money, le mobile banking. Cette technologie, assez basique, qui permet de réaliser des transferts à partir de SMS, a rencontré un succès phénoménal avec 34 millions d'inscrits dont 11 millions de clients actifs. Le volume de transactions total est supérieur à ce que la Banque postale ou la Société générale font en France. Et puis, nous avons lancé il y a deux ans en Pologne, Orange Finanse, avec la filiale locale de la Commerzbank. Le service ressemble davantage à une banque car il donne accès à des crédits et des produits d'épargne. Ce test a été concluant car nous comptons 500 000 clients. Il y a un peu moins de deux ans, nous avons estimé que c'était le bon moment pour lancer notre banque en France. Le projet est plus ambitieux car nous proposons une vraie banque en ligne. Nous avons racheté Groupama Banque (à 65 %), qui reste notre partenaire (avec 35 % du capital), et distribuera Orange Bank d'ici la fin d'année dans les 3 700 points de vente du réseau Groupama.

Quelle est votre conception du métier d'opérateur ? Après la banque, quel autre métier envisagez-vous ?

Notre stratégie globale est de passer d'un modèle de pur fournisseur de connectivité à un modèle d'opérateur multiservices du digital. L'univers des services étant très vaste, nous allons nous concentrer sur quelques domaines. Après la banque, l'assurance viendra naturellement (ce que nous proposons d'ailleurs dès le lancement d'Orange Bank avec des micro-assurances de moments de vie, pour un voyage, une acquisition, etc.). L'autre domaine est l'Internet des objets, qui est vaste, avec l'univers de la maison connectée comme l'audiovisuel et le smart home.

Thomas Pontiroli et Amaury de Rochegonde, strategies.fr, 9 novembre 2017.

RESSOURCE 2 Tableau comparatif des offres bancaires en ligne

	Comparatif des offres bancaires					
	Orange Bank	**BForBank**	**Boursorama (Welcome)**	**Carrefour Banque (C-zam)**	**Compte-Nickel**	**Fortuneo**
Société mère	Orange	Crédit Agricole S.A.	Société Générale	Groupe Carrefour	BNP Paribas	Crédit mutuel Arkéa
Lancement en France	novembre 2017	2015 (offre compte bancaire)	juin 2005	avril 2014	février 2014	2000
Canal de souscription	Web, mobile et dans 144 boutiques Orange	Web	Web et mobile	Web et mobile	Bureaux de tabac agréés	Web et mobile

	Comparatif des offres bancaires				
	Hello Bank !	**ING Direct**	**Morning**	**N26**	**Revolut**
Société mère	BNP Paribas	ING	Banque Edel		
Lancement en France	juillet 2005	juin 2005	juillet 2017	janvier 2017	septembre 2017
Canal de souscription	Web, téléphone et mobile		Web et mobile	Mobile	Mobile

journaldunet, 22 novembre 2017.

Les stratégies globales et les stratégies de domaine

Le diagnostic de l'entreprise ou de ses domaines d'activité stratégique (DAS) conditionne les différents choix stratégiques. Les résultats du diagnostic, après l'étude des différentes alternatives possibles, tant au niveau global qu'au niveau de chaque domaine d'activité, conduisent respectivement à la définition d'orientations et d'options stratégiques. Ces deux niveaux sont interdépendants et complémentaires. Par exemple, un choix en matière de diversification ou de recentrage influe sur le niveau d'allocation des ressources à attribuer à chaque domaine d'activité stratégique. Dans le cas d'une entreprise mono-activité, les deux niveaux se confondent.

Stratégies de développement

NIVEAU 1 : Quelle orientation globale pour l'entreprise ?

D'après I. Ansoff

- **Spécialisation** (pénétration de marché, développement de produit et marché)
- **Diversification**

Autres orientations possibles :

- **Intégration**
- **Externalisation**
- **Recentrage**

NIVEAU 2 : Quelle option stratégique par domaine d'activité ?

D'après M. Porter

Les stratégies génériques :

- **Domination par les coûts**
- **Différenciation**
- **Focalisation ou concentration**

CHAPITRE 12

Les modalités de développement stratégique

LES PROBLÉMATIQUES

- Quelles sont les modalités de croissance des entreprises ?
- Quels sont les critères de choix pertinents d'une modalité de croissance ?
- Pourquoi et comment une entreprise développe-t-elle son activité à l'international ?

Ces questions sont abordées dans le cadre de l'étude du cas Lactalis, géant du secteur agroalimentaire qui est parvenu à devenir numéro un mondial grâce à des modalités de développement stratégique diverses en France et à l'étranger.

LES COMPÉTENCES

- Repérer et justifier les modalités de développement stratégique choisies par une entreprise donnée.
- Proposer des modalités de développement pertinentes pour une entreprise afin d'apporter des éléments de réponse à une situation donnée.

LES NOTIONS

- Modalités de développement stratégique
- Croissance organique
- Croissance externe
- Croissance conjointe
- Partenariat
- Alliance
- Internationalisation

CAS LACTALIS

Acteur incontournable du monde agroalimentaire, Lactalis est un groupe familial laitier basé à Laval, en Mayenne, dans l'Ouest français.

Les valeurs fortes du groupe sont la spécialisation laitière ainsi qu'un management responsabilisant. Lactalis emploie 75 000 collaborateurs (dont 32 000 en Europe) répartis sur 230 unités industrielles dans le monde. Son chiffre d'affaires s'élève à 17,3 milliards d'euros en 2016 dont 58 % en Europe pour le segment fromages.

Lactalis base son développement sur la notoriété de ses marques (en particulier la marque Président) ainsi que sur une politique de croissance très active, y compris à l'international. Présent dans 148 pays, le groupe est aujourd'hui leader mondial des produits laitiers et fromagers.

lactalis.fr

■ Après avoir pris connaissance du cas Lactalis, des annexes et des ressources proposées, vous réaliserez le travail demandé, pour chaque partie.

vidéo sur le web 1' 59"

Les enjeux de la croissance externe
lienmini.fr/M490-externe

PARTIE 1 : Repérer les modalités de croissance d'une entreprise

CAS LACTALIS

Historique des modalités de croissance de 1982 à 2017

Dans les années 1980

En **1982**, un accord est passé avec le Groupe Nestlé pour la reprise de la totalité de ses activités fromagères en France sur une période de 3 ans.
En **1988**, la reprise de Solaisud à Montauban ouvre la collecte sur le Sud-Ouest de la France et permet le contrôle total de la marque Lactel.

Dans les années 1990

En **1990**, la reprise du Groupe Bridel constitue l'achèvement de cette politique de croissance au niveau national.
Une étape décisive est franchie en **1992**, avec l'acquisition de la Société des Caves de Roquefort, qui situe le groupe au premier rang national pour les AOC[1].

Dans les années 2000

Si l'activité des pâtes molles est confortée en France en 2002 par la reprise des activités du Groupe Bel, **2006** est une année exceptionnelle avec, d'une part, la création de la *joint-venture* avec Nestlé et, d'autre part, le rachat de Galbani.
En **2007**, achat de Dukat, leader croate des produits laitiers.
En **2010**, acquisition stratégique de Sanutri, spécialiste espagnol de la nutrition.
Cette croissance externe s'est appuyée aussi sur un développement en interne des produits de grande diffusion.
En **2011**, propulsion au premier rang mondial des produits laitiers grâce à la prise de position majoritaire du leader italien du lait de consommation, Parmalat.
Cette acquisition offre une parfaite complémentarité puisque l'entreprise Parmalat est présente dans des territoires où le groupe Lactalis n'est pas ou peu implanté.
En **2013**, Lactalis s'est renforcé en Europe du Sud-Est avec la prise de position majoritaire dans la société slovène Ljubljanske Mlekame, leader local des produits laitiers.
En **2014**, ce sont les premiers pas du groupe en Inde, avec l'acquisition de Tirumala, acteur laitier important du Sud-Est du pays.
En **2017**, rachat de Stonyfield, filiale de Danone et leader américain des yaourts bio.

1. AOC : appellation d'origine contrôlée.

lactalis.fr

TRAVAIL DEMANDÉ

Mode/modalités de croissance
→ voir lexique, page 158

Croissance conjointe
→ voir lexique, page 158

1 **Identifiez et caractérisez (contenu, moyens) les modalités de croissance de l'entreprise Lactalis jusqu'en 2017.** Ressources 1 et 2

2 **Quel est le mode de croissance privilégié par Lactalis ?** Ressource 2

3 **Comparez les deux principaux modes de croissance de Lactalis et de Danone. Qu'en concluez-vous ?** Annexes 1 et 2 Ressources 1, 2 et 3

ANNEXE 1 Croissance interne ou croissance externe ?

Pour se développer, une entreprise se retrouve face à une alternative : soit elle privilégie la croissance interne, soit elle mise sur la croissance externe. La croissance interne consiste à développer de nouveaux produits avec ses propres moyens, à s'attaquer à de nouveaux marchés, à mettre en place de nouveaux circuits de distribution, *etc.* La croissance externe privilégie, quant à elle, les fusions-acquisitions. En apparence, la deuxième solution paraît plus simple à mettre en œuvre que la première. S'aventurer en dehors de ses métiers traditionnels ou de son marché domestique est souvent très périlleux, comme le montrent par exemple les déboires répétés des entreprises européennes dans leurs tentatives de pénétrer le marché américain, en particulier dans le secteur automobile ou la grande distribution.

alternatives-economiques.fr

vidéo sur le web | 3' 24" | TVDMA

Croissance externe *versus* croissance interne
lienmini.fr/M490-croissance

ANNEXE 2 Lactalis à la poursuite de Danone

Croissance externe contre croissance organique

Avec ces grandes manœuvres, Lactalis et Danone se détachent singulièrement des autres groupes français de l'agroalimentaire [...]. Pourtant, difficile de comparer deux champions que tout semble opposer : Danone, le leader mondial de la croissance organique, Lactalis, le champion de la croissance externe ; l'une des valeurs les plus prisées du CAC 40 d'un côté, un groupe familial qui cultive son ancrage mayennais et le secret de l'autre ; un Franck Riboud aussi présent médiatiquement qu'Emmanuel Besnier est effacé... Seule la matière première « lait » les réunit. Et encore... Au terme d'un recentrage stratégique, Danone a choisi quatre catégories de produits en forte croissance et qui portent la « promesse santé », son credo : les produits laitiers (57 % de l'activité), les eaux embouteillées, les aliments pour bébé et la nutrition médicale. Il tente aujourd'hui d'implanter ces catégories partout dans le monde au moyen de marques fortes comme Activia, Évian ou Actimel. « *Lactalis, lui, optimise une équation laitière : il tente de maximiser la valeur du lait qu'il collecte en produisant des fromages, des yaourts, du beurre ou des produits industriels* », analyse Frédéric Boublil, chargé de l'activité grande consommation chez Solving Efeso[1].

1. Solving Efeso est un cabinet de conseil international en stratégie et organisation.

P. Déniel, *L'Usine nouvelle*, 19 mai 2011.

PARTIE 2 : Proposer et justifier une modalité de croissance

CAS LACTALIS

Danone cède Stonyfield à Lactalis

C'est officiel, Danone se sépare de Stonyfield aux États-Unis, le leader du marché du yaourt biologique, qu'il détenait depuis 2004. Son futur propriétaire, Lactalis, s'en empare pour 875 millions de dollars.

La vente de Stonyfield aux États-Unis était à prévoir. En effet, pour accélérer la finalisation de l'acquisition de WhiteWave, en juillet dernier, Danone avait accepté de se séparer de Stonyfield, le leader du marché du yaourt biologique. « *Dans le cadre de l'accord de principe avec les autorités de la concurrence américaines, nous avons pris la décision de céder Stonyfield. Cela nous permet de franchir une étape majeure pour finaliser l'acquisition de WhiteWave dans les meilleurs délais. Cette décision est la bonne* », avait déclaré Emmanuel Faber, directeur général de Danone, en mars dernier, lors de l'obtention de l'accord de principe avec les autorités de la concurrence américaines pour l'intégration de WhiteWave.

Un achat à 875 millions de dollars

Et c'est au groupe Lactalis que Danone lègue Stonyfield pour 875 millions de dollars, soit 20 fois son excédent brut d'exploitation en 2016. « *Leader du lait bio en France depuis plus de 20 ans, notre groupe renforce, au travers de cette acquisition, son engagement dans ce secteur en forte croissance* », a déclaré Emmanuel Besnier, président de Lactalis. L'opération est soumise à l'approbation du ministère américain de la Justice qui doit intervenir au cours du 3e trimestre 2017. En 2016, Stonyfield a généré un chiffre d'affaires de 370 millions de dollars et plus de 100 000 tonnes de produits sont sorties de ses usines.

Camille Harel, Isa-conso.fr, 3 juillet 2017.

TRAVAIL DEMANDÉ

Croissance externe
→ voir lexique, page 158

Croissance interne
→ voir lexique, page 158

Modalités de développement stratégique
→ voir lexique, page 158

1. **Qualifiez la modalité de croissance observée chez Lactalis en 2017. Énoncez les raisons susceptibles d'expliquer ce choix et indiquez l'objectif stratégique poursuivi.** Ressource 2
2. **Quel est l'élément moteur de la croissance organique de l'entreprise Saint-Hubert ?** Annexe 3 | Ressources 1 et 2
3. **Précisez les raisons qui ont incité Saint-Hubert à privilégier la croissance interne.** Annexe 3 | Ressources 2 et 3
4. **Quel est le choix opéré par Lactalis en matière de modalités de développement stratégique ? Soulignez-en l'intérêt.** Annexe 4 | Ressources 2 et 4

ANNEXE 3 Saint-Hubert se lance sur le marché de la margarine sucrée

Une margarine sucrée pour gagner des parts de marché, telle est l'idée de Saint-Hubert avec sa nouvelle margarine aux pépites de chocolat. Saint-Hubert Pépites de chocolat, la dernière innovation du groupe, illustre sa stratégie de développement même si elle interroge sur son image de nutrition-santé. [...] Elle est la première margarine sucrée présente sur le marché en France, en Europe et même dans le monde. « *Nous avions la volonté de développer un nouveau segment de marché : le tartinable frais sucré* », annonce Michel Etcheberrigaray, directeur industriel de Saint-Hubert.

« *Nous n'avons pas la force d'un grand groupe comme nos concurrents que sont Unilever ou Lactalis. Par contre, nous avons la capacité de mobiliser rapidement les énergies de chacun et d'être plus réactif* », complète Michel Etcheberrigaray. Le développement de Saint-Hubert Pépites de chocolat a été intégré dans le budget investissement prévu chaque année par l'entreprise, soit près de 3 millions d'euros [...]. « *Il est difficile aujourd'hui d'en quantifier les retombées économiques car il n'existe pas de produit similaire sur le marché. Nous espérons tout de même gagner de 5 à 10 points de part de marché dans les trois ans à venir* », conclue Michel Etcheberrigaray, qui laisse prévoir un développement en Italie sous sa marque Valle. D'après lui, l'innovation reste une clef de développement de l'entreprise car elle est un relais de croissance dans un marché de la margarine plutôt morose [...]. Le chiffre d'affaires 2012-2013 de Saint-Hubert se monte à 136 millions d'euros nets consolidés avec une production de 37 500 tonnes pour un marché français de près de 70 000 tonnes.

agraalimentation.fr, 27 mars 2014.

ANNEXE 4 Le choix simultané ou successif de plusieurs stratégies de croissance par Lactalis

Même si la croissance externe a été le mode de développement stratégique privilégié par Lactalis, le géant laitier a su par ailleurs adopter et combiner au fil du temps des stratégies de croissance interne en investissant massivement dans la recherche et l'innovation. Lactalis dispose ainsi d'un centre de recherche et développement spécialisé dans les produits laitiers qui s'inscrit dans un processus continu d'investigation et d'innovation et qui a permis à Lactalis via sa filiale Lactalis Feed de devenir leader national des aliments d'allaitement pour jeunes animaux avec les marques Eurovo et Lactapro. Lactalis a également adopté des stratégies de croissance conjointe ou hybride en créant par exemple dès 2006 avec Nestlé une filiale commune, Lactalis Nestlé Produits Frais, dont ils détiennent respectivement 60 % et 40 % et qui commercialise des produits laitiers frais (yaourts, desserts lactés et fromages frais) dans neuf pays européens dont la France. Lactalis, enfin, a souvent déployé des stratégies de croissance externe (fusions acquisitions) ayant notamment conduit à l'achat en 2011 de l'entreprise italienne Parmalat. Ces modes de croissance pluriels semblent se féconder et contribuer grandement aux très bons résultats financiers du groupe.

© Delagrave, 2018.

Alliance
→ voir lexique, page 158

Partenariat
→ voir lexique, page 158

Compléments web

Les Échos Business

Les jeunes entreprises doivent mixer croissance interne, alliances et acquisitions
lienmini.fr/M490-entreprises

PARTIE 3 : Envisager l'internationalisation et ses enjeux

CAS LACTALIS

Le groupe laitier Lactalis met plus que jamais le cap sur l'international. Depuis le début de l'année, il multiplie les emplettes. Après avoir acheté le leader roumain des produits laitiers Abalact et avoir pris pied en Géorgie avec Sante, il renforce ses positions en Inde. L'indien Anik Industries a en effet annoncé, mardi 29 mars 2016, avoir cédé sa filière laitière au groupe familial mayennais. Anik possède deux usines, l'une à Bhopal, en Madhya Pradesh (centre), l'autre à Etar en Uttar Pradesh (nord). Il commercialise du beurre et de la poudre de lait sous la marque Anik. L'entreprise revendique un chiffre d'affaires de près de 90 millions d'euros. Anik Industries, cotée à Bombay, a précisé que le montant de la transaction s'élevait à 62 millions d'euros.
C'est la deuxième acquisition de Lactalis en Inde. En janvier 2014, le français avait pris le contrôle à 100 % de la société laitière indienne Tirumala Milk Products. Une entreprise qui produit du lait pasteurisé, mais aussi du lassi (boisson à base de lait fermenté) et du fromage panir[1]. Avec un chiffre d'affaires de près de 168 millions d'euros, elle se présentait comme le deuxième acteur du marché du lait dans le sud du sous-continent. Avec cette opération, Lactalis s'ouvrait les portes du marché indien et mettait pour la première fois le cap sur l'Asie. Un mouvement conforté par la reprise d'Anik. Lactalis étend sa couverture géographique.
Le groupe pousse ainsi les feux à l'international. L'entreprise a acquis le statut de géant de l'industrie laitière après la prise de contrôle de l'italien Parmalat en 2011.

1. **Panir** ou **paneer** est une appellation désignant originellement un fromage indien et pakistanais obtenu à partir de lait de bufflonne.

Laurence Girard, lemonde.fr, 4 avril 2016.

TRAVAIL DEMANDÉ

1 Indiquez les raisons qui amènent Lactalis et le groupe Müller à s'internationaliser. Annexe 5 | Ressource 5

2 Indiquez les objectifs stratégiques et finalités poursuivis par les deux entreprises. Annexe 5 | Ressource 5

Internationalisation
→ voir lexique, page 158

3 Mettez en évidence les modalités de croissance et les moyens utilisés par Lactalis et le groupe Müller. Annexe 5 | Ressources 2 et 5

4 Identifiez la modalité de l'internationalisation adoptée par Paysan Breton et les objectifs poursuivis par la PME. Comparez ce choix avec ceux des grands groupes. Annexe 6 | Ressources 2 et 5

5 Indiquez à l'aide de vos connaissances le mode de croissance qui vous semble le plus pertinent pour les petites et moyennes entreprises. Justifiez votre réponse. Ressources 1, 2, 3 et 4

ANNEXE 5 Le solide appétit du bavarois Müller

À rebours du recentrage opéré par Lactalis ou Danone, la stratégie du groupe laitier allemand repose sur la diversification produits. Son expansion internationale accélérée en fait désormais un sérieux rival. Peu connu du consommateur français, Müller est pourtant devenu en quinze ans un géant européen du lait et de ses dérivés. […] Exportateur vers l'Italie, l'Espagne, les Pays-Bas, l'Europe de l'Est, […] Müller s'est aussi implanté localement quand il le fallait. « *Originale par rapport à ses concurrents allemands qui privilégient l'exportation, cette démarche a rencontré un succès spectaculaire en Grande-Bretagne* », explique Benoît Rouyer, économiste au Centre national interprofessionnel

ANNEXE 5 Le solide appétit du bavarois Müller *(suite)*

de l'économie laitière. Dans ce pays à la fibre volontiers patriotique, le groupe a construit une usine dès les années quatre-vingt-dix. [...] Aujourd'hui, Müller fait partie des marques vedettes outre-Manche, quand le groupe Danone, qui ne produit toujours pas sur place, est à la peine. Depuis, Müller a également racheté une laiterie en République tchèque ! [...] En quelques mois, l'entreprise plus que centenaire a réalisé deux opérations significatives à l'international. D'abord, en octobre 2011, un accord de *joint-venture* avec PepsiCo dans le yaourt pour partir à la conquête des États-Unis. Il s'agit de profiter de l'appétit croissant des Américains pour une alimentation saine qu'incarne parfaitement le yaourt, grec de préférence [...]. Müller apporte son savoir-faire industriel et ses produits haut de gamme au nouveau venu dans le yaourt qu'est PepsiCo. [...] Et l'Américain fournit sa force de frappe commerciale pour gagner la bataille du marketing vis-à-vis des géants Yoplait et Danone, implantés de longue date. Depuis juillet, sa filiale Quaker Oats, spécialisée dans les céréales du petit-déjeuner, commercialise sur la côte Est les Müller Corner classiques, des yaourts grecs et des Müller FrütUp nappés de mousse de fruits. Avec une capacité annuelle de 5 milliards de pots par an et 180 personnes à partir de 2013, l'usine de Batavia dans l'État de New York sera l'un des plus grands sites du secteur, promet Pepsico. « *Cette alliance rappelle celle de Lactalis et de Nestlé en Europe dans les yaourts* », commente Jean-Daniel Pick du cabinet OC&C Strategy Consultants [...]. L'heure est aussi à la croissance en Grande-Bretagne, premier marché européen de Müller en dehors de l'Allemagne. En février 2012, il a racheté Robert Wiseman Dairies, l'une des trois principales laiteries britanniques, pour 279,5 millions de livres (349 millions d'euros). Objectif : élargir sa gamme et peser davantage vis-à-vis de la grande distribution.

Enjeux Les Échos n° 293, 1er septembre 2012.

ANNEXE 6 Paysan Breton se développe en Chine

Avec seulement 15 % du marché du fromage à se partager, les PME doivent user de leur force et batailler pour gagner leur place. Mais leur stratégie, basée sur le développement de produits de niche, valorisés et du terroir, les différencie et leur permet de garder la tête haute.

En octobre 2014, le premier container Paysan Breton partait pour la Chine. En 2015, au moins deux containers par mois et parfois plus (en fonction des promotions) ont mis le cap vers les ports chinois. Avec la Chine et en un peu plus d'un an, on est passé de 0 à 3,7 % du chiffre d'affaires Paysan Breton réalisé à l'export soit 1,5 million d'euros, et à 5,6 % des volumes export de la marque. Même si les grands acteurs laitiers mondiaux se disputent aujourd'hui cet immense marché, il reste attractif et ouvert pour la PME Paysan Breton qui dispose des atouts nécessaires (produits de qualité et sûrs, marque phare en France, proximité avec les producteurs de lait).

À ce jour, la marque est présente dans environ 250 magasins en Chine. Parmi les enseignes : Carrefour, Auchan, Olé (chaîne locale premium), Lotus (chaîne locale à Shangai). Des boutiques en market place sont également mises en place sur des sites majeurs d'e.commerce (T Mall, filiale d'Ali Baba, et Yihaodian).

La marque n'hésite pas à occuper le terrain pour développer sa présence et s'adapter aux consommateurs chinois dont les attentes évoluent très rapidement. Parmi les moyens mis en œuvre : l'ouverture prochaine d'un bureau Paysan Breton à Shangaï, le renforcement des équipes export travaillant avec la Chine, la promotion des produits Paysan Breton sur place via l'importateur-revendeur (vidéos, annonces publicitaires sur les sites en ligne, actions trade, animations en magasins, stages de cuisine, utilisation importante du web...).

D'après Lsa-conso.fr, 11 février 2015 et paysanbreton.com – dossier de presse interne février 2016.

vidéo sur le web 3' 16" TVDMA

Stratégie d'internationalisation : comment améliorer sa performance ?
lienmini.fr/M490-internationalisation

RESSOURCE 1 Types de croissance

La **croissance organique** consiste pour une firme à capitaliser sur ses savoir-faire, ses avantages industriels, ses propres ressources. Lorsque l'entreprise a atteint en interne son plein potentiel de développement, d'autres modalités de développement sont cependant envisageables comme la **croissance externe** ou des **formes hybrides de croissance** (alliances).

vidéo sur le web | 3' 07" | Association Intelli'N

Du choix de la croissance interne ou externe pour un éditeur open source
lienmini.fr/M490-choix

RESSOURCE 2 Trois grandes modalités de développement stratégique

	Croissance		
	organique	conjointe ou hybride	externe
Contenu	Développement de l'entreprise à partir de ses propres ressources et compétences.	Développement de l'entreprise par des alliances (concurrents) ou des partenariats (non-concurrents).	Développement de l'entreprise grâce à l'acquisition des ressources et compétences d'autres entreprises.
Moyens	Investissements productifs et commerciaux, R&D, innovation produits…	Accords, création d'une *joint-venture* (filiale commune), contrats de concession…	Fusions-acquisitions, prises de participation.
Avantages	Indépendance de l'entreprise, favorise l'innovation.	Partage des risques financiers, plus grande visibilité, accès aux marchés internationaux.	Rapidité de développement, économies d'échelle, exploitation de synergies, accès aux marchés étrangers et diversification.
Limites	Processus long et coûteux.	Coûteux, incompatibilité organisationnelle possible due à des différences de culture, problèmes de coordination.	Coûteux, risque de perte d'indépendance car destins liés, difficultés d'intégration du personnel de l'entreprise achetée…

RESSOURCE 3 Choix des modalités de développement stratégique et facteurs de contingence

Le choix des modalités de développement stratégique est notamment **contingent** à la taille de l'entreprise (les PME mono-activité ont par exemple moins recours à la croissance externe que les grands groupes), aux ressources financières, aux capacités stratégiques et aux intentions stratégiques des dirigeants. L'âge de la firme, son degré de maturité sur un marché ainsi que le secteur d'activité dans lequel elle évolue peuvent également influencer ses modalités de développement.

RESSOURCE 4 Modalités de croissance et choix stratégiques

La **croissance organique** est une modalité de développement stratégique fréquemment utilisée dans les stratégies de spécialisation qui peut être également utilisée dans une optique de diversification en prenant appui sur l'innovation pour créer de nouveaux métiers.

Concernant la **croissance externe**, elle peut, s'il s'agit d'une stratégie de spécialisation, se traduire par le rachat ou la prise de contrôle d'entreprises concurrentes ou bien d'entreprises appartenant à d'autres secteurs d'activité, dans le cadre d'une stratégie de diversification.

La **croissance conjointe**, outre le fait qu'elle contribue à faciliter l'internationalisation, peut également être associée aux deux grandes options stratégiques globales que sont la spécialisation et la diversification.

RESSOURCE 5 L'internationalisation

L'internationalisation est une stratégie qui consiste pour une entreprise à accéder à de nouveaux **marchés à l'étranger.** Quelles sont les causes de l'internationalisation ?

En premier lieu, la stratégie d'internationalisation peut relever des **stratégies globales** (extension de marché d'une entreprise spécialisée ou bien diversification par la recherche de nouveaux domaines d'activité stratégique à l'étranger). Elle peut également relever de **stratégies concurrentielles** lorsque l'entreprise cherche, par exemple, à mettre en place une stratégie de domination par les coûts en délocalisant sa production. Enfin, elle peut également émaner du type de croissance choisi par l'entreprise pour s'internationaliser (croissance interne, externe ou conjointe). La cause de l'internationalisation étant dans ce dernier cas d'assurer la croissance de l'entreprise.

Les modalités de l'internationalisation consistent soit à **exporter** directement soit à **investir directement à l'étranger** (création de filiales, implantation d'usines de production…), ou bien encore à nouer des **partenariats** à l'étranger sous forme, par exemple, de *joint-ventures*, qui correspondent à des filiales communes d'entreprises par ailleurs indépendantes.

Les objectifs stratégiques de l'internationalisation sont donc variés : baisse des coûts, diversification et conquête de nouveaux marchés, préservation d'une position concurrentielle. Ils répondent essentiellement à des motifs d'ordre économique, technique et commercial.

L'internationalisation n'est cependant pas dénuée de risques : problèmes d'adaptation des produits, difficultés à se mettre en conformité avec la réglementation, *etc.*

ENTRAÎNEMENT AU BTS

Avant de commencer QCM

Les modalités de développement stratégique

Testez vos connaissances sur le chapitre 12 à l'aide d'un QCM interactif. Connectez-vous sur lienmini.fr/M490-qcm12

Google

Après avoir pris connaissance du cas Google et des ressources, vous répondrez aux questions suivantes :

PREMIÈRE PARTIE ANALYSE DU CONTEXTE ET DE LA SITUATION DE L'ENTREPRISE

1 **Identifiez le mode de croissance initial privilégié par Google.**

2 **Quel est le moteur de cette croissance. Sur quels facteurs et ressources repose-t-elle ?**

3 **Repérez les autres modes de développement stratégique choisis par Google et expliquez l'intérêt de combiner ces différents modes de croissance.**

4 **À partir des ressources 1 et 2, indiquez l'objectif stratégique de la croissance externe de Google.**

5 **Montrez en quoi Google peut faciliter la stratégie d'internationalisation d'HomeAway.**

DEUXIÈME PARTIE IDENTIFICATION DU PROBLÈME DE MANAGEMENT ET PROPOSITION DE SOLUTIONS ARGUMENTÉES

6 **Identifiez le défi stratégique auquel répond la volonté de Google de capitaliser sur la marque Android.**

7 **Précisez les intérêts commerciaux, mercatiques et financiers de cette capitalisation pour Google.**

8 **Repérez la stratégie et les modalités de croissance mises en œuvre par Google pour répondre à ce défi. Appréciez leur pertinence.**

PRÉSENTATION DU CAS Google

Créée en 1999 par deux étudiants de Stanford, Larry Page et Sergey Brin, Google valait huit ans plus tard environ 140 milliards de dollars, soit plus de la moitié de Microsoft. L'entreprise réalise en 2014 un chiffre d'affaires de 66 milliards de dollars, en hausse de 19 %, et un bénéfice net de 14,4 milliards de dollars, en hausse de 12 %. […] Un tel succès repose essentiellement sur l'algorithme révolutionnaire « Page Rank », mis au point par les deux fondateurs, qui permet de classer les résultats d'une recherche en fonction du nombre de liens renvoyant à une page.

Par la suite, Google a enrichi son moteur de recherche par d'autres innovations, proposant aux internautes de nombreux services associés et toujours gratuits […]. Google a compris qu'il est capital de continuer à innover. Pour ce faire, l'entreprise investit lourdement en recherche et développement (14 % du chiffre d'affaires en 2011, soit 5,2 milliards de dollars). Elle recrute des talents dans la Silicon Valley et ailleurs, et développe une culture de la créativité et de l'innovation […]. Si l'innovation et la recherche en interne sont à l'origine d'une

PRÉSENTATION DU CAS Google *(suite)*

part importante de la croissance de Google, l'entreprise a de plus en plus recours aux acquisitions d'entreprises innovantes pour compléter son portefeuille de services et maintenir son taux de croissance. En particulier, elle a racheté Picasa, service de gestion de photos, YouTube pour le partage de vidéo, ou Writley, service de traitement de texte en ligne. Parallèlement, Google développe les partenariats stratégiques, tels que celui signé avec BSkyB. Ces nouveaux modes de développement contribuent aujourd'hui à la stratégie de croissance de Google.

F. Leroy, *Les stratégies de l'enteprise*, Paris, Dunod, 2008 et journaldunet.com, avril 2015..

RESSOURCE 1 Google investit dans HomeAway Abritel

Google a racheté des parts d'actionnaires pour entrer au capital du groupe HomeAway, maison mère d'Abritel et Homelidays en France. L'arrivée de Google permet au groupe HomeAway de se concentrer sur de nouveaux développements technologiques comme l'optimisation de ses sites Internet d'une part et sur la simplification du processus de réservation d'autre part. «*Nous sommes désormais arrivés à un stade où nous voulons concentrer nos ressources sur l'optimisation de nos sites web et mettre en place de nouveaux standards dans l'industrie de la location de vacances,* affirme Brian Sharples, PDG et Fondateur de HomeAway, Inc. *Nous sommes certains que ce nouveau partenariat avec Google nous permettra d'atteindre ce but*». HomeAway profitera également de l'expérience de Google en matière d'acquisition et d'implantation de *start-up* dans de nouveaux marchés tels que l'Asie ou encore l'Australie.

quotidiendutourisme.com

RESSOURCE 2 Google réalise un «strike» en e-tourisme

Le secteur du e-tourisme est le plus actif sur Internet. Mais les conditions de succès du secteur ont considérablement changé. [...] Et cela participe à la stratégie sectorielle de Google dans l'industrie du tourisme avec les nombreuses acquisitions: 2010 & ITA Software (technologie), 2011 & Zagat (guide gastronomique) et 2012 & HomeAway (location de maisons de vacances) ou Frommer's (guide de voyage). Bref Google innove bien sûr mais réalise surtout de belles opérations de croissance externe grâce aux revenus de la régie publicitaire Google Adwords.

journaldunet.com

RESSOURCE 3 Pourquoi Google place Android au cœur de sa stratégie

Android sur votre smartphone et tablette, Android sur votre poignet, dans votre voiture, sur votre télévision, dans votre maison... Android partout et tout le temps. Voilà la nouvelle stratégie de Google. Plus que jamais, le géant du Web compte sur son système d'exploitation (OS) mobile pour étendre son emprise. [...] En utilisant cette marque, Google espère ainsi convaincre le grand public de l'intérêt de ces nouveaux objets connectés. Cela est d'autant plus important que la concurrence avec Apple devrait être aussi féroce dans ce domaine qu'elle ne l'est aujourd'hui sur le marché des mobiles. [...]

En début d'année, Google n'a ainsi pas hésité à dépenser plus de 3 milliards de dollars pour acheter Nest, start-up connue pour ses thermostats et ses détecteurs de fumée intelligents. Restées indépendantes, ses équipes travaillent déjà sur la deuxième étape de la maison connectée. Leurs prochains produits devraient aussi embarquer une version adaptée d'Android. Ils serviront alors de fer de lance à Google afin de convaincre les autres fabricants d'opter pour le même OS.

Jérôme Marin, lemonde.fr, 30 juin 2014.

L'ESSENTIEL

Les modalités de développement stratégique

Une entreprise qui cherche à se développer doit opter pour un mode de développement. Cela consiste à décider des moyens nécessaires pour assurer sa croissance sur ses marchés. La problématique de l'internationalisation est également devenue incontournable pour beaucoup d'entreprises, ce qui implique de définir un champ d'action géographique mais aussi de déterminer les pays dans lesquels on entend être présent et sous quelles formes.

Trois grandes modalités de développement stratégique…

- **Croissance organique**
- **Croissance externe**
- **Croissance conjointe**

… déterminées par certains facteurs de contingence (taille de la firme, comportement stratégique, *etc.*) et par les avantages recherchés (indépendance de l'entreprise, rapidité de développement, complémentarité, *etc.*)

… qui peuvent se combiner.

L'internationalisation…

… une réponse à des objectifs essentiellement commerciaux, financiers et techniques (élargissement de la clientèle, réduction des coûts, rapprochement des centres de production des leviers de croissance, *etc.*) mais qui peut s'avérer risquée.

… à travers diverses modalités : exportation, franchise internationale, *joint-venture*…

… qui peuvent relever d'une stratégie globale ou d'une stratégie par DAS.

Préparation à l'examen

Méthode Comment aborder l'épreuve de Management des Entreprises

I. INTRODUCTION Présentation générale

Rappel : Épreuve écrite, durée de **3 heures**

L'épreuve de management des entreprises vise à évaluer les savoirs et les compétences acquis par le candidat ainsi que sa capacité à les mobiliser pour analyser des pratiques de management des entreprises.

Le sujet remis au candidat comporte :

- un questionnement destiné à analyser une situation afin de formuler un problème de management et de proposer des solutions pertinentes ;
- un dossier qui comprend :
  - le cas de l'entreprise considérée : la description d'une situation contextualisée de gestion d'entreprise qui soulève un ou plusieurs problèmes de management ;
  - une ou plusieurs ressources documentaires destinées soit à faciliter la compréhension de certaines notions, soit à apporter des éléments de réponses et/ou d'argumentation.

Le questionnement est généralement structuré en deux parties.

- **Première partie : analyse du contexte et de la situation de l'entreprise**

L'analyse du contexte correspond à un questionnement destiné à guider l'étudiant dans la démarche de résolution de l'étude de cas en lui demandant :

- d'analyser le fonctionnement de l'entreprise, ses modes de management, ses choix stratégiques et opérationnels, sa structure ;
- d'analyser la situation à l'aide des outils pertinents ;
- d'établir un diagnostic (ou une partie de diagnostic) préparant une prise de décision.

- **Deuxième partie** (parfois divisée en 2 sous-parties)**:**
identification du problème de management et proposition de solutions argumentées

Il s'agit, dans un premier temps, de reprendre les éléments essentiels de l'analyse qui font émerger le ou les problèmes de management :

- identifier, expliciter et caractériser le ou les problèmes de management.

Dans un second temps, il s'agit d'apporter des solutions adaptées au contexte présenté, c'est-à-dire de résoudre l'étude de cas :

- proposer des solutions pertinentes et envisager leur mise en œuvre dans le contexte présenté.

Tout au long de la rédaction de ses réponses, le candidat veille à argumenter ses analyses et ses propositions en faisant référence au corpus théorique (auteurs, théories, outils, etc.).

Les Entraînements au BTS de ce manuel, conçus dans l'esprit du référentiel de l'épreuve, doivent vous permettre d'acquérir progressivement les savoir-faire et les compétences méthodologiques nécessaires au traitement de l'étude de cas de management des entreprises.

II. SUJET ENTRAÎNEMENT PARFUMS DIVAIN

Durée : 3 heures

Les candidats sont invités à mobiliser les concepts et les références d'auteurs dès lors qu'ils sont pertinents et que le lien avec le contexte est argumenté.
Après avoir pris connaissance du cas Parfums Divain et des ressources proposées, vous réaliserez une étude en répondant aux questions suivantes :

Première partie :
Analyse du contexte et de la situation de l'entreprise

1. Montrer en quoi la démarche d'Inès Divain relève d'une logique entrepreneuriale.

2. Identifier et justifier les choix stratégiques mis en œuvre par l'entreprise Parfums Divain lors de sa création.

3. Justifier le choix du mode de production de l'entreprise Parfums Divain compte tenu de sa stratégie de domaine.

4. Repérer la modalité de croissance envisagée par Inès Divain en 2016 et analyser son intérêt pour l'entreprise.

5. Présenter les principaux éléments du diagnostic interne et externe de l'entreprise Parfums Divain.

Deuxième partie :
Identification du (des) problème(s) de management et proposition de solutions argumentées

6. Analyser le problème lié au développement de l'entreprise et à son financement.

7. Proposer des solutions permettant à l'entreprise Parfums Divain d'assurer sa croissance en spécifiant, pour chaque solution, ses coûts et risques.

Le dossier comprend :

Le cas PARFUMS DIVAIN

Les ressources documentaires :

Ressource 1 : La parfumerie alternative, des fragrances à part
Ressource 2 : Le marché des parfums en évolution
Ressource 3 : Les rendez-vous de la Fragrance : un marché en quête de sens
Ressource 4 : Un exemple de financement de l'entreprise « Grasse au parfum »

Cas PARFUMS DIVAIN

L'entreprise Parfums Divain

Située au cœur de Lyon, la PME Parfums Divain a été créée par Inès Divain en 2012. Sa formation initiale à l'Institut supérieur international du parfum, de la cosmétique et de l'aromatique (l'ISIPCA) lui a ouvert les portes d'un grand parfumeur. Quelques années plus tard, elle décide de créer sa propre marque de parfums. Inès Divain saisit l'opportunité de s'installer dans un local situé au centre de Lyon dont elle finance l'achat et les équipements grâce à un capital personnel, aux apports en numéraires de deux associés et à un prêt bancaire. La marque de luxe et la SARL Parfums Divain sont nées !

Aujourd'hui, ce local est le showroom de l'entreprise, c'est-à-dire la vitrine commerciale de sa production.

Un savoir-faire unique et une production de qualité

L'activité de Parfums Divain est la création, la fabrication et la commercialisation de parfums à destination d'une clientèle haut de gamme tournée vers des produits uniques et personnalisables. L'entreprise propose une gamme de dix parfums d'exception pour hommes et femmes. Les produits sont conçus dans le laboratoire de l'entreprise et sont entièrement réalisés dans ses ateliers de fabrication récemment rénovés. Le personnel a été recruté sur des compétences distinctives pour assurer le savoir-faire unique de l'entreprise. Le financement de ces nouvelles installations a été rendu possible grâce à des prêts bancaires et un apport supplémentaire d'un des associés, Inès Divain restant associée majoritaire. À partir d'une base commune, des options (formes, matériaux et couleurs du vaporisateur) permettent de personnaliser les produits en fonction de la demande spécifique des clients. Par ailleurs, l'entreprise détient peu de stocks puisque la production est déclenchée par la demande des clients. Une part importante des coûts de production est consacrée à l'achat d'huiles essentielles rares. L'entreprise Parfums Divain est en effet réputée pour la qualité exceptionnelle de ses matières premières. Contrairement à certains de ses concurrents qui s'approvisionnent auprès d'industriels, les fournisseurs de Parfums Divain sont des petits producteurs français et étrangers respectueux de l'environnement et engagés de longue date dans le développement durable et la filière bio.

Inès Divain a su exploiter ses connaissances complémentaires de designer pour dessiner des flacons innovants à la fois au niveau des formes et des matériaux (cristaux rares multicolores). Dix parfums sont proposés en vaporisateurs de 25, 50 et 100 ml au prix de 180 à 350 euros selon la fragrance et l'originalité du produit. Parfums Divain propose depuis peu un nouveau format roller-ball.

Un réseau de distribution restreint

Inès Divain a opté principalement pour une distribution sélective dans les grands magasins de luxe de Paris qui réalisent l'essentiel de son chiffre d'affaires. La boutique lyonnaise qui fait office de vitrine commerciale permet de compléter les ventes. Les indicateurs sont bons car Parfums Divain ne connaît pas la crise…

Cependant, il y a deux ans, l'augmentation des redevances payées aux grands magasins parisiens pour la gestion des stands, ainsi que la demande croissante des clients en province d'être conseillés en boutique, ont conduit Inès Divain à envisager le développement de son propre réseau de distribution en région.

Une option de développement à concrétiser

Début 2016, Inès Divain repère l'entreprise Art-Candle, une PME spécialisée dans la création et la fabrication de parfums d'ambiance et de bougies artisanales parfumées 100 % bio. Malgré un savoir-faire reconnu et recherché, Art-Candle rencontre de sérieux problèmes de gestion qui obligent l'entreprise à rechercher un repreneur. Inès Divain y voit surtout l'occasion d'accéder au réseau de boutiques dont Art-Candle est propriétaire à Bordeaux, Marseille et Cannes, tout en complétant son activité de base. La fondatrice souhaiterait néanmoins que les deux activités (parfum et bougies) restent bien distinctes au sein de Parfums Divain car il ne s'agit pas du même métier.

Le rachat d'Art-Candle offre d'autres avantages pour Parfums Divain en lui permettant de bénéficier de nouvelles ressources nécessaires à son développement (humaines, matérielles et immatérielles) et de profiter du marché des bougies sur lequel Art-Candle possède déjà sa propre clientèle. Par contre, le coût de ce rachat reste élevé.

Faute de fonds propres personnels et de ressources suffisantes dans l'entreprise, Inès Divain s'est tournée spontanément vers les banques qui l'ont soutenue depuis la création de l'entreprise pour financer le développement de Parfums Divain.

En raison de la taille actuelle de Parfums Divain, qui reste une PME, et de la situation financière défaillante d'Art-Candle, les banques acceptent de financer le projet mais à des conditions (demande de garanties personnelles et taux d'intérêt élevé), jugées inacceptables par Inès DIVAIN. Cette situation l'amène désormais à s'interroger sur la mise en œuvre effective de son projet de développement.

Ressource 1 : La parfumerie alternative, des fragrances à part

[…] « Un parfum, c'est la part de soi qu'on laisse aux autres » (Maison Francis Kurkdjian).

La parfumerie alternative a adopté un parti pris complémentaire à la parfumerie classique :
- recherche de créativité, liberté d'inspiration puis mise en avant de la fragrance et du Nez qui l'a inventée ;
- développement d'un flacon propre à la marque, très emblématique, reconnaissable, et unique pour l'ensemble de la gamme ;
- distribution et communication confidentielles, réservées aux initiés ;
- une gestion du temps : moins de lancements ; ce qui contraste fortement avec le rythme frénétique de lancements dans la parfumerie « classique » […] ;
- des points de vente dans lesquels la marque peut s'exprimer et proposer des nouveaux services. […]

À noter : les codes de la parfumerie alternative : travail sur le jus, flacon exclusif, communication confidentielle, distribution via leur propre réseau et un service très personnalisé en boutique.

nlto.fr, 2014.

Ressource 2 : Le marché des parfums en évolution

[…] Rassurez-vous : la parfumerie de niche ne sent pas le chien mouillé. C'est ainsi qu'on appelle les parfums alternatifs, créatifs, ceux qu'on ne trouve pas chez Sephora, Marionnaud ou Nocibé. Le courant est né en réaction à la standardisation de la parfumerie : dans les années 1980, les grandes enseignes se sont mises à racheter les parfumeries indépendantes et représentent aujourd'hui 2 000 points de vente en France.

De quoi séduire le grand public, qui souvent n'osait pas entrer dans les parfumeries, boutiques intimidantes : c'est la démocratisation d'un secteur du luxe. […]

La parfumerie de niche s'est donc construite en contre-pied, reprenant les codes d'une parfumerie artisanale héritée du XIXe siècle. Des parfums plus chers qui s'adressaient, au début, à une petite clientèle de connaisseurs. Des marques comme Serge Lutens, Annick Goutal, Frédéric Malle, Parfum d'Empire ou encore le Labo. Pas de marketing, des flacons sobres et des matières premières très nobles. On les trouve surtout en boutiques indépendantes.

Et la tendance récente est à un élargissement de ce marché. La niche séduit de plus en plus, elle n'est plus marginale. Un expert américain a recensé 2 000 lancements de parfums en 2015, dont 500 dans la niche. De quoi aiguiser l'appétit des grands groupes et créer un phénomène de concentration. Estée Lauder a ainsi racheté le Labo et Frédéric Malle. Puig, propriétaire de Paco Rabanne, a mis la main sur l'Artisan Parfumeur. Le japonais Shiseido s'est offert Serge Lutens. Des rachats souvent bienvenus parce que la niche est une économie fragile. Tout l'enjeu, pour ce secteur, sera de ne pas perdre son âme. Et finalement, on peut y voir une analogie avec l'essor du bio, dans l'alimentaire : payer plus cher mais pour consommer un peu moins et de meilleurs produits, sans les oripeaux du marketing.

Dorothée Barba, franceinter.fr, 20 avril 2016.

Ressource 3 : Les rendez-vous de la Fragrance : un marché en quête de sens

Comment se porte le parfum ? Cette question a réuni plus de 100 adhérents à la Fragrance Foundation France. [...] Mathilde Lion a présenté un état des lieux du marché du prestige à l'international et a détaillé plus précisément les chiffres de la croissance du marché des parfums en 2015, au niveau européen (France, UK, Italie, Espagne). Une croissance globalement en légère hausse en termes de valeur (+ 1 %) mais en diminution au niveau des unités vendues (– 2 %). Autre particularité, plus de 50 % de la croissance du secteur prestige se partage entre 8 grandes marques : Chanel, Dior, Giorgio Armani et Guerlain, Hugo Boss, Lancôme, Paco Rabanne et Yves Saint Laurent.

Quelles sont donc les tendances qui génèrent de la croissance ?

NPD Group a pointé les principales attentes du marché : une demande pour des produits personnalisables, une recherche de parfums positionnés haut de gamme au-dessus du seuil des 100 euros (parfum de niche ou de grande marque, ou encore parfum de grand format, fortement concentré, ou intégrant une matière première coûteuse comme l'oud), un engouement pour les petits formats comme le roller-ball. Enfin, une tendance marquée des consommateurs à rechercher les promotions est observée (la moitié des ventes en France est réalisée sous discount ou carte de fidélité). Ce dernier facteur impacte à la baisse les chiffres de la croissance, malgré les beaux lancements de parfums qui ont soutenu le marché en 2015. La problématique de l'attractivité du parfum est donc à souligner.

fragrancefoundation.fr, mars 2016.

Ressource 4 : Un exemple de financement de l'entreprise « Grasse au parfum »

Grasse au parfum est une jeune marque dynamique, fondée à Grasse, en 2012, dans la capitale du parfum. Nous mettons en avant un savoir-faire et une qualité française, mais aussi un art de vivre et les valeurs du Sud. Nous avons attaqué cette année l'international et nous sommes actuellement en phase de croissance. La prochaine étape pour nous est d'assurer notre expansion par le biais de nouveaux clients et nouveaux produits. [...]

Notre campagne sur Bulb in town a pour objectif de nous aider à mettre en place ce développement, cela peut être pour nous un coup de pouce financier et aussi une formidable opportunité pour nous faire connaître sur le marché français. [...]

La collecte Bulb in town nous permettrait de soutenir ces investissements. La campagne permettra également d'accroître notre notoriété auprès du public français, mais aussi de soutenir l'entrepreneuriat, la prise d'initiative et la production française !

Bulb in town est une plateforme de financement participatif ou « *crowdfunding* » spécialisée dès son origine dans les projets locaux permettant de développer l'entrepreneuriat au niveau local. Le financement participatif ou « *crowdfunding* » est un système innovant qui consiste à récolter des fonds auprès d'un large public en vue de financer un projet solidaire, créatif ou entrepreneurial, le plus souvent via Internet. Ce type de financement est généralement moins coûteux que les autres financements mais plus incertain en fonction de la nature et du nombre d'apporteurs intéressés.

bulbintown.com

Étape 1 Prise en compte des consignes et lecture active du sujet

1. Analyse de la consigne générale

« Dans le cadre de la rédaction des réponses, le candidat est invité à mobiliser les concept (1) et les références d'auteurs (2) dès lors qu'ils sont pertinents et que le lien avec le contexte est argumenté (3) ». Cette consigne oriente fortement la construction des réponses :

(1) Identifier et définir des mots-clefs (*cf.* cours).

(2) Citer les auteurs en lien avec le concept (*cf.* cours).

(3) Établir le lien avec le contexte (*cf.* cas).

La consigne éclaire sur la philosophie de l'épreuve : il s'agit bien de mobiliser un corpus théorique (auteurs et notions) en lien avec le cas d'entreprise proposé. L'exploitation du cas sans référence à des notions, des termes dédiés, des auteurs est donc insuffisante. La maîtrise du cours est fondamentale.

2. Lecture active des questions et annotation des premières idées : concepts et auteurs à mobiliser

Exemples :

1. Montrer en quoi la démarche d'Inès Divain relève d'une logique entrepreneuriale. → Définition clef : démarche entrepreneuriale. Mobilisation de l'auteur : Joseph Schumpeter
2. Identifier et justifier les choix stratégiques mis en œuvre par l'entreprise Parfums Divain lors de sa création. → Les stratégies globales ? Stratégies de domaine ? Alerte chronologique

3. Lecture active du cas

Dans cette phase, il est conseillé de lire rapidement et efficacement le texte, c'est-à-dire de façon active :

→ Pendant la lecture, dès qu'un élément évoque un concept, une piste de problématique, le surligner et le noter dans la marge. Cette annotation active se fait au regard des questions qui sont posées dans le cas. Annoter le document revient ainsi à commencer le traitement des questions.

Exemple à partir d'un extrait du cas

Située au cœur de Lyon, la PME Parfums Divain a été créée par Inès DIVAIN en 2012. Sa formation initiale à l'Institut supérieur international du parfum, de la cosmétique et de l'aromatique (l'ISIPCA) lui a ouvert les portes d'un grand parfumeur. Quelques années plus tard, elle décide de créer sa propre marque de parfums. Inès Divain saisit l'opportunité de s'installer dans un local situé au centre de Lyon dont elle finance l'achat et les équipements grâce à un capital personnel, aux apports en numéraires de deux associés et à un prêt bancaire. La marque de luxe et la SARL Parfums Divain sont nées !

Exemple d'annotations :

- en 2012 → Chronologie
- saisit l'opportunité de s'installer dans un local → Opportunité
- finance l'achat et les équipements grâce à un capital personnel, aux apports en numéraires de deux associés et à un prêt bancaire → Prise de risque ⇒ Démarche entrepreneuriale

L'activité de Parfums Divain est la création, la fabrication et la commercialisation de parfums à destination d'une clientèle haut de gamme tournée vers des produits uniques et personnalisables. L'entreprise propose une gamme de dix parfums d'exception pour hommes et femmes. Les produits sont conçus dans le laboratoire de l'entreprise et sont entièrement réalisés dans ses ateliers de fabrication récemment rénovés. Le personnel a été recruté sur des compétences distinctives pour assurer le savoir-faire unique de l'entreprise. Le financement de ces nouvelles installations a été rendu possible grâce à des prêts bancaires et un apport supplémentaire d'un des associés, Inès Divain restant associée majoritaire. À partir d'une base commune, des options (formes, matériaux et couleurs du vaporisateur) permettent de personnaliser les produits en fonction de la demande spécifique des clients.

Un seul marché cible
Une technologie maitrisée ⇒ Stratégie de spécialisation

Des produits uniques pour une clientèle haut de gamme : stratégie de focalisation

⟶ La lecture active du cas permet à travers les annotations et les éléments surlignés, d'avoir une idée des éléments clefs du cas et d'y associer les notions et les concepts pertinents via la maîtrise du cours.

Exemple de notes

Contexte : La PME Parfums Divain, créée en 2012 recherche des moyens pour développer l'entreprise. Elle exerce actuellement sur un marché de niche et ses fonds propres sont insuffisants pour développer son entreprise.

Notes :

- Un savoir-faire unique reposant sur les compétences d'Inès Divain et sur les compétences des salariés. (diagnostic interne)
- Une clientèle restreinte et haut de gamme. (niche)
- Un mode de distribution sélectif, mais des augmentations de coûts de distribution liés à l'augmentation des redevances demandées par les grands magasins. (diagnostic interne)
- Une opportunité de rachat d'une autre entreprise en difficulté Art-Candle. (modalité de développement)
- des limites et des risques : ajout d'une nouvelle activité, coût.

Des points importants :

- Art-Candle n'est pas sur le même métier et demande des compétences complémentaires. (changement stratégique, diversification ?)
- Inès Divain tient à garder le contrôle financier de son entreprise et n'accepte pas les conditions financières des banques.

4. Lecture active des ressources

⟶ Quelle est la nature des ressources ?

⟶ Quelles informations apportent-elles ?

⟶ Comme pour le cas, lire, surligner et annoter chaque ressource.

Ressource 4 :

Un exemple de financement de l'entreprise « Grasse au parfum »

Grasse au parfum est une jeune marque dynamique, fondée à Grasse, en 2012, dans la capitale du parfum. Nous mettons en avant un savoir-faire et une qualité française, mais aussi un art de vivre et les valeurs du sud. Nous avons attaqué cette année l'international et nous sommes actuellement en phase de croissance. La prochaine étape pour nous est d'assurer notre expansion par le biais de nouveaux clients et nouveaux produits. [...]

Notre campagne sur Bulb in town a pour objectif de nous aider à mettre en place ce développement, cela peut être pour nous un coup de pouce financier et aussi une formidable opportunité pour nous faire connaître sur le marché Français. [...]

bulbintown.com

Exemple : site Internet de la plateforme de financement participatif Bulb in town qui présente les projets (plus particulièrement celui de Grasse au parfum) auxquels les investisseurs peuvent contribuer.

→ Apports et éclairage de chaque ressource.

La ressource 4 apporte une piste de réponse à la dernière question du cas sur les possibilités de financer la croissance de Parfum Divain.

Ce travail d'analyse est spécifique à chaque document ressource. Un document ressource peut se présenter sous différentes formes : (tableau, graphique, schéma...). Quoi qu'il en soit, il doit être analysé. Parfois, un retraitement des données (ex : calculs) est nécessaire à l'analyse (ex : tendances générales des ventes, part de marché, chiffre d'affaires, évolution du nombre de salariés, *etc.*).

Étape 2 Traitement des questions

1. Analyse approfondie des questions en lien avec le cours et le contexte (au brouillon)

Exemple sur quelques questions du cas

Première partie : Analyse du contexte et de la situation de l'entreprise

5. Présenter les principaux éléments du diagnostic interne et externe de l'entreprise Parfums Divain.			
Identifier et définir les mots-clés	**Mobiliser les concepts et auteurs (cours)**	**Comprendre les exigences de la question**	**Établir le lien avec le contexte**
Diagnostic interne et externe	Matrice FFOM OU SWOT. Ressources et compétences. Edith Penrose (diagnostic ressources). Hamel et Prahalad (approche par les compétences). D'autres pistes possibles sont : Michaël Porter (forces concurrentielles et chaîne de valeur) ; Diagnostic externe (menaces et opportunités). Étude des micro- et macro-environnements (PESTEL pour le macro-environnement).	Recenser les caractéristiques influentes et trouver des éléments de justification dans le texte. Distinguer les éléments de diagnostic interne des éléments de diagnostic externe.	<u>Exemples</u> **Opportunité :** hausse de la demande des consommateurs pour les produits utilisant des matières premières issues de l'agriculture biologique... **Menace :** légère baisse du marché du parfum en volume : – 2 %. **Force :** l'entreprise est capable de concevoir et fabriquer des produits uniques en réponse aux demandes spécifiques des clients. **Faiblesse :** les fonds propres de l'entreprise sont insuffisants pour financer son développement.

Deuxième partie :
Identification du problème de management et propositions de solutions

Dans cette partie, il s'agit d'utiliser votre analyse et de raisonner en manager de l'entreprise étudiée. Il est par ailleurs possible de mobiliser des concepts et auteurs pour argumenter vos propositions (justifier leur pertinence au regard du cas et du corpus théorique).

Dans de nombreux cas, la question d'identification est formulée de la façon suivante :

⟶ Identifiez le ou les problèmes de management.

Cela signifie que les éléments qui précèdent l'analyse sont suffisants pour vous mettre sur la bonne piste.

Pour exposer la problématique :

1. Résumer les éléments de l'analyse.

2. Formuler le ou les problèmes de management.
Le problème de management, qu'il soit lié et déclenché par une évolution de l'environnement de l'entreprise (hausse de la concurrence, innovation, changements de comportement des consommateurs…) ou de ses caractéristiques propres (déséquilibre de la pyramide des âges, outils de production obsolète…) est envisagé comme un problème au sens où il risque d'impacter la capacité de l'entreprise à atteindre ses objectifs (de croissance, de compétitivité, de parts de marché, de réactivité, de flexibilité… par exemple) et ses finalités (lucrative en particulier).

Dans le cas Parfums Divain, la question d'identification du problème est formulée de façon précise.

6. Analyser le problème lié au développement de l'entreprise et à son financement.		
Identifier les mots-clefs	**Comprendre les exigences de la question**	**Établir le lien avec le contexte**
Développement de l'entreprise et financement Ces mots-clés font référence aux questions 4 et 5.	La formulation même de la question met sur la piste du problème ⟶ il s'agit de démontrer par une argumentation **la possible** remise en question du rachat de l'entreprise Art-Candle à cause du problème de financement.	Pour pouvoir se développer, il faut sortir de la stratégie de focalisation et de spécialisation. Une opportunité sous la forme du rachat d'une entreprise qui propose des produits complémentaires s'offre à Parfum Divain. Cependant les possibilités de financement de cette opération ne conviennent pas à la propriétaire, elle se trouve donc face à ce problème : comment se développer tout en assurant une certaine indépendance financière.

3. Proposer des solutions
Il ne faut pas oublier qu'une entreprise peut disparaître si elle ne réagit pas aux évolutions de son environnement. La prise de conscience du problème de management permet aux managers de trouver (formuler) des solutions (en lien avec l'environnement : croissance, fusion, développement à l'international, recentrage des activités, *etc.* et/ou en lien avec l'organisation interne : embauche, licenciement, formation, investissement productif, changement du mode et de méthode de production, délégation à mettre en place…). En d'autres termes, il est demandé ici des pistes d'action susceptibles de faire évoluer l'entreprise étudiée et d'assurer ainsi sa pérennité et sa compétitivité. Attention, il ne s'agit pas de proposer un catalogue de solutions mais de retenir celles qui sont adaptées à la situation étudiée.

Dans le cas de Parfums Divain, la question d'identification du problème est formulée de façon précise. Si elle a l'avantage de guider le candidat, elle l'oriente sur un point précis du programme. La maîtrise du cours est là encore fondamentale.

7. Proposer des solutions permettant à l'entreprise Parfums Divain d'assurer sa croissance en spécifiant, pour chaque solution, ses coûts et risques.		
Concepts et auteurs mobilisables	**Exigences de la consigne**	**Établir le lien avec le contexte**
Les différents types de croissances (interne, externe, conjointe). Les modes de financement de l'investissement Illustration à partir de la ressource 3.	Envisager et évaluer toutes les modalités de développement stratégique ainsi que les modes de financement de l'investissement.	L'emprunt bancaire n'est pas accepté par Inès Divain. Il s'agit d'envisager des modes de financement interne, tels que l'autofinancement ou l'augmentation de capital en ayant recours au financement participatif, ce qui lui permettrait de ne pas demander à ses actuels associés des efforts supplémentaires. La croissance conjointe et la croissance interne peuvent être aussi envisagées ainsi que la croissance externe en rachetant une autre entreprise sans difficulté financière. Chaque solution doit être évaluée en tenant compte des risques et coûts inhérents à chacune d'elle mais aussi en tenant compte des contraintes propres à Parfum Divain (PME, volonté de garder le contrôle de l'entreprise, refus de prêts bancaires trop contraignants).

Lorsqu'une question a été analysée, il convient de rédiger la réponse avant de passer à la question suivante.

Étape 2 (suite) Rédaction des réponses (au propre : directement sur la copie d'examen)

Sur la base des éléments d'analyse précédents, le candidat rédige directement sur la copie les éléments de réponse à la question en respectant les exigences de la question et de la consigne générale (définition des concepts, rappel des auteurs, lien avec le contexte étudié).

Il peut être judicieux, selon la question, de répondre sous forme de tableau structuré (question 5) sans oublier d'apporter les justifications demandées ou de rédiger en développant clairement la réponse (question 3).

Il est important de respecter la structure de l'étude de cas et de répondre aux questions les unes après les autres en suivant leur ordre. Chaque question a son importance. Elles sont organisées de sorte à guider le candidat dans la découverte et la compréhension du cas et de sa problématique.

- Les questions d'analyse mettent sur la piste du ou des problèmes de management et donnent des arguments pour les justifier.
- Les questions d'identification du/des problèmes(s) de management sont le point central de l'étude de cas, elles permettent de formaliser de façon précise et argumentée le(s) problème(s) de management au(x)quel(s) l'entreprise est confrontée.
- Les propositions permettent de montrer à la fois la compréhension des problématiques de management et la maîtrise des solutions cohérentes et adaptées.

Pour aller plus loin : apprentissage et traitement du cas par les compétences (avec l'aide du professeur)

Questions	Compétences	Repérer	Analyser	Argumenter	Proposer	Attentes
1. Montrer en quoi la démarche d'Inès Divain relève d'une logique entrepreneuriale.	**1.1 Entreprendre et gérer** - La logique entrepreneuriale : une opportunité et une démarche.	✔	✔			Le niveau 1 correspond à un candidat qui présente la notion de logique entrepreneuriale et l'associe à Schumpeter. Le niveau 2 correspond à un candidat qui présente au moins trois caractéristiques liées à Inès Divain.
2. Identifier et justifier les choix stratégiques mis en œuvre par l'entreprise Parfums Divain lors de sa création.	**2.3 Effectuer des choix stratégiques** - Les options stratégiques (stratégies globales/stratégies de domaine).	✔	✔	✔		Le niveau 1 correspond à un candidat qui identifie deux stratégies. Le niveau 2 correspond à un candidat qui s'appuie sur les typologies d'Ansoff et de Porter. Le niveau 3 correspond à un candidat qui justifie ces choix stratégiques.
3. Justifier le choix du mode de production de l'entreprise Parfums Divain compte tenu de sa stratégie de domaine.	**4.2 Optimiser les ressources technologiques et la connaissance** - L'organisation de la production.	✔	✔			Le niveau 1 correspond à un candidat qui identifie le mode de production. Le niveau 2 correspond à un candidat qui justifie le mode de production et montre le lien entre celui-ci et la stratégie de domaine.
4. Repérer la modalité de croissance envisagée par Inès Divain en 2016 et analyser son intérêt pour l'entreprise.	**2.3 Effectuer des choix stratégiques** - Les modalités de développement stratégique.	✔	✔			Le niveau 1 correspond à un candidat qui repère la croissance externe. Le niveau 2 correspond à un candidat qui explicite le choix fait par l'entreprise.
5. Présenter les principaux éléments du diagnostic interne et externe de l'entreprise Parfums Divain.	**2.2 Établir un diagnostic stratégique** - Mettre en œuvre les outils de diagnostic stratégique. - Réaliser un diagnostic ou une partie de diagnostic. - Étudier les forces et les faiblesses de l'entreprise.	✔	✔			Le niveau 1 correspond à un candidat qui repère au moins huit éléments sans les classer. Le niveau 2 correspond à un candidat qui structure sa réponse à l'aide d'un outil pertinent comme la matrice FFOM. Remarque : pour obtenir tous les points, le candidat doit distinguer au moins 3 forces, 2 faiblesses, 2 opportunités et 1 menace.
6. Analyser le problème lié au développement de l'entreprise et à son financement.	**4.3 Financer les activités** - L'estimation des besoins. - Le choix d'un mode de financement.	✔	✔			Le niveau 1 correspond à un candidat qui repère le problème de développement. Le niveau 2 correspond à un candidat qui fait le lien entre le projet de développement et le financement et l'explicite.
7. Proposer des solutions permettant à l'entreprise Parfums Divain d'assurer sa croissance en spécifiant, pour chaque solution, ses coûts et risques.	**4.3 Financer les activités** - L'estimation des besoins ; - Le choix d'un mode de financement.			✔	✔	Le niveau 3 correspond à un candidat qui propose au moins trois solutions pertinentes. Le niveau 4 correspond à un candidat qui présente pour chacune d'elles : - les avantages, - les conditions de réussite (coûts et risques).

Étudier les problématiques de management d'une entreprise

Une lecture annotée et commentée

suppose

1 Une lecture active

- de la consigne générale
- des questions
- du cas et des ressources

Une rédaction directe sur la copie d'examen

2 Traitement des questions

Respect de l'ordre des questions

Analyse approfondie de la question en lien avec le cours et le contexte

Rédaction qui respecte la question et la consigne générale :
- définition des concepts
- rappel des auteurs
- lien avec le contexte

Lexique

Lexique

Entrepreneur
Individu innovant, créatif et preneur de risque qui perçoit et exploite de nouvelles opportunités d'affaires.

Entrepreneuriat
Démarche qui consiste à créer ou à reprendre une entreprise ainsi qu'à la développer.

Essaimage
Création ou reprise d'entreprise par un salarié soutenu par l'entreprise qui l'emploie.

Innovation
Introduction d'une nouveauté qui concerne aussi bien les produits que les processus technologiques et managériaux.

Intrapreneuriat
Démarche entrepreneuriale consistant à encourager, chez les employés, l'innovation (ex. : un nouveau produit ou service...) au sein de leur entreprise.

Logique entrepreneuriale
Logique qui consiste à identifier des opportunités d'affaires et à générer de l'innovation. La mise en œuvre de la logique entrepreneuriale se caractérise par une prise de risque.

Logique managériale
Logique qui consiste, pour un manager, à optimiser les ressources qui lui sont confiées dans une optique de pérennité et de développement de l'entreprise.

Manager
Individu qui occupe une place d'encadrement dans l'organisation et qui assure des missions de management.

Plan d'affaires (ou *business plan*)
Document qui décrit le projet de création d'une entreprise et notamment dans ses aspects marketing, financier et budgétaire. Le plan d'affaires constitue une étape primordiale du lancement d'une entreprise.

Processus entrepreneurial
Démarche reposant sur une innovation, l'identification d'une opportunité d'affaires et une mobilisation des ressources dans le cadre d'une création d'entreprise. Ce processus, qui suppose un engagement fort de la part du créateur, se décline en plusieurs étapes, allant de la recherche d'idée jusqu'au démarrage de l'activité.

Auteurs

Joseph Schumpeter
(1883–1950)
Professeur à l'université de Harvard. Ses apports au management portent sur **le rôle de l'innovation** dans la croissance des entreprises. Il distingue différentes formes d'innovation (produit, procédé, organisationnelle...).

Henry Mintzberg
(1939–...)
Professeur à l'université McGill de Montréal. Il a marqué la recherche en management, en gestion, en organisation et en stratégie. En management, il a montré que **l'activité du manager et du dirigeant** est plus complexe qu'il n'y paraît. Il y consacre une thèse dont le sujet est : « Qu'est-ce que le management ? ».

Chapitre 2
La finalité de l'entreprise

Actionnaires
Propriétaires d'actions, c'est-à-dire de parts du capital d'une société.

Développement durable
Développement qui répond aux besoins du présent sans corrompre la capacité des générations futures à répondre à leurs propres besoins. Il consiste à concilier le développement économique et social avec une gestion pérenne des ressources naturelles et la protection de l'environnement.

Finalité
Raison d'être de l'entreprise : ce pour quoi elle a été créée. La finalité la plus souvent observée est la finalité **financière** (faire du profit, voire le maximiser) et économique (être pérenne et croître sur le marché). S'est également développée la finalité **sociale** qui vise le bien-être des salariés (le bien-être des salariés contribuant à améliorer leur performance donc celle de l'entreprise). Plus récemment, est apparue la notion de finalité **sociétale** qui englobe les finalités précédentes et y ajoute les préoccupations environnementales au sens large : protection de l'environnement, lutte contre la pauvreté, respect de l'éthique, *etc.* On parle dans ce cas de responsabilité sociétale/sociale des entreprises.

Investissement socialement responsable (ISR)
Investissement qui prend en considération les préoccupations environnementales et/ou sociales, éthiques, *etc.*, en sus des traditionnels critères financiers.

Objectifs
Constituent des cibles à atteindre dans des domaines qui peuvent être variés : objectifs commerciaux, mercatiques, financiers, sociaux, sociétaux, *etc.* Ces objectifs, qui dépendent en partie de la finalité de l'entreprise, orientent les actions à mener.

Responsabilité sociétale/sociale des entreprises (RSE)
Caractérise les entreprises qui s'engagent dans des actions dépassant la simple quête de maximisation de profit et de développement sur le marché : actions en faveur de l'environnement (ex. : lutte contre le réchauffement climatique), lutte contre la pauvreté, respect de l'éthique dans les affaires, *etc.*

Auteur

Peter Drucker
(1909–2005)
Universitaire et consultant en management. Il s'est élevé contre l'objectif de maximisation du profit, dénué de sens. Drucker pensait que **la finalité première** de toute entreprise était de créer une clientèle.

Lexique

Décision stratégique

Décision exceptionnelle et irréversible prise par l'équipe dirigeante et ayant une influence importante sur le devenir de l'entreprise.

Management

En tant que discipline universitaire, le management regroupe l'ensemble des savoirs et techniques permettant de piloter une organisation. En tant que pratique, il consiste à fixer des objectifs ; à décider des moyens à mettre en œuvre pour les atteindre ; à coordonner les initiatives individuelles et collectives vers l'(les) objectif(s) visé(s) ; à mettre en place des outils de suivi des résultats observés. Le management suppose une phase d'analyse et d'actions.

Management opérationnel

Impulsé par la hiérarchie intermédiaire, le management opérationnel recouvre l'ensemble des décisions et actions prises quotidiennement dans une entreprise, en lien avec son fonctionnement courant et dans le respect des axes retenus au niveau stratégique. Le périmètre du management opérationnel se cantonne aux décisions facilement réversibles et qui engagent l'entreprise à court et moyen terme.

Management stratégique

Est spécifique aux décisions relevant du champ de la stratégie des entreprises. Le management stratégique concerne les décisions peu fréquentes, complexes, engageant l'organisation dans la durée et ayant des effets importants pour l'entreprise (sa structure, ses parties prenantes internes, *etc.*). Une part de risques est supportée par les décideurs (Direction générale) compte tenu des enjeux d'une telle décision. Cette dernière n'intervient qu'après l'étude approfondie de l'environnement de l'entreprise (menaces, opportunités), l'identification de ses forces et faiblesses, la considération de ses finalités. La décision prise se traduit par la définition d'objectifs, le choix des moyens à mettre en œuvre pour les atteindre et leur suivi.

Stratégie

La stratégie consiste, pour une entreprise, à fixer les objectifs à atteindre et à définir les moyens à mettre en œuvre pour y arriver en tenant compte des caractéristiques de son environnement et de ses forces et faiblesses. La stratégie regroupe l'ensemble des décisions qui orientent de façon déterminante les activités et les structures de l'entreprise sur le long terme et qui sont difficilement, voire non réversibles.

Lexique

Chapitre 4
La performance

Auteurs

David Norton (1941–...),
Robert S. Kaplan (1940–...)

David Norton, dirigeant d'un cabinet de conseil en stratégie, et Robert S. Kaplan, professeur à Harvard, ont mis au point le modèle du **TBP ou «*Balanced Scorecard*»** afin d'aider les cadres dirigeants à élargir leurs réflexions stratégiques aux indicateurs non financiers.

Alfred Sloan (1875–1966)

Directeur Général puis Président de General Motors. Selon Sloan, **le management décentralisé** est source d'efficacité car il permet à la fois l'initiative, la responsabilité et la flexibilité. Ce type de management doit s'accompagner d'une évaluation systématique des résultats de chacune des divisions alors considérées comme centres de profit.

Bilan social
Document qui regroupe l'ensemble des données chiffrées permettant d'avoir une vision globale de la santé sociale d'une entreprise sur une période de 3 ans. Ce document est obligatoire dans les entreprises de plus de 300 salariés.

Efficacité
Atteinte des objectifs fixés sans considération de ressources déployées à cette fin.

Efficience
Atteinte des objectifs fixés en tenant compte des ressources déployées.

Indicateur de performance
Facteur retenu pour mesurer l'atteinte d'un résultat.

Performance
Désigne le résultat d'une action aussi bien que le processus suivi pour l'atteindre.

Performance écologique ou environnementale
Matérialise les impacts des activités d'une entreprise sur son environnement naturel. Elle inclut la lutte contre le changement climatique et la protection de l'atmosphère ; la préservation de la biodiversité, des milieux et des ressources ainsi que la promotion de modes de production et de consommation responsables.

Performance économique et financière
Résultats d'une entreprise tels qu'on peut les trouver dans les états comptables et financiers conventionnels.

Performance globale ou sociétale
Combinaison équilibrée des performances économique, sociale et environnementale qui conduit à la pérennité d'une entreprise.

Performance sociale
Qualifie au sens large le degré de satisfaction qu'une entreprise suscite auprès de ses parties prenantes (salariés, fournisseurs, clients, partenaires...).

Pilotage de la performance
Ensemble des actions mises en œuvre pour mesurer et réaliser une performance.

Tableau de bord
Outil de gestion qui regroupe les indicateurs servant à mesurer des performances.

Tableau de bord prospectif ou «*Balanced Scorecard*»
Proposé par D. Norton et R.S. Kaplan, ce type de tableau de bord traduit les objectifs stratégiques de l'entreprise en un ensemble cohérent et équilibré de mesures de la performance. L'entreprise est analysée sous 4 angles clés : financier, client, processus interne et apprentissage organisationnel.

Lexique

Décideur
Individu (entrepreneur et/ou manager) qui exerce un pouvoir de décision.

Décision opérationnelle
Décision de gestion courante prise par les niveaux hiérarchiques inférieurs et en cohérence avec les décisions tactiques.

Décision stratégique
Décision exceptionnelle et irréversible prise par l'équipe dirigeante et ayant une influence importante sur le devenir de l'entreprise.

Décision tactique ou organisationnelle
Décision prise par les niveaux hiérarchiques intermédiaires (ou fonctionnels) qui vise à mettre en application les décisions stratégiques. Une telle décision est facilement réversible.

Facteur de contingence
Élément spécifique à une entreprise et à son environnement.
D'après H. Mintzberg, les facteurs de contingence qui ont une influence sur l'entreprise sont :
1. l'âge de l'entreprise : plus elle est âgée, plus le comportement est formalisé ;
2. sa taille : plus elle est grande, plus la structure est élaborée ;
3. le système technique (plus ou moins sophistiqué, automatisé) ;
4. son environnement (dynamique, complexité...) ;
5. les relations de pouvoir (centralisé/décentralisé).

Modèle du décideur rationnel
Théorie issue de la vision classique en économie selon laquelle les décideurs prennent leurs décisions seuls en étant parfaitement informés de toutes les possibilités et en ayant pu toutes les évaluer.

Modèle IMC
Modèle de processus décisionnel d'H. Simon.

Processus décisionnel
Succession d'étapes qui mènent à la prise de décision.

Théorie de la rationalité limitée
Théorie développée par H. Simon selon laquelle le décideur fait des choix selon une rationalité limitée due à une connaissance imparfaite de l'environnement et à sa capacité limitée à envisager toutes les solutions.

Auteurs

Igor Ansoff
(1918–2002)
Professeur au Carnegie Institute of Technology (États-Unis). Il est considéré comme l'un des fondateurs de la stratégie d'entreprise. On lui doit la création de nombreux outils d'analyse stratégique permettant de guider la réflexion et les décisions des managers.

Herbert Simon
(1916–2001)
Prix Nobel d'économie en 1978. Ses apports majeurs ont trait au concept de **rationalité limitée** qu'il a mis en évidence dans le processus décisionnel. Selon lui, le décideur a un comportement rationnel, mais sa rationalité est limitée en termes de capacité cognitive et d'informations disponibles. Dès lors, il va généralement s'arrêter au premier choix qu'il jugera satisfaisant.

Lexique

Chapitre 6
Les styles de direction

Centralisation
Concentration du pouvoir de décision par la Direction Générale.

Décentralisation
Délégation du pouvoir de décision aux échelons hiérarchiques inférieurs.

Entreprise familiale
Entreprise dont le capital est détenu majoritairement par une même famille ; l'entreprise est également gérée par les membres de la famille ; on parle d'entreprise patrimoniale.

Entreprise managériale
Il existe une séparation juridique entre celui qui possède l'entreprise (le propriétaire) et celui qui la dirige (le manager).

Leadership
Terme emprunté à l'anglais qui définit la capacité (l'art) d'un individu à mener ou conduire d'autres individus ou organisations dans le but d'atteindre certains objectifs.

Manager
Individu qui occupe une place d'encadrement dans l'organisation et qui assure des missions de management.

Pouvoir
Capacité d'un individu à structurer et à imposer des processus d'échanges plus ou moins durables en sa faveur.

Style de direction
Manière dont le dirigeant exerce le pouvoir dans ses relations avec les membres de l'organisation.

Subordonné
Celui qui est soumis à l'autorité de son supérieur hiérarchique (le contrat de travail prévoit, par exemple, un lien de subordination entre le salarié et son employeur).

Auteur

Rensis Likert
(1903–1980)
Psychologue américain. Il est connu pour son apport à la psychométrie et à la mesure des attitudes, il a atteint une certaine renommée scientifique en management pour son travail sur **les styles de direction**.

Lexique

Contre-pouvoir
Force interne ou externe à l'entreprise qui tend à contraindre l'exercice du pouvoir tel que défini, par exemple, par l'organigramme de l'entreprise.

Dirigeant
Personne qui, à la tête d'une entreprise, agit comme décideur.

Gouvernance actionnariale
Modèle de gouvernance dont l'objectif est la maximisation de la valeur de l'action.

Gouvernance d'entreprise
Ensemble des règles qui régissent la manière dont les entreprises sont contrôlées et dirigées.

Gouvernance partenariale
Modèle de gouvernance dont l'objectif est la défense de l'ensemble des parties prenantes de l'entreprise.

Partie prenante
Acteur ou groupe d'acteurs internes ou externes à l'entreprise qui affectent ou peuvent être affectés par les décisions de l'entreprise et qui constituent potentiellement des contre-pouvoirs.

Pouvoir
Capacité d'un individu à structurer et à imposer des processus d'échange plus ou moins durables en sa faveur.

Syndicat
Association de personnes dont l'objectif est la défense d'intérêts professionnels communs.

Auteurs

Michel Crozier
(1922–2013)
Principal concepteur de **l'analyse stratégique en sociologie des organisations**. Il a coécrit *L'acteur et le système* avec **Erhard Friedberg** (1942–...). M. Crozier est spécialiste de l'analyse sociologique des organisations.

Richard Michael Cyert
(1921–1998),
James March
(1928–...)
Au travers d'un célèbre ouvrage *A behavioral theory of the firm* (1963), ils décrivent toutes les organisations comme des processus dynamiques et continus de **prises de décisions**.

Lexique

Chapitre 8
La démarche stratégique

Démarche stratégique
Correspond aux différentes étapes de l'élaboration de la stratégie d'une entreprise.

Diagnostic stratégique
Diagnostic ou bilan de l'entreprise, étape préalable à l'élaboration de la stratégie ou sa reformulation. Il prend en compte les forces et faiblesses de l'entreprise, les opportunités et les menaces de son environnement.

Domaine d'activité stratégique (DAS)
Regroupement des activités de l'entreprise qui présentent plusieurs points communs (mêmes clients, fournisseurs, technologies ou savoir-faire, concurrents, réseaux de distribution). Synonyme, l'expression anglophone suivante est parfois utilisée : *Strategic Business Unit* (SBU).

Métier
Domaine d'activité premier de l'entreprise coïncidant avec son savoir-faire et ses compétences spécifiques.

Modèle de Harvard (ou LCAG, du nom de ses auteurs : Learned, Christensen, Andrews, Guth)
Outil d'aide à la décision stratégique apparu dans les années soixante. Il préconise une démarche en plusieurs étapes : analyse externe (opportunités, menaces) et interne (forces, faiblesses), recensement et évaluation des actions possibles, choix stratégiques.

Modèle SWOT ou FFOM
Outil de diagnostic interne (Forces, Faiblesses) et externe (Opportunités, Menaces) de l'entreprise qui est utilisé dans le cadre de la démarche stratégique (modèle LCAG).

Segmentation stratégique
Découpage de l'activité de l'entreprise en DAS. À ne pas confondre avec la segmentation marketing qui correspond à une division du marché en sous-ensembles homogènes.

Stratégie
Ensemble des décisions qui orientent de façon déterminante les activités et les structures de l'entreprise sur le long terme et qui sont difficilement réversibles.

Stratégie délibérée
Stratégie qui résulte d'un processus de recherche d'informations en vue de planifier les décisions stratégiques notamment par une anticipation de l'évolution de l'environnement.

Stratégie émergente
Stratégie mise en œuvre dans les organisations de façon non prévue, non planifiée, pour répondre à des évolutions environnementales. La stratégie émergente enrichit et infléchit la stratégie délibérée en la rendant plus adaptée aux réalités environnementales et organisationnelles.

Auteur

Henry Mintzberg
(1939–...)

Professeur à l'université McGill de Montréal. Il a marqué la recherche en management, en gestion, en organisation et en stratégie. Mintzberg a montré que les stratégies décidées par les directions générales sont loin d'être les seules et les plus importantes : les stratégies émergent aussi du fonctionnement de l'entreprise.

Lexique

Avantage concurrentiel
Atout stratégique par rapport à la concurrence qui peut provenir d'une maîtrise de la structure des coûts de l'entreprise, d'une meilleure valorisation de l'offre ou d'une compétence exclusive (technologie clé...). L'avantage concurrentiel doit être durable et difficilement imitable.

Diagnostic stratégique
Diagnostic ou bilan de l'entreprise, étape préalable à l'élaboration de la stratégie ou sa reformulation. Il prend en compte les forces et faiblesses de l'entreprise, les opportunités et les menaces de son environnement.

Diagnostic externe
Étape d'analyse préalable à toute décision stratégique qui permet à l'entreprise de mieux percevoir les opportunités et les menaces de son environnement.

Environnement d'une entreprise
Ensemble des dimensions et acteurs susceptibles d'influencer, d'impacter le fonctionnement, l'activité et la trajectoire de l'entreprise. L'environnement se compose du micro-environnement et du macro-environnement.

Facteur clé de succès
Élément de l'offre propre à un secteur qu'il est nécessaire de maîtriser pour être compétitif.

Groupe stratégique
Groupe homogène de concurrents correspondant à un ensemble d'entreprises qui appartiennent à la même industrie et qui suivent la même stratégie ou une stratégie proche eu égard à certaines variables stratégiques.

Macro-environnement
Ensemble des dimensions politiques, économiques... qui s'imposent à une entreprise et sur lesquelles elle n'a pas prise. Ces dimensions sont sources de menaces et/ou d'opportunités (*cf.* PESTEL).

Méthode PESTEL
Moyen mnémotechnique listant les dimensions (politiques, économiques, socioculturelles, technologiques, écologiques et légales) qui composent le macro-environnement.

Micro-environnement
Ensemble des facteurs issus de l'environnement proche de l'entreprise qui influencent directement sa performance, son activité mais sur lesquels l'entreprise peut influer. Il s'agit notamment des fournisseurs, des clients et des concurrents. Le micro-environnement est source de menaces et d'opportunités.

Modèle des 5 forces concurrentielles de Porter
Analyse de l'intensité concurrentielle et par voie de conséquence du profit potentiel d'un secteur et de sa rentabilité à travers l'étude du rapport de force entre 5 catégories d'acteurs que sont : les concurrents, les clients, les fournisseurs, les nouveaux entrants potentiels et les offreurs de produits de substitution.

Auteur

Michael Porter
(1947–...)
Professeur américain de stratégie à l'université de Harvard. Ses travaux portent notamment sur l'avantage concurrentiel et sur la mise en évidence du concept de forces concurrentielles qui conditionnent la rentabilité au sein d'un secteur ou d'une industrie.

Lexique

Chapitre 10
Le diagnostic stratégique interne

Auteurs

Michael Porter (1947–...)

Professeur de stratégie d'entreprise à l'université de Harvard. Il identifie différentes façons, pour une entreprise, d'obtenir un avantage concurrentiel sur son marché en termes de coûts ou de différenciation. Porter a notamment formalisé le concept de chaîne de valeur qui permet de réaliser un audit des ressources stratégiques de l'entreprise.

Gary Hamel (1957–...), **Coimbatore Krishnarao Prahalad** (1941–...)

Professeurs de stratégie à l'université. Ils définissent le concept de compétence fondamentale.

Edith Penrose (1914–1996)

Professeur à l'université de Londres. Ses apports au diagnostic stratégique portent sur l'identification des ressources nécessaires à la croissance des entreprises.

Avantage concurrentiel

Atout stratégique par rapport à la concurrence qui peut provenir d'une meilleure maîtrise de la structure des coûts de l'entreprise, d'une meilleure valorisation de l'offre ou d'une compétence exclusive (technologie clé...). La source de l'avantage concurrentiel doit être durable et difficilement imitable.

Capacité stratégique

Capacité à faire ce qui est nécessaire pour survivre et prospérer, grâce aux ressources et compétences de l'entreprise.

Chaîne de valeur

Outil formalisé par M. Porter qui permet d'analyser les sources de l'avantage concurrentiel et d'identifier les dysfonctionnements au sein des activités principales ou de soutien de l'entreprise. Il s'agit d'un outil d'audit interne.

Compétence fondamentale

Désigne la capacité organisationnelle à combiner de manière optimale des ressources à travers un long processus d'apprentissage partagé entre l'organisation et ses membres. La maîtrise d'une compétence fondamentale procure un avantage concurrentiel lorsque cette dernière est rare, inimitable et non substituable. On parle aussi de compétence distinctive.

Diagnostic stratégique interne

Audit des forces et faiblesses d'une entreprise sur les dimensions commerciale, mercatique, financière, RH... La chaîne de valeur de Porter constitue un outil d'analyse au service du diagnostic stratégique interne.

Facteur clé de succès

Élément de l'offre propre à un secteur qu'il est nécessaire de maîtriser pour être compétitif.

Ressources stratégiques

Ensemble des actifs tangibles (financier, humain, physique...) et intangibles (brevet, marque...) qui constituent des forces pour l'entreprise. Lorsque ces actifs sont insuffisants par rapport à ceux détenus par la concurrence, ils peuvent constituer une faiblesse pour l'entreprise.

Les stratégies globales et les stratégies de domaine

Lexique

Alternative stratégique
Ensemble des choix stratégiques possibles tant au niveau global qu'au niveau de chaque domaine d'activité.

Économie d'échelle
Gain réalisé à la suite d'une baisse des coûts unitaires de production grâce à une augmentation des volumes de production et une meilleure répartition des coûts fixes.

Option stratégique
Choix stratégique de développement portant sur le domaine d'activité.

Orientation stratégique
Choix stratégique de développement portant sur le niveau global.

Sous-traitance
Contrat par lequel une entreprise, le « donneur d'ordre », demande à une autre entreprise, le « sous-traitant », de réaliser une partie de sa production ou des composants nécessaires à sa production. C'est une des formes de l'externalisation.

Stratégie d'externalisation (ou stratégie d'impartition)
Stratégie qui consiste pour une entreprise à confier une partie ou la totalité de son activité autre que stratégique à une entreprise partenaire. Le recours à la sous-traitance est une stratégie d'externalisation.

Stratégie d'intégration
Stratégie qui consiste à prendre le contrôle d'entreprises dont les activités sont situées en amont ou en aval (intégration verticale) de son activité principale ou au même niveau (intégration horizontale).

Stratégie de différenciation
Stratégie qui consiste à se démarquer de la concurrence en proposant une offre dont la valeur est différente de celle des concurrents.

Stratégie de diversification
Stratégie qui permet à une entreprise de se développer sur de nouveaux domaines d'activité.

Stratégie de domination par les coûts
Stratégie qui vise à proposer à un prix inférieur une offre dont la valeur est comparable à celle des concurrents.

Stratégie de focalisation
Stratégie qui consiste à proposer une offre très fortement différenciée qui ne peut attirer qu'une frange de clientèle.

Stratégie de recentrage
Stratégie qui consiste, pour une entreprise diversifiée, à élaguer son portefeuille d'activités et à revenir à son métier d'origine.

Stratégie de spécialisation
Stratégie qui consiste pour une entreprise à rester dans le même domaine d'activité.

Stratégie de domaine
Stratégie associée à chaque domaine d'activité stratégique de l'entreprise.

Stratégie globale
Stratégie qui concerne l'ensemble de l'entreprise, soit la totalité de ses domaines d'activité stratégique.

Synergie
Mise en commun de ressources dont la combinaison permet d'obtenir un résultat supérieur à ce qu'elles auraient apporté si elles avaient été mobilisées isolément (effet de synergie).

Auteurs

Igor Ansoff
(1918–2002)
Professeur au Carnegie Institute of Technology (États-Unis). Il est considéré comme le père de la planification et du management stratégique. Il a élaboré la matrice « produit/marché » à partir de laquelle il est possible d'identifier 4 types de stratégie.

Michael Porter
(1947–...)
Professeur de stratégie d'entreprise à l'université de Harvard. Il identifie différentes façons, pour une entreprise, d'obtenir un avantage concurrentiel sur son marché et pour chacun de ses domaines d'activité stratégique (DAS). Selon Porter, l'entreprise peut opter pour l'une des 3 stratégies suivantes : domination par les coûts, différenciation, focalisation.

Lexique

Chapitre 12
Les modalités de développement stratégique

Alliance
Collaboration stratégique entre deux ou plusieurs entreprises concurrentes.

Croissance
Augmentation de la taille d'une entreprise qui peut se mesurer par :
- l'augmentation de la capacité de production ;
- l'accroissement du chiffre d'affaires ;
- la hausse du bénéfice ;
- l'élargissement des parts de marché ;
- l'augmentation des effectifs...

Croissance conjointe
Consiste, pour une entreprise, à s'associer avec d'autres entreprises pour partager des compétences, des ressources et des activités à travers la mise en place d'une stratégie commune.

Croissance externe
Consiste, pour une entreprise, à se développer grâce à l'acquisition d'autres entreprises.

Croissance interne (ou croissance organique)
Consiste, pour une entreprise, à se développer à partir de ses propres ressources.

Internationalisation
Stratégie qui inclut toute une gamme d'options permettant à une entreprise d'accéder à de nouveaux marchés à l'étranger.

Mode/modalités de croissance
Développement de l'activité d'une entreprise selon différents modes (ex. : croissance interne ou croissance externe).

Modalités de développement stratégique
Méthodes permettant à une entreprise de conduire une orientation stratégique.

Partenariat
Collaboration stratégique entre des entreprises qui ne sont pas concurrentes.

Crédits photographiques

Couverture : © B&M Noskowski - iStock.com
p. 7 : © Pierre Lannier
p. 8 : © Pierre Lannier
p. 9 : © Pierre Lannier
p. 10 : © Pierre Lannier
p. 11 : © Pierre Lannier
p. 11 : © Pierre Lannier
p. 12 : © Pierre Lannier
p. 13 : © Pierre Lannier
p. 14 : © Ullstein Bild/Roger Viollet
p. 16 : © 2014 by The Palm Beach Post/Zuma/Rea
p. 19 : © Marta Nascimento/Rea
p. 20 : © Marta Nascimento/Rea
p. 20 : © Carrefour
p. 24 : © Léa Nature
p. 27 : © Hamilton/Rea
p. 28 : © Monoprix
p. 32 : © Mondelez
p. 35 : © Benoit Decout/Rea
p. 36 : © Ferrero
p. 37 : © Benoit Decout/Rea
p. 38 : © Ferrero
p. 42 : © Wilfried Louvet/Only France/Rea
p. 45 : © Ian Hanning/Rea
p. 46 : © La Poste
p. 47 : © La Poste
p. 48 : © La Poste
p. 49 : © Photos André Tudela – Photographe Le Groupe La Poste
p. 50 : © La Poste
p. 51 : © Kurhan - Fotolia.com
p. 54 : © Marius Becker/Corbis
p. 57 : © Lippi
p. 58 : © Lippi
p. 61 : © Mich
p. 62 : © blablacar
p. 65 : © Jean Luc Luyssen/Rea
p. 66 : © Jean Luc Luyssen/Rea
p. 68 : © Jean Luc Luyssen/Rea
p. 72 : © Pimkie
p. 73 : © Philippe Laurenson/Pool/epa/Corbis
p. 75 : © Groupe Gris
p. 76 : © BFM
p. 77 : © BPI France
p. 78 : © Groupe Gris
p. 80 : © Groupe Gris
p. 81 : © Oxymetal
p. 84 : © Laboratoires Juvamine
p. 87 : © Michelin
p. 88 : © Michelin
p. 89 : © Wilfried Maisy/Rea
p. 90 : © Kerstin Waurick - istock.com
p. 91 : © Michael Luhrenberg - istock.com
p. 92 : © Michelin
p. 97 : © Troc.com
p. 99 : © Brita
p. 100 : © Brita
p. 101 : © Brita
p. 102 : © Bugphai - Fotolia.com
p. 103 (g) : © Richard Villalon - Fotolia.com
p. 103 (mg) : © Denys Rudyi - Fotolia.com
p. 103 (md) : © Chlorophylle - Fotolia.com
p. 103 (d) : © Zemler - Fotolia.com
p. 105 : © cacaroot-Fotolia.com
p. 106 : © Gameloft
p. 109 : © Gilles Rolle/Rea
p. 110 : © Bloomberg/Contributeur/Getty
p. 112 : © Safran
p. 114 : © Zodiac Aerospace
p. 115 : © Lydie Lecarpentier/Rea
p. 118 : © Orange
p. 119 : © Denis Allard/Rea
p. 121 : © Lactalis
p. 122 : © Lactalis
p. 123 : © Monamis - Fotolia.com
p. 123 : © Richard Damoret/Rea
p. 124 : © Hamilton/Rea
p. 125 : © St-Hubert
p. 126 : © Anik
p. 130 : © Google
p. 131 : © Google

Vous utilisez un **Manuel connecté Delagrave**, qui propose des QR codes et/ou des liens hypertextes permettant d'accéder en ligne à des ressources numériques complémentaires.

Les éditions Delagrave font leurs meilleurs efforts pour sécuriser la consultation et l'utilisation des ressources en ligne qu'elles éditent, produisent ou hébergent, conformément aux règles d'usages de l'internet. Delagrave ne saurait être tenu responsable des interruptions de services dues aux caractéristiques et limites du réseau Internet, notamment dans le cas d'interruption quelle qu'en soit la cause, des performances techniques et des temps de réponse pour consulter ou interroger les ressources proposées. L'accès aux ressources associées au Manuel connecté Delagrave est garanti pour une période maximum de deux ans, à compter de la date de parution de cet ouvrage indiquée ci-dessous (copyright). Au terme de cette période, l'utilisateur du Manuel connecté Delagrave ne saurait exiger le maintien du service proposé.

Dans le cas où les QR codes et liens hypertextes permettent d'accéder à des sites internet tiers, la responsabilité des éditions Delagrave n'est pas engagée, notamment quant à leur éventuel dysfonctionnement ou à leur indisponibilité d'accès.

Couverture : Les PAOistes
Maquette intérieure : Frédéric Jély
Mise en pages et infographies : Christine Bossard
Iconographie : Reine Bellivier
Suivi éditorial : Reine Bellivier

IMPRIM'VERT
Votre imprimeur agit pour l'environnement

Certifié PEFC
Ce livre est issu de forêts gérées durablement et de source contrôlées
PEFC
PEFC/18-31-280
www.pefc-france.org

Achevé d'imprimer en avril 2018 en Italie par L.E.G.O. S.p.A. Lavis (TN)
Dépôt légal : avril 2018 - N° éditeur : 2017_1286